PREUSSISCH-DEUTSCHE UNIFORMEN

von 1640–1918

Von Georg Ortenburg
und Ingo Prömper

Orbis Verlag

Inhaltsverzeichnis

Die Fahnen eines Bataillons Musketiere – 1756

Einführung

Die Geschichte eines jeden Volkes kennt kriegerische Auseinandersetzungen. Daher war in der Vergangenheit die Hauptaufgabe jeder staatlichen Ordnung, ihre Angehörigen vor äußerer Bedrohung zu schützen, ein Unterfangen, das in der Neuzeit nur durch eine ständig verfügbare Streitmacht zu lösen war. Anfänglich nur im Bedarfsfall geworben oder aufgeboten, erzwangen bald die Fortschritte in der Waffentechnik und die gesteigerten Wirtschaftsleistungen zur Beibehaltung von Truppenteilen auch in Friedenszeiten. Dabei traten neben geworbene Berufssoldaten immer mehr zum Dienst verpflichtete Landeskinder, eine Entwicklung, die besonders deutlich in der brandenburgisch-preußischen Armee zu erkennen war. Die Streitmacht galt als letztes Machtmittel im politischen Spiel. Gleich Staat und Gesellschaft nahm sie aber auch am allmählichen Wandel teil, paßte sich dabei den neuen Gegebenheiten an und regenerierte sich so ständig. Aus einem Heer mit alleiniger Bindung an den Monarchen wurde nach und nach ein Volksheer, das sich sowohl dem König als auch der Allgemeinheit verpflichtet fühlte.

Nach dem großen Dreißigjährigen Kriege in Deutschland begann dieses Heer erst langsam, dann immer stärker seine spätere Form anzunehmen. In den ersten Jahrzehnten seines Bestehens noch anderen Armeen ähnlich, entwickelte sich unter dem prägenden Einfluß des Soldatenkönigs Friedrich Wilhelm I. (1713–1740) sein eigentümliches Wesen, das, als es sich dann unter der Führung Friedrich des Großen allen anderen Heeren überlegen zeigte, in einen selbstbewußten Stolz umschlug. In dieser Zeit wurde die altpreußische Armee das Vorbild, dem man überall nachzueifern suchte. Erst die Katastrophe von Jena und Auerstedt 1806 führte zum Zusammenbruch. Doch gleichzeitig mit der Reform des Staates entstand ein neuer harter Kern, der, im nationalen Befreiungskampf gegen Napoleon zur neupreußischen Armee erweitert, eine entscheidende Rolle übernahm. Die neuen, auf der allgemeinen Wehrpflicht beruhenden Organisationsformen sollten sich in der Heeresreorganisation von 1860 dann so verfestigen, daß sie sich in den deutschen Einigungskriegen (1864–1871) allen anderen überlegen erwiesen und damit auch als Muster für den Aufbau des späteren Reichsheeres dienen konnten.

Die Streitmacht des neuen Reiches bestand aus Truppen aller damaligen Königreiche. Den Hauptteil bildete die Königlich Preußische Armee mit den in ihr integrierten Kontingenten der kleineren Bundesstaaten. Die Königlich Sächsische und die Königlich Württembergische Armee waren angegliedert, während die Königlich Bayerische Armee noch eine Sonderstellung einnahm, weil sie erst im Kriegsfall unter den Befehl des Bundesfeldherrn zu treten hatte. Diese Organisationsform sollte fast ein halbes Jahrhundert bestehen, bis sie nach dem verlorenen Ersten Weltkrieg als Folge der Umwälzungen erlosch.

Für uns nachgeborene Menschen mag es von Interesse sein, ein plastisches Bild von den Teilnehmern an den historischen Ereignissen zu erhalten. Soldaten waren dabei sowohl Handelnde als auch Opfer und mußten dem Zwang der politischen Notwendigkeit auf Befehl gehorchen. Ob sie nun freiwillige Söldner oder zur Verteidigung des heimischen Bodens aufgeboten waren, ob sie nur ein Berufsethos oder heiße Vaterlandsliebe trieb, ihre Aufgabe und Pflicht zwangsweise oder freudig zu erfüllen, mag bei dieser Betrachtung bedeutungslos sein. Wir wollen ihr Aussehen und ihre Uniformen mit den Veränderungen im Laufe der Zeiten vorstellen, daneben aber auch einige erläuternde Worte zu ihren Waffengattungen, ihren Waffen und die zugehörige Kampfesweise hinzufügen. Nicht zu vergessen wären die Anmerkungen zur Formationsgeschichte, weil die speziellen Uniformmerkmale sowohl von ihrer Waffengattung als auch der wichtigsten Verwaltungseinheit, dem Regiment, abhängig bleiben.

In Deutschland hatte sich zur bedeutendsten militärischen Macht die preußische Armee entwickelt, sie wurde Keimzelle und Vorbild des späteren Reichsheeres. Dieser Entwicklung will die Darstellung mit Hilfe von drei vollständigen Bilderserien, denen ein erklärender Text hinzugefügt ist, folgen, eine jede befaßt sich mit einem bestimmten Zeitabschnitt: der erste Teil mit den beiden Jahrhunderten nach der Gründung, der zweite Teil mit der Armee nach der Heeresreorganisation, die ja die Grundlage für die spätere gesamtdeutsche Erweiterung bildete. Der letzte Teil will dann das Reichsheer vorstellen.

I. Zwei Jahrhunderte des Preußischen Heeres

Zusammenstellung und Text: Georg Ortenburg
Farbtafeln: E. Rabe / L. Burger: Die brandenburg-preußische Armee
in historischer Darstellung, Berlin 1885

Schon in den 30er Jahren des vorigen Jahrhunderts erfolgte in Frankreich der Versuch, nicht nur die gegenwärtige Uniformierung einer Armee oder die einer bestimmten Epoche darzustellen, sondern auch eine geschichtliche Entwicklung zu zeigen. Im deutschsprachigen Raum machte diesen Versuch zuerst der Maler Fritz l'Allemand im Jahre 1846 in Wien, indem er auf 40 Tafeln die K. K. Armee im Laufe zweier Jahrhunderte darstellte. Im gleichen Jahr gab auch in Berlin der Verlag Sachse & Co die ersten 12 Blätter der vorliegenden Serie heraus, die von dem Maler Edmund Rabe gezeichnet waren. Es waren kolorierte Lithographien mit einer Blattgröße von 36 × 57 cm. Eine 2. Auflage folgte schon 1850. Unsere Serie wurde dann auf 20 Blatt erweitert, wobei sich E. Rabe mit dem bekannten Ludwig Burger zusammentat. Die Herausgabe erfolgte in den Jahren 1884/85 in 5 Lieferungen durch den Verlag H. J. Meidinger in Berlin. Das damals schon hochgeschätzte Werk ist heute so selten geworden, daß schon einzelne Blätter als Kostbarkeiten betrachtet werden.

Die gesamte Farbbilderserie erschien im Nachdruck in Form von Bildbeilagen in der von der Deutschen Gesellschaft für Heereskunde e. V. herausgegebenen „Zeitschrift für Heereskunde" in den Jahren 1977/78. Zum Sammeln und Einkleben der Farbbilder wurde ein Heft geliefert, das gleichzeitig mit einem kurzen Text die Geschichte der jeweiligen Waffengattung und eine Uniformbeschreibung gab. Die Auflage war nur klein, ist daher seit Jahren vergriffen und im Antiquariatshandel sehr gesucht. Auch wenn der Text in dieser Ausgabe erweitert wurde, kann die Beschreibung naturgemäß nur ein Gerüst bilden, an dem sich weitere Nachforschungen anschließen. Dafür finden sich im Literaturverzeichnis entsprechende Hinweise.

Die brandenburg-preußische Armee

Nach dem Dreißigjährigen Krieg begannen alle größeren Staaten in Europa, ihre Truppen nicht nur für einen bestimmten Feldzug anzuwerben, sondern auch schon in Friedenszeiten zu behalten, die Entwicklung zielte zum „miles perpetuus", dem stehenden Heer.

Eine wesentliche Voraussetzung hierfür war, daß der Fürst sich immer mehr gegenüber den bis dahin mitregierenden Landständen durchsetzen konnte und somit eine allmähliche Umbildung der alten Staatsverfassung durch Ablösung der alten Vasallenpflichten durch eine Geldentschädigung in Form von ständigen Steuern vornahm. In Brandenburg-Preußen legte hierfür Kurfürst Friedrich Wilhelm, den seine Zeitgenossen den „Großen" nannten, die Grundlage.

Friedrich Wilhelm, der große Kurfürst

Bis zum Jahre 1655 gab es – abgesehen von kleineren Festungsbesatzungen – überhaupt kein stehendes Heer. Die Truppen waren nur für den jeweiligen Krieg oder Feldzug geworben und danach sofort wieder entlassen. Nach dem Frieden von Oliva aber wurden erstmals Truppenstämme beibehalten und, obwohl es noch ein Söldnerheer war, bestand es schon größtenteils aus Landeskindern. Zwar besaßen die Obersten als Inhaber noch das Recht der Anstellung aller Offiziere, mußten aber vorher den dafür Vorgesehenen dem Fürsten namhaft machen. Auch übte der Fürst schon durch angeordnete Musterungen eine Aufsicht aus. Beim Tode des Großen Kurfürsten im Jahre 1688 bestand die Armee bereits aus 16 Regimentern Infanterie, 11 Regimentern Reuter und Dragoner sowie in den Festungen verteilter Artillerie.

Im Staatsgebiet lebten zu dieser Zeit etwa 1,4 Millionen Menschen. Zwischen 1656 und 1660 nahmen brandenburgische Truppen am schwedisch-polnischen Krieg teil und erzwangen die endgültige Abschüttelung der polnischen Lehnshoheit über Ostpreußen. Zwischen 1672/73 standen sie als Verbündete der Holländer, 1674 im Reichsheer im Westen zur Abwehr französischer Übergriffe, von 1675 bis 1679 waren die Schweden aus Brandenburg und Preußen zu vertreiben. Noch 1686 rückte ein

König Friedrich I. König Friedrich Wilhelm I. König Friedrich II., der Große

Hilfskorps in den Türkenkrieg nach Ungarn. Unter seinem Nachfolger Kurfürst Friedrich III., ab 1701 als König Friedrich I. wurde diese Armee zu einer „königlichen" und viele ihrer späteren Besonderheiten hatten in dieser Zeit ihre Wurzeln, wie z. B. die Anfänge der Kantonverfassung. In den vielen Kriegen dieser Zeit erwarb die Armee einen wohlbegründeten Ruf. Es wurden zwar immer noch Truppenteile neuerrichtet und häufig wieder aufgelöst, doch ging man immer mehr dazu über, die Stämme stehenzulassen. Auch der Einfluß des Fürsten bei der inneren Verwaltung der Truppen wurde größer, überschritt aber kaum die sonst üblichen Bedingungen in anderen Staaten. Beim Tode des 1. Königs hatte das Heer einen Stand von etwa 35 000 Soldaten, davon in 36 Feldbataillonen an die 25 000, in 10 Reiterregimentern 4500 und in 6 Dragonerregimentern 4000 Mann. Nahezu alle Truppenteile waren kriegserfahren und hatten zwischen 1701 und 1713 am Spanischen Erbfolgekrieg als Hilfstruppen und Verbündete des Kaisers teilgenommen. Im Staatsgebiet lebten damals etwa 1,6 Millionen Einwohner.

Erst dessen Nachfolger, König Friedrich Wilhelm I. (1713–1740), auch der „Soldatenkönig" genannt, machte Staat und Armee zu dem, was man heute als typisch

„preußisch" anzusehen gewohnt ist, mit dem Anspruch auf unbedingte Pflichterfüllung und Gewissenhaftigkeit, auf Ehrliebe und Disziplin, die die Pfeiler des „königlichen Dienstes" sein sollten. Der König selbst lebte es vor und machte in seinem Staat den Soldatenstand zu dem geehrtesten seiner Zeit. Die Grundlage seiner Militäreinrichtungen war eine gewissenhafte Verwaltung der Staatseinkünfte, die nur genügend hoch waren, wenn Wohlstand und damit auch die Steuerfähigkeit des Landes ständig gehoben wurde. So standen Wohlfahrt des Ganzen und der Armee in ständiger Wechselbeziehung zueinander und der Bedarf der Armee wirkte als Motor der Staatsökonomie. Durch die Ausbildung der Kantoneinteilung wurden auch bisher nicht angesprochene Bevölkerungsteile an den Staat und seinen Dienst herangeführt, dadurch Armee und Volk verknüpft und „die Regimenter unsterblich". Mit Recht kann dieser König als der Vater der preußischen Infanterie angesprochen werden, ihr galt seine besondere Sorge.

Nach seinem Regierungsantritt entstanden durch Reformen bereits 25 Infanterieregimenter mit je 2 Bataillonen und das später so berühmte „Rote Leibbataillon", daneben in 55 Schwadronen die 16 Reiterregimenter, die dann nach und nach bis

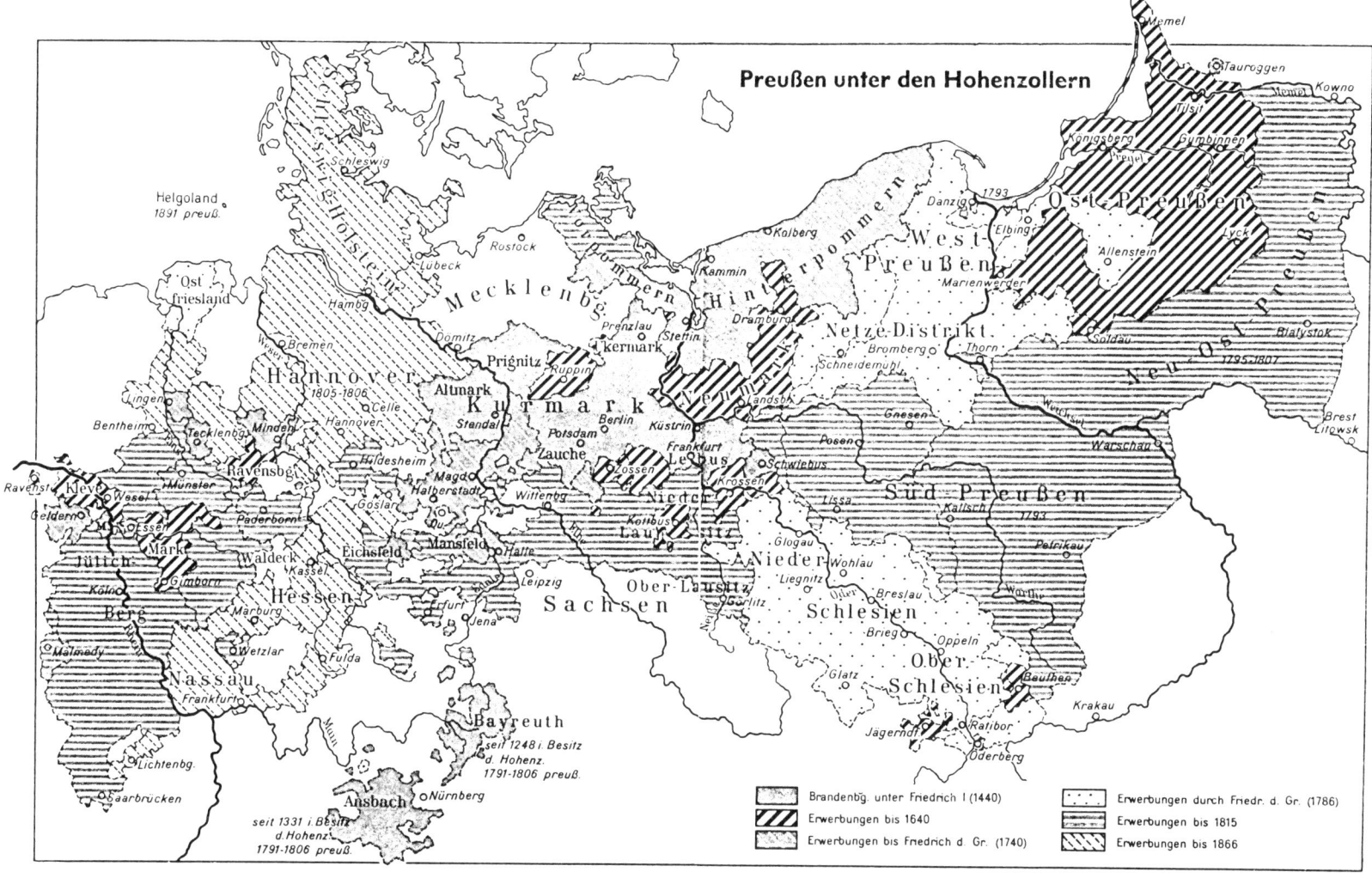

Preußen unter den Hohenzollern

Brandenbg. unter Friedrich I (1440)
Erwerbungen bis 1640
Erwerbungen bis Friedrich d. Gr. (1740)
Erwerbungen durch Friedr. d. Gr. (1786)
Erwerbungen bis 1815
Erwerbungen bis 1866

1740 auf 66 Feldbataillone und 114 Schwadronen mit insgesamt fast 81 000 Mann verstärkt wurden. Während Preußen nach seiner Bevölkerungszahl von 2,3 Millionen in Europa an 13. Stelle stand, besaß es die viertstärkste und dabei qualifizierteste Armee, die Hälfte seiner Soldaten einheimisch und bis auf die kurze jährliche Exerzierzeit beurlaubt, der andere Teil geworbene Nichtpreußen. Bei seinem Tode hinterließ der König seinem Sohn ein festgefügtes staatliches Fundament und eine Armee als Machtfaktor, bei der Ausbildung und Disziplin auf einer Höhe stand, die bis dahin nirgends auch nur annähernd erreicht waren. Kurzzeitig haben 1715 und 1735 preußische Truppen an Feldzügen teilgenommen.

König Friedrich II., der Große, (1740–1786) behielt die bewährten Einrichtungen seines Vaters in Staat und Armee im Wesentlichen bei, wenn auch in den harten Bewährungsproben der schlesischen Kriege hier und da Erneuerungen und Ergänzungen notwendig wurden.

Mit seinem Regierungsantritt wurde die berühmte kostspielige „Riesengarde" aufgelöst und aus den ersparten Mitteln weitere Truppenteile errichtet. So bestanden 1756 bereits 105 Feldbataillone sowie die Jäger, 212 Schwadronen Reiter, 23 Kompanien Artillerie und technische Truppen mit etwa 158 000 Mann, eine Vermehrung, die durch die Vergrößerung des Staatsgebietes durch die Besitznahme

9

von Schlesien in den Kriegen von 1740/41 und 1745 und die ostfriesische Erbschaft 1744 möglich war. Die große Bewährungsprobe geschah im Siebenjährigen Krieg (1756–1763), in dem sich Preußen gegen eine übermächtige Koalition zu behaupten hatte.

Unter der Führung des Königs hatte sich die Armee sämtlichen anderen Armeen Europas, die mit ihr in Berührung kamen, überlegen gezeigt und damit einen selbstbewußten Stolz auf große kriegerische Leistungen erworben, der ihr 1740 noch fehlte. So wurde sie das anerkannte Vorbild, dem man nachzuahmen suchte. Auf ihre Gestaltung und Schulung verwandte der König einen großen Teil seiner Arbeitskraft und traf alle wichtigen Entscheidungen selbst, oft sogar für viele nebensächlich erscheinenden Fragen in Personalangelegenheiten. Die preußische Kavallerie und die Husaren bildeten sich in ihrer damals unerreichten Qualität unter seiner dauernden Aufsicht und Fürsorge. Das war sein persönliches Werk.

Die erste „Teilung" Polens 1772 schuf die Landbrücke nach Ostpreußen und brachte das vorwiegend deutsch besiedelte Westpreußen, das Ermland und den Netzedistrikt. Dabei kamen 5 neuerrichtete Infanterieregimenter und je ein Husaren- und Lanzenreiterregiment hinzu. Im bayerischen Erbfolgekrieg wurde noch einmal mobilisiert, doch gab es nur unbedeutende Zusammenstöße.

Seinem Nachfolger hinterließ er mit seiner Armee ein ruhmvolles Erbe. Ihre Sollstärke betrug 1786 etwa 190000 Mann. Allerdings waren davon, um die Belastung der Landeskinder möglichst niedrig zu halten, fast die Hälfte geworbene Nichtpreußen, und auch von den Inländern waren in jedem Jahr 72000 Mann für ganze 10 Monate beurlaubt. Diese Beurlaubten wurden nur zu den beiden Exerziermonaten einberufen, die mit der Revue abschlossen.

Auch König Friedrich Wilhelm II. (1786–1797) besaß ein lebhaftes Gefühl für die Aufgaben, die seiner harrten. Einerseits waren längst fällige Reformen nötig, andererseits mußten die einzelnen Zweige der Heeresverwaltung viel straffer zusammengefaßt werden, weil die bisher übliche, rein persönliche Leitung aller Angelegenheiten durch den König nur bei einer überaus genialen und arbeitsfreudigen Persönlichkeit erwartet werden konnte. Es wurden viele eingeschlichene und bisher geduldete Mißbräuche bei der Verwaltung, der Truppe, dem Kantonwesen und der Versorgung beseitigt, unklare Angelegenheiten geregelt, in Vorschriften niedergelegt und damit viele Mißhelligkeiten von vornherein vermieden. Unter diesem König wurde besonders die Formation der neuen leichten Infanterie durchgeführt und ihrer Ausbildung besondere Sorgfalt gewidmet. In den Kriegen gegen das revolutionäre Frankreich tat die Armee vollauf ihre Pflicht, und wie ein Mitkämpfer, der damalige Jägerleutnant v. Valentini, in seinen Lebenserinnerungen schrieb, wurde sie an Tapferkeit, gutem Willen, regem Ehrgefühl und taktischer Vollkommenheit in dieser Zeit von keiner anderen Truppe der Welt übertroffen. Tatsächlich liest man bei den Preußen des Jahres 1792 recht wenig von Desertion, der Geißel dieser Zeit. Nach dem Erwerb der polnischen Landesteile 1795 wurde die Armee so verstärkt, daß sie beim Tode des Königs einen Sollstand von 230000 Mann besaß.

Während der Regierungszeit dieses Monarchen nahmen Teile der Armee an einer Hilfsexpedition nach Holland 1787 und am Krieg gegen das revolutionäre Frankreich 1792–1795 teil.

Der junge König Friedrich Wilhelm III. (1797–1840) hatte daher zunächst keinen unmittelbaren Anlaß, die scheinbar so bewährten Einrichtungen zu ändern. Er übernahm ein Staatsgebiet mit 8,7 Millionen Einwohnern, davon allerdings 2,4 Millionen Polen und 300000 Juden. Durch die polnischen Erwerbungen hatte die Finanzkraft des Staates sehr gelitten, und Reformen kosteten nun einmal Geld. Doch wurden eine gerechtere Kantoneinteilung, die Brotverpflegung der Soldaten schon im Frieden und eine Verstärkung der Sollstärken der einzelnen Truppenteile durchgeführt. Deren Zahl nahm aber ab. Bedenklich wurde auch, obwohl eine recht große Zahl von Offizieren mit wissenschaftlichen Kenntnissen vorhanden war, das Nachlassen von praktischer Erfahrung und Disziplin bei ihnen und die Verweichlichung der Charaktere, die allerdings im Zuge der Zeit lag. Dazu kam eine starke Überalterung der höheren Offiziere, welche sich in wichtigen Kommandostellen befanden, weil man diese als Versorgungsstellen betrachtete, ein Verfahren, welches dem Staat zwar im Frieden Pensionen sparen half, im Krieg aber verderblich war.

Zu Beginn des Krieges 1806 zählte die Armee 120 Feldbataillone schwerer und 27 leichter Infanterie, 255 Schwadronen Reiter mit 69 Kompanien Artillerie und technischen Truppen.

Der Zusammenbruch nach der Doppelschlacht bei Jena und Auerstedt hatte dann auch Staat und Armee in ihren Grundfesten erschüttert. Nur die Hälfte des Gebietes und Trümmer der Armee waren übrig geblieben. Doch schon wenige Tage nach dem Frieden von Tilsit beauftragte der König den damaligen Generalmajor v. Scharnhorst mit der Leitung der Militär-Reorganisations-Kommission zur Erneuerung des Heeres. Wenn auch von Anfang an das Ziel bestand, die gesamte Nation wehrhaft zu machen, so machten es die Verhältnisse zunächst unmöglich. Die im Friedensvertrag festgesetzte Verminderung der Armee brachte viel Verbitterung und Elend mit sich. Die Reform berührte sowohl das Staatswesen als auch die Armee wechselseitig und brachte bei verzweifelter Finanzlage viele Probleme der Wehrverfassung, des Ersatzes und des Armeehaushalts. Der König selbst umriß in seinen Instruktionen das Wesentliche und unterstützte Scharnhorst mit seinem Vertrauen gegen vielfache Widerstände.

Mitte des Jahres 1808 zählte die neue preußische Armee einschließlich der Beurlaubten etwa 50000 Mann. Die Truppenteile erhielten Provinznamen, die der Einteilung der Armee in Divisionen entsprechen sollten. Die Möglichkeit, die Armee im Kriegsfall zu verstärken, fand man im altpreußischen Beurlaubtensystem, welches dahingehend abgeändert wurde, daß jede Einheit monatlich eine bestimmte Anzahl der am längsten Dienertuenden entließ und dafür junge Leute einstellte (Krümpersystem). Ebenfalls fand eine Änderung des Systems der Ergänzung des Offizierskorps, der Militärstrafen und des Truppenhaushalts statt. Obwohl nur 42000 Mann gehalten werden konnten, bestand durch geeignete Maßnahmen eine sichere Grundlage zur schnellen Vermehrung der Truppen bei Ausbruch der Befreiungskriege. So wurden aus zusammengezogenen Krümpern Reserveregimenter formiert, die Einrichtung der freiwilligen Jäger geschaffen, die Provinzen bildeten National-Kavallerieregimenter, die sie selbst kleideten und bewaffneten, und schließlich wurden Landwehr-Einheiten aus bisher Ungedienten aufgestellt, ein Volksheer, für das die Linie das harte Gerüst bildete. Unter den besonderen Verhältnissen der Befreiungskriege konnte auch eine aus so buntscheckigen Bestandteilen zusammengesetzte Armee ihre Aufgabe erfüllen. Aus der Not und der Begeisterung der Freiheitskriege und ihrer allgemeinen Opferbereitschaft war damit praktisch die allgemeine Wehrpflicht hervorgegangen.

König Friedrich Wilhelm II. König Friedrich Wilhelm III. König Friedrich Wilhelm IV.

Grundsätzlich wurde die allgemeine Wehrpflicht aller männlichen Staatsangehörigen vom 20. Lebensjahr an durch das Wehrgesetz von 1814 festgestellt. Es regelte diese in

1. stehendes Heer (Linie) mit (in der Regel) 3jähriger Dienstpflicht
2. Reserve (Ergänzung der Linie im Krieg) 2jähriger Dienstpflicht
3. Landwehr I. und II. Aufgebot, alle ehemal. Soldaten bis 39. Lebensjahr
4. Der Landsturm umfaßte alle übrigen vom 17. bis zum 50. Lebensjahr

Dabei mußte das stehende Heer die Hauptbildungsschule werden, in der die Soldaten ihre Fertigkeiten erlernten und zu Soldaten erzogen werden sollten. Praktisch wurde die Dienstzeit im stehenden Heer aus Ersparnisgründen (spätere Einstellung!) nicht über 2½ Jahre ausgedehnt. Auch blieb die Zahl der eingestellten Rekruten je Jahr fast gleich, während die Bevölkerungszahl rasch stieg und so von Jahr zu Jahr ein immer größeres Mißverhältnis entstand.

Bereits beim Rückzug der Franzosen 1813 hatte Preußen seine westlich der Elbe gelegenen Gebiete wieder in Besitz genommen, der Frieden von Wien brachte ihm 1815 neben der Arrondierung der westfälischen Territorien die Provinzen Rheinland und Sachsen.

Nach Beendigung der Freiheitskriege wurden die Reserve-Infanterieregimenter zu den Infanterieregimentern 13 bis 24, die Freikorps und die Truppenteile der zu Preußen gekommenen Gebiete in den Infanterieregimentern 25 bis 32 zusammengefaßt und 1820 die Infanterieregimenter 33 bis 40 errichtet. Die Formation der Kavallerie und der Artillerie verlief in ähnlicher Form. Die ganze Armee war in 18 Brigaden (später 9 Armeekorps, einschließlich des Garde-Korps) eingeteilt und umfaßte im Ganzen etwa 135 000 Mann. So blieb im Wesentlichen der Zustand bis zur Armeereform des Jahres 1860.

Gleichzeitig stiegen aber Hand in Hand mit der beginnenden Industrialisierung und Verstädterung die Bevölkerungszahlen kräftig an: im Jahre 1819 waren es noch 11 Millionen, um 1850 bereits 16,5 Millionen und 1864 schon 19,2 Millionen Menschen. Nach dem Ableben seines Vaters bestieg König Friedrich Wilhelm IV. (1840–1858/61) den Thron. Während seiner Regierungszeit war Preußen an keiner größeren kriegerischen Auseinandersetzung beteiligt.

11

Die Bewaffnung

Beim Aufkommen der stehenden Heere in der 2. Hälfte des 17. Jahrhunderts war die Infanterie zu ⅔ mit dem Feuergewehr bewaffnet, ⅓ als Rückhalt gegen Kavallerie mit der Pike. Das Feuergewehr mit dem Luntenschloß hieß Muskete. Diese war gegenüber dem Anfang des Jahrhunderts schon so erleichtert worden, daß sie ohne Stützgabel gebraucht werden konnte. Die Musketenkugeln sollten 2lötig sein, d. h. ungefähr 15 Kugeln auf 1 Pfund Blei gehen. Dazu wurden schon fertige Papierpatronen in Patronentaschen mitgeführt, die Lademaße waren verschwunden. Vom Jahre 1672 an wurden in Brandenburg für die Grenadiere und auch die Dragoner (die damals als zum Transport berittene Infanterie eingesetzt wurden) schon Steinschloßgewehre gebraucht, die nach dem Feuerstein (Flintstein) auch Flinten genannt wurden. Diese ersten Flinten galten noch lange als nicht sehr zuverlässig. Das Problem lag hier im richtigen Kraftverhältnis der beiden Federn von Hahn und Batterie im Steinschloß. Flinten wurden in Frankreich als fusil bezeichnet und somit die damit ausgestatteten Truppen als Füsiliere. Gegen Ende des Jahrhunderts verschwanden in Brandenburg die Piken. Zum Schutz gegen Reiterei (vor allem bei den Türkenkriegen) trug die allein mit Feuergewehr ausgerüstete Infanterie zusätzlich kurze Spieße, die Schweinsfedern, die mit Hilfe eines durchbohrten Balkens zu „Spanischen Reitern" zusammengesetzt werden konnten. Gegen Reiterei benutzten die Musketiere zunächst Spundbajonette, die in den Gewehrlauf gesteckt werden konnten. Um 1700 setzte sich überall das Düllenbajonett durch, welches ein Schießen auch bei aufgesetztem Bajonett gestattete. Zur gleichen Zeit verdrängte das Steinschloßgewehr infolge starker Verbesserung des Steinschlosses und auch wegen seiner einfacheren Handhabung bei der Masse der Infanterieverbände das Luntengewehr. Durch Fürst Leopold v. Anhalt-Dessau wurde teilweise der stählerne Ladestock eingeführt, der das Laden erheblich beschleunigen half. Bald 130 Jahre hatte dann das Steinschloßgewehr in fast unveränderter Form in den europäischen Armeen bestanden. Nur geringfügige Verbesserungen zur Erhöhung der Feuergeschwindigkeit fanden um 1780 in der preußischen Armee mit der Einführung des konischen Zündloches und zylindrischen Ladestockes Eingang. Ein gut ausgebildeter Soldat konnte mit diesen Waffen im Gefecht und in der Abteilung 2- bis 3mal in der Minute feuern, auf dem Exerzierplatz wurde es fast doppelt so schnell geschafft. Die wirksame Schußentfernung dieser Gewehre überstieg kaum 300 Schritt.

Die Büchse mit gezogenem Lauf war die Waffe des Jägers und wurde auch nur von diesem in den militärischen Dienst mitgebracht. Zwar schoß sie recht genau, doch bedingte die für eine gute Führung mit einem Pflaster eingehüllte Kugel, die in den Lauf getrieben werden mußte, eine sehr umständliche Ladeweise, wodurch die militärische Brauchbarkeit sehr eingeschränkt wurde.

Offiziere und Unteroffiziere trugen neben dem obligatorischen Degen eine Stangenwaffe, das Kurzgewehr, welches bei den Offizieren zunächst als Partisane, später als Sponton auftauchte.

Die Bewaffnung der Kavallerie bestand aus einem kräftigen Reiterdegen, 2 Pistolen und einem Karabiner mit Radschloß. Auch hier setzte sich um 1700 mehr und mehr die billigere Steinschloßzündung durch. Die Bruststücke (Kürasse) waren als Schutzwaffen um 1670 weithin außer Gebrauch gekommen, setzten sich aber nach 1715 wieder durch. Das Gleiche wiederholte sich in Preußen zwischen 1787 und 1815. Über den Hut kam zum Schutz vor Hieben ein eisernes Hutkreuz, das Kaskett. Die Dragoner als ursprüngliche berittene Infanterie unterschieden sich um 1688, abgesehen von ihren kleineren Pferden, von den Reutern in der Bewaffnung nur dadurch, daß sie statt des Karabiners eine kleinere Bajonettflinte trugen. Mit der Errichtung der Husaren kam als Reiterbewaffnung anstelle des Degens der Säbel hinzu, auch die Lanze tauchte bei wenigen Truppenteilen auf.

Die Artillerie führte als wichtigste Waffe die Kanonen. Das waren Geschütze, die in fast waagerechtem Schuß eiserne Vollkugeln, oder gegen nahe Flächenziele Kartätschen (in Beutel gefüllte kleinere Kugeln) schossen. Im Felde waren die meisten Kanonen recht leicht, verschossen 3- oder 4pfündige Vollkugeln, wurden im Verband der Infanterie-Bataillone eingesetzt und als Regimentstücke bezeichnet. Daneben gab es einige Haubitzen, d. h. Geschütze, die sowohl als Kanonen, aber auch wie Mörser im Bogenschuß gebraucht werden konnten. Beim Bogenschuß warfen sie mit Pulver gefüllte eiserne Hohlkugeln (Bomben), bei denen beim Abschuß gleichzeitig die Zündschnur in Brand gesetzt wurde. Im Festungskrieg wurden neben den Mörsern, die ebenfalls Bomben warfen, auch schwere Kanonen gebraucht. Die wirksamen Schußweiten der Kanonen waren etwa 4mal so groß wie die der Gewehre. Das Hauptproblem bei den Feuerwaffen war das damalige sehr rauchstarke Schwarzpulver, das einmal stark die Sicht behinderte und zudem viel Rückstände beim Schuß hinterließ. Es beeinflußte also beim notwendig großen Spiel die Führung der Kugeln und damit die Zielgenauigkeit, die Schußweite, aber auch den Feuerablauf. Die Farbigkeit der Uniform war dadurch mit bedingt.

Erst zwischen 1820 und 1830 begannen in den Armeen Versuche mit der Perkussionszündung, dessen günstige Ergebnisse dazu führten, diese anzunehmen und dann auch sehr viele, noch brauchbare Steinschloßgewehre auf Perkussionszündung umzurüsten, zu „aptieren".

Selbst bei Regenwetter ergab die Verwendung von Zündhütchen mit Knallquecksilber fast keine Schußversager mehr. Ferner wurde es durch verbesserte Herstellungsmethoden möglich, die Läufe aller Infanteriegewehre mit Zügen zu versehen und durch geeignete Geschoßformen ein leichtes Laden, sowie beim Schuß ein Hineinpressen des Geschoßmantels durch die Pulvergase in die Züge (Minie-Geschoß) zu bewirken. Somit wurden Treffähigkeit und Schußweiten erheblich gesteigert. Das wirkte sich auch entsprechend bei dem Einsatz der Artillerie aus und so wurde auch hier notwendigerweise eine Steigerung der Schußweiten angestrebt und der Übergang zu gezogenen Rohren vollzogen.

Um 1840 begannen in Preußen die Versuche mit einem kriegsbrauchbaren Hinterladegewehr, das in Form des berühmten Dreyse'schen Zündnadelgewehrs um die Mitte des Jahrhunderts in die Armee eingeführt wurde und schließlich Kriegsgeschichte machen sollte. Dem Hinterladeinfanteriegewehr folgten sofort auch Versuche mit Hinterladegeschützen. Auch hier wirkte Preußen wegweisend.

Die Kavalleriebewaffnung schloß sich in den Zündsystemen den Waffen der Infanterie an. Mehr und mehr tauchte die Lanze auf. Offiziere trugen seit den napoleonischen Kriegen keine Stangenwaffen mehr und führten in der Regel nur den Degen oder leichten Säbel.

Die Taktik im Wandel

Bereits in den Landsknechtheeren hatte es sich gezeigt, daß bei der damaligen Bewaffnung Kriegsleute geschlossen jedem einzelnen überlegen blieben. Bei der Werbung und Aufstellung eines Landsknechthaufens war das Regiment (vom lat. regimentum = Herrschaft) die maßgebende Verwaltungseinheit, weil der Kriegsherr durch Vertrag diese Aufgabe dem Feldobristen übertrug. Die kleineren Verwaltungseinheiten eines Regiments bildeten dann die zunächst „Fähnlein" genannten Kompanien. Weil aber ein Regiment eine unterschiedliche Anzahl von Kompanien haben konnte, mußte für den taktischen Einsatz im Gefecht eine weitere Einteilung erfolgen, die eine einheitliche Leitung zuließ. Ein solcher zusammengestellter und gemeinsam agierender Haufen hieß Bataillon, im übertragenen Sinne Schlachthaufen. Seine Größe hing von der Möglichkeit ab, überall noch ein mit der menschlichen Stimme gegebenes Kommando zu verstehen. So schwankte sie bei enger und tiefer Aufstellung von 1200 bis zu 600 Mann bei sehr flacher Formation. Ähnlich verhielt es sich bei den Reitern, wo einige Kompanien zu der Schwadron von bis zu 200 Köpfen zusammentraten. In der Praxis erwiesen sich Schwadronen von etwa 150 Reitern am brauchbarsten, so wurden sie schon am Ende des 18. Jahrhunderts auch zur administrativen Grundeinheit der Kavallerie. Auch Artilleristen waren in Kompanien geteilt und wurden einer bestimmten Geschützzahl zur Bedienung zugewiesen, die gemeinsam zu agieren hatte und dann Batterie hieß. Während sie zunächst eine unbestimmte Geschützzahl umfassen konnte, erhielt sie mit dem Moment, als sie auch auf dem Gefechtsfeld die Stellung zu wechseln vermochte, nur eine festbestimmte Zahl (bis 10) von Rohren zugewiesen.

So konnte die Kampfstärke einer früheren Armee aus der Zahl ihrer taktischen Einheiten, bei der Infanterie den Bataillonen, den Reitern den Schwadronen und bei der Artillerie den Batterien abgelesen werden.

Die entscheidende Waffe jener Zeit war bereits das Feuergewehr mit dem glatten Lauf. Es mußte von seiner Mündung her, also von vorn geladen werden, was nur im Stehen geschehen konnte. Weil bei der Verbrennung das damalige Pulver starke Rückstände hinterließ, die sich an der Laufinnenwandung absetzten, mußten die Kugeln kleiner sein als das Laufkaliber. Sie wurden daher nicht sicher geführt, sie schlotterten im Lauf und Pulverdruck ging verloren. Daher stiegen im gesamten Zeitraum die wirksamen Schußweiten nicht über 250 m. Die Überlegenheit der Geschütze lagen auch darin, daß sie viermal weiter schossen. Weitere Probleme des damaligen Gewehrs waren die umständliche Ladeweise und unsichere Zündung bei Wind und Wetter aber auch die starke Qualmwolke beim Schuß mit Schwarzpulver, die dem Schützen die Sicht nahm. Die mangelnde Treffähigkeit suchte man durch schnelles Massenfeuer auszugleichen, die Sichtbehinderung, indem innerhalb kleiner Abteilungen gleichzeitig geschossen wurde.

Gewehre mit Luntenzündung brauchten zum Laden noch etwa 2 Minuten. Damit reichte beim plötzlichen Anreiten von Kavallerie die Zeit zum Nachladen nicht mehr aus und so mußten die in der Mitte des Bataillons aufgestellten mit der über 5 m langen Pike bewaffneten Leute den Schutz der Schützen übernehmen. Die Musketiere standen sechs Glieder tief auf den Flügeln des Bataillons. Ihr erstes Glied ging nach Abfeuern der Waffen nach hinten, um dort neu zu laden, und gab damit dem

nächsten Glied das Schußfeld frei, ein Verfahren, das sich sinngemäß fortsetzte. In der Schlachtordnung standen die Bataillone treffenweise, im zweiten schachbrettartig jeweils auf die Lücken des vorderen gerichtet, in denen sich auch die Kanonen befanden. Die Reiterei formierte sich bereits schwadronsweise auf den Flügeln der Aufstellung. Unser Bild zeigt eine Normalaufstellung um 1675.

Kurbrandenburgische Schlachtordnung unter dem Großen Kurfürsten

Zeichnung von R. Knötel

Mit der Steinschloßzündung und dem verstählten Ladestock gelang es einer gutausgebildeten Truppe die Dauer des Ladevorgangs so zu verkürzen, daß sie im Gefecht bis zu dreimal in der Minute schießen konnte. Das reichte aus, allein jede anreitende Kavallerie abzuwehren. Das Bestreben, alle Feuerwaffen nun gleichzeitig in Einsatz zu bringen, führte zur dreigliedrigen Aufstellung, wobei ein Bataillon eine lange dünne Linie bilden mußte. Um die Sicht nach Möglichkeit freizuhalten, wurde es in Feuerabteilungen, die Pelotons geteilt, deren Leute gemeinsam in bestimmter Reihenfolge zu schießen hatten. Dann konnte man hoffen, daß der Wind die Qualmwolke weggetrieben hatte, bis die Abteilung wieder feuerbereit war. Um im Pulverqualm die Richtung anzugeben, standen die Fahnen des Bataillons in der Mitte der Aufstellung. Die ganze Armee bildete in der Schlacht zwei hintereinanderstehende Infanterietreffen, zwischen zwei Bataillons standen in der Lücke die leichten Regimentskanonen. Die Reiter befanden sich schwadronsweise ebenfalls in zwei Treffen an den Flügeln. Damit bildete die Aufstellung der gesamten Armee eine Einheit. In dieser Lineartaktik war nach Beginn des Kampfes ein Wechsel kaum mehr möglich, es mußte zu einer schnellen Entscheidung kommen. Das Bild zeigt einen Ausschnitt aus einer solchen lineartaktischen Aufstellung, im Vordergrund der rechte Flügel eines Bataillons, ganz rechts die Fahnengruppe mit dem Kommandeur davor. Zwei Pelotons geben gerade ihre Salve ab, am rechten Flügel stehen die Regimentskanonen, dahinter deren Bespannung. Rechts oben ist ein Teil des zweiten Treffens zu sehen.

Mit den französischen Revolutionskriegen wandelte sich auch die Taktik. Anstelle der relativ kostspieligen, langdienenden Berufssoldaten waren zunächst in Frankreich viele zum Dienst verpflichtete Leute getreten, die in der kurzen Zeit niemals den komplizierten Ablauf der alten Feuertaktik beherrschen konnten. Man behalf sich, indem man einen Teil ausschwärmen und schießen ließ, wie es jeder vermochte, die Masse aber in einer Kolonne zusammenhielt, um notfalls mit dem Bajonett einen Gewaltstoß durchzuführen. Das Feuer der zerstreuten Schützen, der Tirailleure, beunruhigte zwar nur den Gegner, erzwang aber keine Entscheidung wie das alte Massenfeuer. Dafür setzte nun der gelernte Artillerist Napoleon seine Waffe ein, indem er den Geschützen eine gut eingespielte Bespannung zuwies, die es erlaubte, die geballte Feuerkraft auf dem Schlachtfeld rasch zu verschieben und an entscheidender Stelle einzusetzen.

Unser Bild zeigt den Regelfall der taktischen Aufstellung in den napoleonischen Kriegen: im Vordergrund die vorgeschickten Tirailleure im Feuergefecht, dahinter die Bataillone in Kolonne mit vier zweigliedrig aufgestellten Kompanien hintereinander. Die Artillerie ist zur Feuerentscheidung in Linie aufgefahren, dahinter wartet die Kavallerie, einerseits um die Deckung zu übernehmen, andererseits um bei

14

beobachteten Auflösungserscheinungen des Gegners für den Angriff oder die Verfolgung bereitzustehen.

Die starke Ausweitung der allgemeinen Dienstpflicht erlaubte Massenheere und damit die Bildung von vielen kleinen Armeeabteilungen aus allen drei Waffengattungen, die damit ein Abbild der ganzen Armee im Kleinen boten. Jede dieser neuen Armeedivisionen, nun bald nur Divisionen genannt, vermochte eine gewisse Zeit allein Widerstand zu leisten und daher von anderen getrennt zu operieren. Sie konnte hoffen, auch im ungünstigen Fall noch von dem Nachbarn Unterstützung zu erhalten. Das war die Vorbedingung für die nun raschere Art bei strategischen Operationen, es war nicht mehr notwendig, auf die Aufstellung der Gesamtarmee zu warten.

Das Kleid des Soldaten

Noch in der Mitte des 17. Jahrhunderts entsprach das Kleid des Soldaten weithin dem des Bürgers, nur die Bewaffnung und die Feldzeichen ließen ihn als solchen erkennen. In der 2. Hälfte des 17. Jahrhunderts setzte sich – ausgehend von den deutschen Fremdregimentern in Frankreich – die Uniform, die gleichmäßige Bekleidung der Truppen, durch. Die Gleichmäßigkeit bezog sich zunächst oft nur auf die Farbe der Stoffe, da diese zum Teil vom Musterherrn geliefert wurden. Der Schnitt entsprach noch dem Kleid des Bürgers und gerade die Uniform der Offiziere war stark der Mode unterworfen. In Brandenburg gab es schon früh die blaue Grundfarbe für die Infanterie und die hieraus hervorgegangenen Dragoner. Man hieß die Brandenburger auch die „blauen Völker". Zu Ende des Jahrhunderts legte sich der Rock mehr der Figur an. Er war noch ohne Kragen, die Ärmel mit großen Aufschlägen ausgestattet und mit einer Knopfreihe versehen. Die Schöße waren an den Seiten in Falten gelegt und mit einigen Knöpfen geschlossen und wurden noch nicht aufgeschlagen getragen. Das Rockfutter war schon andersfarbig. Die Knöpfe bestanden aus Zinn oder Messing und die Knopflöcher waren oft mit farbigen Litzen oder Schleifen besetzt („brandebourgs"). Unter dem Rock trug der Mann ein Wams, dazu lederne Kniehosen, weiße oder farbige Strümpfe und Schnallenschuhe. Der Hut aus zunächst weißem oder grauem, später schwarzem Filz, wurde um 1700 dreiseitig aufgeschlagen. Die Hutschnüre und Hutbüschel zeigten die Wappenfarben des Chefs. Die Reiterei trug langschößige, gelbliche Lederkoller mit kürzeren sogenannten „halben" Ärmeln und Lederhosen mit hohen, steifen Reiterstiefeln. Da der Lederkoller recht teuer war, kamen auch weißgraue, später weiße Röcke auf.

Unter der Regierung des Soldatenkönigs löste sich in Preußen die Uniform endgültig vom Bürgerkleid. Der Rock wurde besonders bei der Infanterie und den Dragonern zweireihig und auf der Brust in Rabatten umgeschlagen; er erhielt einen größeren Kragen, die Ärmel wurden enger und die Rockschöße bei der Mannschaft blieben aufgeknöpft. Der Filzhut bekam Borten- oder Tresseneinfassung und als Frisur setzte sich der Zopf durch. Ein Bart trugen – außer den Husaren – die Offiziere nicht, während er bei der Mannschaft häufig vorkam, ja verlangt wurde. Die

Strümpfe wurden beim Fußvolk durch Gamaschen geschützt. Die zunächst meist gelbliche Unterkleidung wurde im Laufe des Jahrhunderts immer heller, zuletzt weiß, weil beim notwendig werdenden Anstrich ein gleichmäßiger gelblicher Ton schwer zu treffen war. Gegen Ende des Jahrhunderts wurde der Rockschnitt stets enger und die Gamaschen im Felde von weiten Leinwandhosen abgelöst, der Hut zweiklappig und recht hoch.

Bei der Kavallerie bestanden die Koller nur aus Stoffen, und die Reuter – nun Kürassiere genannt – legten zwischen 1715 und 1787 wieder den Küraß an, den sie dann ab 1814 auch wieder tragen sollten. Im Siebenjährigen Krieg verloren die Reiterhüte die Tresseneinfassung und seit 1762 trug die ganze preußische Kavallerie einen Federbusch am Hut.

Das Heer Friedrichs des Großen

| Grenadier | Musketier | Füsiliertambour | Kürassier | Husar | Dragoner |
| | | | | Infanterieoffizier | |

In den napoleonischen Kriegen änderte sich das Bild des Soldaten. Allgemein erhielt der Rock einen frackartigen Schnitt mit langen Schößen, der Kragen wurde sehr hoch. Als Kopfbedeckung setzte sich der Filztschako durch, nur höhere Offiziere trugen noch den Zweispitz, die schwere Kavallerie oft einen hohen Lederhelm mit Haarkamm oder Raupe. Der Zopf verschwand endgültig und der Bart wurde auch wieder von Offizieren getragen. In Preußen kamen häufig graue Überknöpfhosen vor und nach den Befreiungskriegen wurde auch (nach russischem Vorbild) der Tschako oben ausladender. So blieb im allgemeinen das Bild des Soldaten bis zum Jahre 1842 fast unverändert.

Eine einschneidende Veränderung trat erst um 1842 mit der Einführung des Waffenrockes und der Pickelhaube ein. Der Waffenrock schützte den Leib viel

Das Heer von 1813

Dragoner   Husar   Ulan   Freiwilliger Jäger   Kürassier

Musketier   Landwehrinfanterist

sam errichtet wurde, das Regiment, und die größte die gesamte Armee. So gab es auch zunächst folgende Befehlsstufen:

Bereich	Befehlshaber	Stellvertreter	Gehilfe
1. Fähnleins- Kompanie- befehl	Hauptmann (Kapitän)	Leutnant	Feldwebel (Wachtmeister)
2. Regimentsbefehl	Oberst (Obrist)	Oberstleutnant	Oberstwacht- meister = (Major)
3. Armeebefehl	Generalobrist = General	Generalleutnant	Generalwachtmstr. = Generalmajor

Dabei bedeutete das Wort Leutnant stets Stellvertreter (lieu tenir) des Befehlshabers. Der Gehilfe im Dienst wurde statt Obristwachtmeister bald auch spanisch Major genannt und dieser Titel sinngemäß auch beim Generalwachtmeister gebraucht. Den Generalobristen nannte man bald kurz „General" im Sinne des Oberbefehlshabers der ganzen Armee. Bei größeren Heeren unterteilte sich der Befehl auch in den einzelnen Waffengattungen. So war zunächst der Chef der gesamten Infanterie der Generalobrist, bei der Kavallerie der Feldmarschall und bei der Artillerie der Generalfeldzeugmeister. In Preußen hatte sich schon zu Beginn des 18. Jahrhunderts eine feste Ordnung innerhalb der Generalsränge ausgebildet. Man unterschied zunächst den Generalmajor, dann den Generalleutnant, dem ja schon der Titel „Exzellenz" zukam, schließlich den General. Als oberste Befehlsstufe setzte sich zuletzt nach französischem Vorbild der Feldmarschall durch. Der Dienstgrad eines Generalobersten, der zwischen dem General und dem Feldmarschall stehen sollte, wurde erst im Jahre 1854 geschaffen.

Bis zum Jahre 1806 gab es in der preußischen Armee keine eigentlichen Rangabzeichen für Offiziere. Die Generale waren in der Regel Chefs und Inhaber von Regimentern und trugen so zunächst deren Uniform. Seit 1742 waren sie aber an den an ihren Hutkrempen angebrachten weißen Straußenfedern, der Plumage, kenntlich. Erst 1790 erhielten die Generale der Kavallerie (außer den Husaren) eine eigene Felduniform (Abb. 4), bei der lediglich die goldene Randstickerei je nach Dienstgrad verschieden war. Eine allgemeine Generalsuniform wurde dann im Jahre 1803 eingeführt (Abb. 5). Sie hatte auf Kragen und Aufschlägen eine goldene Eichenlaubstickerei, die sich im ganzen 19. Jahrhundert nicht mehr ändern sollte. Nach 1808 wurde der Hut mit der Spitze nach vorn getragen. Bei der Einführung des Waffenrokkes und des Helmes in der Armee behielten die Generale zu der großen Uniform noch eine gewisse Zeit den Frack bei (Abb. 8). Erst im Jahre 1856 wurde dieser endgültig abgelegt. Neben dem gestickten Rock gab es einen Interimsrock (Abb. 7), auf dem Epauletten getragen wurden. Auf den Epauletten befanden sich seit 1830 Gradabzeichen. Der Generalleutnant trug einen, der General zwei vergoldete Sterne, der Feldmarschall zwei gekreuzte silberne Stäbe und der später eingeführte Generaloberst drei Sterne. Ab 1849 trug man zum Dienst den ungestickten Waffenrock (Abb. 9). Der Helm besaß einen Gardeadler, zu Paraden wurde ein weißer Federbusch mit schwarzer Füllung aufgesteckt.

besser, da er einen ringsum gehenden Schoß besaß, ähnlich dem Zivilrock dieser Zeit. Die durch eine Spitze geschützten Lederhelme waren anfangs sehr hoch und gaben dem Soldaten ein charakteristisches Aussehen und waren auch in der Praxis recht beliebt. Vom Jahre 1848 an änderte sich mit der Einführung der Virchow'schen Gürtelrüstung auch die Trageweise von Gepäck und Bewaffnung und erleichterte somit dem Mann den Dienst.

Auf Einzelheiten bei den Waffengattungen soll bei der Besprechung der Tafeln eingegangen werden.

Generale

Die Generale sind die höchsten Offiziere in der Rangskala einer Armee. Vielleicht mag es zunächst notwendig sein, über die Entstehung der Rangstufen in den heutigen Armeen Klarheit zu gewinnen.

Mit dem Aufkommen der geworbenen Landsknechtsheere zu Beginn der Neuzeit und später bei den stehenden Heeren gab es ganz allgemein 3 verschiedene Befehlsstufen, die sich auf die militärischen administrativen Einheiten bezogen. Die kleinste dieser Einheiten war das Fähnlein (später Kompanie), die größere, welche gemein-

Generale

1 2 3 4 5 6 7 8 9

Unter König Friedrich Wilhelm I.
1. Infanterie-General-Regiments-Uniform
Unter König Friedrich II.
2. Kavallerie-General-Regiments-Uniform
3. Infanterie-General-Regiments-Uniform
4. – 1792 Kampagne – Uniform für Kavallerie-Generäle

5. – 1806
6. – 1813
7. – 1831
8. – 1850
9. – 1850

Allgemeine Generals-Uniform
für Infanterie und Kavallerie

17

Adjutanten und Generalstab

Die ersten stehenden Heere waren recht klein. So brauchte man für deren Führung bei militärischen Operationen und deren Versorgung keine große Einrichtungen. Typisch für das ganze 18. Jahrhundert blieb vor allem in Preußen der persönliche Charakter der Führung durch den König. Die Dienstaufgaben seiner Gehilfen waren nie klar abgegrenzt, so daß es heute sehr schwierig ist, ein zutreffendes Bild zu erhalten. Sicher ist nur, daß alle wichtigen Führungs- und Versorgungsaufgaben in folgender Art aufgeteilt werden konnten:

1. bei der Truppe
   a) die operative Leitung (welche der König selbst vornahm)
   b) die administrative Leitung (welche der Generalquartiermeister zu besorgen hatte).

2. bei der Verwaltung
das Generalkriegskommissariat, welches die notwendigen Vorräte zu beschaffen hatte.

Die bei diesen Aufgaben beschäftigten Offiziere waren eigentlich Teil der königlichen Suite und wurden als „Officiers zum Generalstab gehörig" aufgeführt. Es rechneten dazu:
   1. die General- und Flügeladjutanten
   2. der Generalquartiermeister mit seinen Generalquartiermeisterleutnants,
   3. die Offiziere zum Feldkriegskommissariat und schließlich
   4. die Offiziere von der Armee (welche nicht bestimmten Einheiten zugeteilt waren).

Nach 1745 wurden auch 12 dauernde Stellen für Adjutanten bei Generalen geschaffen.

Die General- und Flügeladjutanten erhielten schon 1740 eine Uniform (Abb. 1 u. 2), wobei die Generaladjutanten goldene, die Flügeladjutanten silberne Abzeichen hatten. Die Offiziere von der Armee trugen bis 1764 die Uniform ihrer vorherigen Regimenter. Dann wurde ihre Uniform den Flügeladjutanten ähnlich, nur waren die Unterkleider weiß. Die Offiziere des Feldkriegskommissariats sollten blaue Röcke mit grauen Kragen, Aufschlägen und Unterkleidern tragen, Knöpfe silbern.

Ab 1787 erhielten die General- und Flügeladjutanten eine neue Uniform: Der Rock der Infanterieoffiziere war hellblau, die Kavallerieoffiziere trugen weiß (Abb. 3 u. 4). Die Offiziere des Generalstabs besaßen die gleiche Uniform, nur mit roten Abzeichen. 1798 wurden Änderungen vorgenommen. Der Rock der Infanterieoffiziere wurde wieder dunkelblau und das Rot der Offiziere des Generalstabs wird zu karmesin, eine Farbe, die dieser fortan behalten sollte (Abb. 5 u. 6). Auch bei diesen Uniformen waren die Stickereien der Generaladjutanten und des Generalquartiermeisters golden.

In der preußischen Armeereform wurde auch die Truppenverwaltung neu organisiert und im Frieden im neugeschaffenen Kriegsministerium zusammengefaßt. Dieses gliederte sich zunächst in

a) das allgemeine Kriegsdepartement in 3 Abteilungen und
b) das Ökonomie-Departement in 4 Abteilungen.

Daneben bestand das Generalkriegskommissariat, woraus sich im Kriege auch die Truppenintendantur bilden sollte.

Für die operative Leitung wurde der Generalstab geschaffen, der damals 34 Offiziere umfaßte, welche im Kriegsfall zum Teil als Führungsgehilfen in den dann zu bildenden Truppenstäben bestimmt waren. Der Leiter des allgemeinen Kriegsdepartements war gleichzeitig der Chef des Generalstabes (v. Scharnhorst).

Truppenstäbe gab es bis 1815 nur von Fall zu Fall im Krieg. Erst ab diesem Zeitpunkt wurden die Truppen ständig in Brigaden (ab 1818 in Divisionen), eingeteilt.

1814 und 1825 folgten neue Einteilungen des Kriegsministeriums. Langsam lösten sich aus ihm heraus das Militärkabinett und der Große Generalstab. Von 1820 ab bestand in jedem Korpsbezirk ein Generalkommando mit einem Chef des Generalstabes, 2 Generalstabsoffizieren und 2 Adjutanten. Daneben gab es schon im Frieden eine Intendantur als Provinzialbehörde der Heeresverwaltung.

Die Uniform der Generalstabsoffiziere war die der Flügeladjutanten, doch mit karmesinroter Abzeichenfarbe aber rotem Schoßfutter (Abb. 7 u. 8). Im Jahre 1823 legten die Kavallerieoffiziere den weißen Rock endgültig ab und das Schoßfutter wurde auch karmin. Um 1850 wurde der Waffenrock mit der bisherigen Stickerei eingeführt und die Epaulettfelder wurden 1852 karmin (Abb. 9).

Die Offiziere des Kriegsministeriums trugen die gleiche Uniform, nur waren die Stickereien golden. Die Streifen an den Hosen waren bei allen bis 1823 rot, danach ebenfalls karmin. Beim Generalstab entsprach der Helm dem der Flügeladjutanten, beim Kriegsministerium dem der Generale.

Adjutanten und Generalstab

1   2   3   4   5   6   7   8   9

1. – um 1760   Flügeladjutanten der Kavallerie
2. – um 1760   Flügeladjutanten der Infanterie
3. – um 1787   Flügeladjutanten der Kavallerie
4. – um 1787   Flügeladjutanten der Infanterie
5. –   1800   General-Stab von der Kavallerie

6. –   1800   General-Stab von der Infanterie
7. –   1813   General-Stab
8. –   1834   Flügel-Adjutant
9. –   1850   General-Stab

Offiziere

Mit dem Begriff Offiziere bezeichnete man Inhaber eines militärischen Amtes (officium). In Deutschland erschien diese Bezeichnung gegen Ende des 16. Jahrhunderts und löste das ältere „Befehlshaber" ab. Seit Beginn des 17. Jahrhunderts wurde zwischen Ober- und Unteroffizieren unterschieden und damit eine Zuständigkeit aufgezeigt. Später bezeichnete man mit Offizier nur die Oberoffiziere. Diese wurden seit dem 18. Jahrhundert eingeteilt in die Klassen der

1. Subalternoffiziere (zunächst noch Fähnrich, Leutnant, dann Leutnant, Oberleutnant)
2. Hauptleute (Kapitäne), bei der Kavallerie: Rittmeister
3. Stabsoffiziere (Major, Oberstleutnant, Oberst)
4. Generale.

In allen älteren Verträgen bei der Errichtung der Truppen hatten die Obersten das Recht, die Offiziere anzustellen. Beim Tode des Großen Kurfürsten gab es in der brandenburgischen Armee noch keine Rangliste aller Offiziere. Zwar waren die Bestallungen der höheren Offiziere schon von der Kriegskanzlei ausgefertigt, doch wurden die Subalternoffiziere noch immer von den Obersten selbst angestellt, wenn auch mit Vorwissen des Kurfürsten.

Schon Kurfürst Friedrich, der spätere erste König, nahm aber das Recht in Anspruch, sämtliche Offiziere selbst zu ernennen. Das war auch der entscheidende Schritt zur Festigung der fürstlichen Macht in der Armee.

Unter dem Soldatenkönig erhielt dann das Offizierskorps den ihm eigentümlichen Geist, der die Denkweise seiner Angehörigen entscheidend prägte und so die großen Leistungen in Krieg und Frieden ermöglichte. Der König betrachtete sich als Kamerad, hauchte dadurch dem ganzen Stand ein adliges Standesbewußtsein ein und gab ihm eine bevorrechtigte Stellung in Staat und Gesellschaft. Dabei galt der Grundsatz, daß Offiziere aller Grade gesellschaftlich grundsätzlich als gleich galten, unbeschadet der Unterordnung im Dienst.

Die Ergänzung der Offiziere erfolgte aus jungen Edelleuten, die die Regimenter selbst als Gefreitenkorporale annahmen oder die der König ihnen aus dem Kadettenkorps sandte. Wenn der eingestellte Junker vorher kein Kadett war, mußte er aber stets erst 3 Monate Dienst als gemeiner Soldat machen. Daneben gab es aber auch – besonders in Garnisontruppenteilen –, daß ältere, geeignete Unteroffiziere, die sich vor dem Feind auszeichneten, dem König zum Offizier vorgeschlagen werden sollten. Bei der Artillerie und dem Ingenieurkorps war adlige Herkunft nicht nötig. Für die Beförderung blieb fast stets das Dienstalter maßgebend. So blieben die Verhältnisse im wesentlichen bis zum Jahre 1808. Erst dann fanden grundlegende Veränderungen statt. Im Frieden wurden Kenntnisse und Bildung gefordert, im Kriege Tapferkeit und Überblick verlangt. Die Wahl war durch die Offiziere des Regiments vorgesehen, die vor der Ernennung zum Offizier zu erfolgen hatte. Stark betont wurde die Verantwortlichkeit der Mitglieder des Offizierkorps untereinander und durch Einrichtung von „Ehrengerichten" verstärkt. Bei der Beförderung wurde bei den höheren Kommandostellen das Prinzip des Dienstalters durchbrochen, wichtiger war die Eignung. Der Herkunft nach waren bis zum Jahre 1860 etwa ⅔ der Offiziere adlig, der Rest bürgerlich. In den folgenden Jahren sollte sich dieses Verhältnis stark ändern, so daß 1914 nur noch 11% der Offiziere adliger Herkunft waren.

Gegen Ende des 17. Jahrhunderts war die Kleidung der Offiziere noch vielfach völlig anders als die der Mannschaften, selbst in den Rockfarben. Doch um 1710 setzte sich die Gleichfarbigkeit der Uniformen endgültig durch und die Kleidung der Offiziere folgte nun der allgemeinen Uniformentwicklung. Als Standeszeichen galten für den Offizier Schärpe und Portepee, im Dienst der Ringkragen, als Waffen wurden allgemein der Degen und im Dienst das Sponton getragen. Die nun genau festgelegte Uniform zeigte goldene oder silberne Stickereien und Tressen und ebensolche Knöpfe. Offiziere knöpften zu Fuß die Rockschöße nicht auf. Bis zum Jahre 1808 wurden in der preußischen Armee keine Rangabzeichen getragen, so daß die Uniform des Fähnrichs sich nicht von der des Obersten unterschied.

Seit 1805 trugen die Offiziere die Schärpe über dem Rock (Abb. 5). Danach wurden Ringkragen und Sponton endgültig abgelegt und Rangabzeichen eingeführt. Diese bestanden zunächst aus silbernen, schwarz durchzogenen Tressen, von 1813/14 ab gab es Epauletten. 1830 erhielten diese die Rangsterne, wie sie bis 1918 bleiben sollten. Die Achselstücke tauchten erstmalig 1866 im Felde auf und wurden dann meist im Dienst getragen.

Preußische Offiziere um 1830 (L. Burger)

Offiziere

1 2 3 4 5 6 7 8

1. – 1711   Rgt. Kronprinz (Nr. 6)
2. – 1735   Königs-Regiment (Nr. 6)
3. – 1780   Rgt. v. Billerbeck (Nr. 17)
4. – 1797   1. Btl. Leibgarde (Nr. 15)

5. – 1805   Königs-Regiment (Nr. 18)
6. – 1813   Garde-Füsilier-Btl.
7. – 1830   8. Infanterie Regiment
8. – 1846   Kaiser Franz Gren. Rgt.

Musketiere

Musketiere nannte man die Träger der Muskete, eines schweren Feuergewehrs, welches wegen seiner größeren Wirkung um das Jahr 1600 die leichteren Handrohre verdrängt hatte. Das Kaliber der Muskete war größer, es gingen etwa 10–12 Bleikugeln auf ein Pfund. Die Waffe war somit recht schwer und mußte durch eine Gabel unterstützt werden. Die Zündung erfolgte durch eine glimmende Lunte, die das Zündpulver auf der Pfanne in Brand setzte (Luntenschloß). Im Laufe des 17. Jahrhunderts konnte das Kugelgewicht geringer gewählt werden. Es setzte sich für etwa 1½ Jahrhunderte das Kaliber von etwa 20 mm mit 15 Kugeln auf 1 Pfund durch (33 g). So konnte die Musketengabel fortfallen.

In der 2. Hälfte des 17. Jahrhunderts bestand die Infanterie überall aus etwa ⅔ Musketieren und ⅓ Pikenieren, letztere als Rückhalt gegen plötzliche Reiterangriffe. Gegen Ende dieses Jahrhunderts wurden in Preußen die Piken völlig abgelegt, der Musketier war der Normalinfanterist. Doch gleichzeitig setzten sich immer mehr die neuen Steinschloßgewehre durch. Zu Beginn des 18. Jahrhunderts war dann die Verdrängung der Muskete völlig abgeschlossen, auch wurden fallweise stählerne Ladestöcke eingeführt. Aber der Normalinfanterist behielt in Preußen bis zum Jahre 1918 traditionell den Namen Musketier.

Die erste stehende brandenburgische Infanterietruppe, die nicht mehr aufgelöst wurde und somit die Stammtruppe der späteren Grenadierregimenter 4 und 5 bilden sollte, war von Hillebrand v. Kracht errichtet worden. Beim Tode des Großen Kurfürsten gab es (einschließlich Garden) 16 Regimenter zu Fuß, 1713 zählte man 20, 1740 dann 32, 1786 schon 55 und 1806 gar 60 Feldregimenter der Infanterie. Dabei gliederte sich im 18. Jahrhundert jedes Infanterieregiment in 2 Bataillone zu je 5 Kompanien und 1 Grenadierkompanie, wobei die Infanteristen der „älteren" Regimenter, die den Kern und somit das erste Treffen in der Schlachtordnung der Lineartaktik bilden sollten, Musketiere genannt wurden. Nach 1808 erhielten die Infanterieregimenter 3 Bataillone, von denen die beiden ersten als Musketiere bezeichnet wurden. Einschließlich der Garden gab es zunächst 12 Regimenter. Die Zahl stieg dann während der Befreiungskriege und der Jahre danach bis 1820 auf 44 Regimenter und blieb so bis zur Heeresvermehrung des Jahres 1860.

Schon in der 2. Hälfte des 17. Jahrhunderts setzte sich bei der brandenburgischen Infanterie die blaue Grundfarbe weitgehend durch, dabei sollen die Gardetruppen weiße Abzeichen tragen, die Linientruppen rote (Abb. 1 u. 2). Mit dem Soldaten-König wurde der Schnitt der Uniform knapper, das Haar wurde in einem Zopf gebunden. Der Rock erhielt vielfach Rabatten, die im Winter übergeknöpft werden konnten. Als Unterscheidungszeichen der Regimenter dienten besonders Abzeichenfarben (zunächst noch meist rot) für Aufschläge, Rabatten und Kragen und ausgenähte oder mit Litzen besetzte Knopflöcher; die Knöpfe konnten gelb- oder weißmetallen sein. Die Rockschöße waren auch bei andersfarbigen Abzeichen meist stumpfrot. Die Unterkleider waren zuerst oft rot, dann aber gelblich oder weiß. Die „alten" Regimenter, die noch vor 1740 errichtet worden waren, trugen in der Regel rote, die später errichteten schwarze Halsbinden. Die Gamaschen waren zunächst weiß und wurden im Winter, in den Feldzügen und später durchweg schwarz getragen. Im Jahre 1787 erhielten auch diejenigen Regimenter Rabatten, die vorher

keine hatten. Die Unterkleider waren nun alle weiß und der Hut wurde zweiklappig (Abb. 5).

Nach 1808 trug man eine völlig andere Art der Uniform. Der Rock hatte keine Rabatten mehr, der nun sehr hohe Kragen besaß die Provinzfarbe; die Achselklappen wurden verschiedenfarbig nach der Numerierung der Regimenter in der Provinz (weiß, rot, gelb, hellblau). Dazu trug man einen Tschako mit verschlungenem, gelbmetallem Namenszug (Abb. 7). Im Jahre 1817 wurden bei allen Regimentern Kragen und Aufschläge endgültig rot, wobei sich die Regimenter nur durch die Ärmelpatten, die Farbe der Achselklappen und der eingeführten Regimentsnummer unterschieden. 1843 wurde dann bei sonst unverändertem Abzeichen der Waffenrock mit dem Helm eingeführt (Abb. 9), sowie im Jahre 1848 die Virchow'sche Gepäcktrageweise.

Musketiere

1   2   3   4   5   6   7   8   9

1. – 1710

2. – 1683

3. – 1729   Rgt. v. Dönhoff (Nr. 13)

4. – 1786   Rgt. v. Bornstedt (Nr. 20)

5. – 1796   Rgt. Gr. v. Wartensleben (Nr. 43)

6. – 1806   Rgt. Herz. v. Braunschweig-Oels (Nr. 12)

7. – 1813   2. Schlesisches Inf. Rgt.

8. – 1834   1. Infanterie-Rgt.

9. – 1845   40. Infanterie-Rgt.

Grenadiere

Der Name Grenadier (Granadirer) tauchte zuerst um die Mitte des 17. Jahrhunderts auf. Man bezeichnete damit Soldaten, die aus Gußeisen oder Glas bestehende Handgranaten gegen den Feind warfen. Dazu brauchte man entschlossene und kräftige Leute, die sich freiwillig zu diesem auch für den Werfer gefährlichem Geschäft meldeten. So wurde der Name Grenadier bald eine Ehrenbezeichnung, die auch dann noch für besonders tapfere und ausgesuchte Infanteristen gebraucht wurde, als um die Mitte des 18. Jahrhunderts die gefährliche Handgranate nicht mehr eingesetzt wurde. Grenadiere sollte mittelgroße, kräftige, „soviel wie möglich bärtige Kerls, die von guten Gesichtern sind", ihre Unteroffiziere die kleinsten vom Regiment, aber ausgesucht tüchtige sein.

Die ersten Berichte über ständige Verwendung von Grenadieren in der brandenburgisch-preußischen Armee stammen von einem 1675 geworbenen Regiment Mariniers, bei denen jede Kompanie 10 Grenadiere besaß. Laut einer Verordnung von 1681 mußte sich aber bei allen Infanterie-Kompanien unter den Soldaten je 6 Grenadiere befinden. Die Grenadiere aller Kompanien eines Bataillons wurden zur Verwendung schon zu eigenen Kompanien zusammengezogen. Sie erhielten auch zuerst in der damaligen Infanterie statt der Luntengewehre die neuen Flinten, weil sie diese mit dem Gewehrriemen auf den Rücken hängen konnten und so die Arme zum Werfen frei hatten. Im Jahre 1689 erschienen im Exerzitium der Leibgarde auch die „Handgriffe der Grenadiere".

Im spanischen Erbfolgekrieg wurden die Grenadiere mehrerer preußischer Regimenter fallweise zu eigenen Bataillonen zusammengezogen, erstmalig 1703 bei Höchstätt, dann 1706 bei Cassano und Turin, eine Maßnahme, die sich im folgenden Jahrhundert oft wiederholen sollte. Zwar ging der Gebrauch der Handgranaten immer mehr zurück, doch blieben die Grenadiere die Elitetruppe. So entstanden eigene Grenadierbataillone, wie das rote oder auch „große" Leibbataillon und die weiße Grenadier-Garde. Außerdem hatte jede Infanteriekompanie ihre Grenadiere (12), die als Flügelgrenadiere bezeichnet wurden, weil sie im formierten Bataillon auf dem (meist) rechten Flügel zusammentraten. Vom Jahre 1735 blieben auch bei den Linien-Infanteriebataillonen die Grenadiere ständig in eigenen Kompanien beisammen, ergänzten sich aber immer noch aus bewährten Soldaten der anderen Kompanien.

Sowohl unter dem Soldatenkönig, als auch unter Friedrich dem Großen, hießen die Soldaten von des Königs Regiment (Garde) stets Grenadiere, auch wenn sie keine Grenadiermützen, sondern nur Hüte trugen. So trugen bei dem Regiment Friedrich des Großen (altpreuß. Nr. 15), welches aus dem 1. Bataillon Garde und dem Regiment Garde (2. und 3. Btl.) bestand, nur die Flügelgrenadiere des 1. und 2. Btls. und das ganze 3. Btl. Grenadiermützen. Für die Kriegsdauer traten die Grenadierkompanien von je 2 Regimentern zu einem Bataillon zusammen, es gab aber auch „ständige Grenadierbataillone" aus Grenadierkompanien der Garnisoninfanterie und der in Wesel stationierten Regimenter.

Ab 1787 bildete dann jedes Infanterieregiment durch Verdoppelung der Grenadierkompanien ein eigenes Grenadierbataillon. Doch wurde der alte Zustand und damit der Elitecharakter 1799 wieder hergestellt. Die zusammengestellten Grenadierbataillone sollten aber auch im Frieden beisammen bleiben. Es bestanden nun 29 Bataillone.

Nach dem Frieden von Tilsit hatte wieder jedes Infanterieregiment 2 Grenadierkompanien, die von je 2 Regimentern zu einem Bataillon zusammentraten. Im Jahre 1814 wurden dann die Grenadierbataillone zu 2 Grenadierregimentern vereinigt, deren Chefs die Kaiser von Rußland und Österreich waren und die 1820 Garderang erhielten. Sie hießen nun 1. und 2. Garde-Grenadier-Regiment. So blieb der Zustand bis zur Armeereform des Jahres 1860. Dann wurden 2 weitere Garde-Grenadier-Regimenter errichtet; die alten Infanterie-Regimenter 1–12 hießen fortan Grenadier-Regimenter.

Das Aussehen der Grenadiere wurde vorwiegend durch die eigenartige Kopfbedeckung bestimmt. Die Infanterie in der zweiten Hälfte des 17. Jahrhunderts trug einen breitkrempigen, recht niedrigen Hut. Da dieser sowohl beim Umhängen des Gewehrs als auch beim Werfen ziemlich hinderlich war, trug der Grenadier die übliche Lagermütze, die der Alltags- und Nachtmütze des Bürgers sehr ähnlich war. Dazu hatte er zunächst statt des Wehrgehenks als Leibgehenk, an dem er Säbel und Bajonett, über die linke Schulter die große Granatentasche mit metallenem Luntenberger. Um 1700 wurden die Grenadiermützen allmählich höher, der Sack wurde gesteift und der Puschel ragte über das Vorderblatt, welches meist den Namenszug oder Wappen des Königs oder des Regimentschefs zeigte. Das Vorderblatt wurde auch mit Metall versteift und schließlich ganz aus Metall geprägt, wobei jedes Regiment ein eigenes Muster besaß. Auf den Patronentaschen hatten die Grenadiere in den Ecken 4 Flammen. Im Jahre 1787 wurden die Grenadiermützen (außer bei altpreuß. Nr. 6) abgeschafft. 1799 führte man eine neue Art von Grenadiermützen ein. Die Offiziere, die damals ja keine Grenadiermützen trugen, erhielten am Hut Federbüsche, statt der Stiefeletten Stiefel und verloren das Sponton als Dienstwaffe.

Nach 1808 trugen die Grenadiere am Tschako einen Adler. Zur Parade wurden Federbüsche, später ein Stutz aufgesteckt. Als nach 1842 mit dem Waffenrock der Helm eingeführt wurde, erhielten alle Truppenteile darauf einen Adler, doch unterschied sich der Grenadieradler immer noch in seiner Form. Auch wurde zur Parade ein Haarbusch aufgesteckt. Das 1. Garde-Regiment erhielt im Jahre 1824 zu den Paraden Grenadiermützen für das 1. und 2. Btl. nach russischem Vorbild. Das Füsilier-Bataillon bekam solche Mützen in etwas abgewandelter Form erst 1848.

Helmadler der Linien-Grenadiere

Grenadiere

1   2   3   4   5   6   7   8   9   10

1. – 1704   Füsilier-Leib-Garde
2. – 1730   Königs-Rgt., 2. und 3. Btl.
3. – 1730   1. (Leib.) Btl. Grenadier
4. – 1786   1. Btl. Leibgarde-Unteroffizier
5. – 1797   1. Btl. Leibgarde

6. – 1806   1. Btl. Leibgarde-Grenadier
7. – 1812   Garde-Rgt. zu Fuß
8. – 1815   1. Garde-Rgt. zu Fuß
9. – 1845   1. Garde-Rgt. zu Fuß
10. – 1845 1. Garde-Rgt. zu Fuß

Füsiliere

Füsilier bedeutet Träger des Steinschloßgewehrs (franz. fusil), also ein Soldat, der mit einer solchen Waffe ausgerüstet ist. Als sich zu Beginn des 18. Jahrhunderts diese Waffe endgültig durchgesetzt hatte, wurde der Normalinfanterist in den meisten europäischen Heeren auch so bezeichnet. In Preußen aber führte dieser traditionell den Namen Musketier weiter. Daher nannte man hier nur kurzzeitig Truppen Füsiliere, die zuerst ausschließlich mit Flinten bewaffnet waren (z. B. Füsilier-Garde).

Vom Jahre 1723 ab wurde dann der Name Füsilier für neuerrichtete Regimenter gebraucht, bei denen hinsichtlich der Größe des Mannes geringere Anforderungen gestellt wurden. Weil dann aber notwendigerweise die Gewehre verkürzt werden mußten und damit deren ballistische Leistung sank, waren diese Truppen für die 2. Linie in der Schlachtordnung der Lineartaktik vorgesehen. Die Füsiliere erhielten eine besondere Kopfbedeckung, die der Grenadiermütze ähnlich sah, nur stand das Kopfteil etwas vom Vorderblech ab und war statt eines Puschels mit einer flammenden Glocke verziert (Abb. 1 u. 2).

Friedrich der Große ließ fast alle nach 1740 neuerrichteten Regimenter als Füsiliere aufstellen; die bis dahin schon bestehenden und das Regiment (altpreuß. Nr. 34) Prinz Ferdinand erhielten Hüte und wurden Musketierregimenter. Die Organisation und die Aufgaben dieser Füsilierregimenter entsprachen völlig der der anderen Infanterieregimenter.

Im Jahre 1787 setzte in Preußen ein völliger Bedeutungswandel des Namens Füsilier ein. Die schon vorhandenen alten Füsilierregimenter wurden alle Musketiere. Aus vorhandenen Elitetruppen wurde eine neue leichte Infanterie gebildet, die nunmehrigen Füsiliere, die für das zerstreute Gefecht besonders ausgebildet werden sollten. Die neuen Füsiliere waren in Bataillonen organisiert, davon wurden zunächst 20, dann 4 weitere aufgestellt. Tüchtige Offiziere verstanden es bald, dieser Truppe einen Elitecharakter zu geben. Typisch wurde für sie die Ausrüstung mit dem dunkelgrünen Uniformrock und dem schwarzen Lederzeug. Die Gewehre waren leichter, eine gewisse Anzahl davon war gezogen und es wurden besondere Seitenwaffen (Faschinenmesser) getragen. Als Spielleute hatte jede Kompanie 2 Hornisten und nur 1 Trommler. Die einzelnen Bataillone unterschieden sich dadurch, daß je 2 eine gemeinsame Abzeichenfarbe für Aufschläge, Rabatten und Kragen hatten, jedes Bataillon aber verschiedenfarbige Metallknöpfe (Abb. 3). Statt des zweiklappigen Hutes wurde dann ab 1801 ein zylindrischer Filztschako eingeführt. Die Jacken erhielten ein rotes Futter und auch die Abzeichen wurden geändert. Nicht mehr jedes Bataillon, sondern jede Brigade (zu je 3 Batlne) hatte gemeinsame Abzeichen (Abb. 5).

Nach 1808 waren die Füsiliere als eigenständige Infanterie aufgehoben, wenn sie auch noch besonders das zerstreute Gefecht üben sollten. Bei den neuen Infanterieregimentern hießen die III. Bataillone Füsilierbataillone. Die Füsiliere trugen die allgemeine Regimentsuniform, behielten aber als Kennzeichnung das schwarze Lederzeug. Zunächst hatten sie am Tschako statt des königlichen Namenszuges eine Kokarde, ab 1816 wurde aber ersterer getragen. Wenn ein Haarbusch aufgesteckt wurde, war dieser schwarz (Abb. 6 u. 7). Nach der Einführung von Helm und

Waffenrock deutete nur das schwarze Lederzeug auf den Füsilier hin. Übrigens waren die Füsilierbataillone die ersten Einheiten, die nach 1848 mit dem neuen Zündnadelgewehr ausgerüstet wurden.

Seit 1889 war dann der Name Füsilier nur noch eine bloße Überlieferungsbezeichnung.

Gefreiter-Korporal eines Füsilier-Regiments

Füsiliere

1. – 1730   Rgt. v. Thiele (Nr. 30)
2. – 1780   Rgt. v. Schwarz (Nr. 49)
3. – 1790   Btl. v. Diebitsch
4. – 1798   Btl. v. Bila

5. – 1806   Btl. v. Hinrichs
6. – 1811   Füsilier-Btl. vom Leib. Inf. Rgt.
7. – 1834   Füsilier-Btl. vom 18. Inf. Rgt.
8. – 1846   Füsilier-Btl. vom 5. Inf. Rgt.

Jäger und Schützen

Die Jäger waren im Heerwesen stets als kundige Wegweiser und Scharfschützen nützlich. Bald nach dem Aufkommen der gezogenen Rohre führten auch sie solche Feuerwaffen, die Büchsen, welche einen sicheren Einzelschuß gestatteten. Doch war, um eine gute Führung der Kugel zu ermöglichen, die Ladeweise recht zeitraubend und umständlich, weil die strammsitzende Kugel, von einem Pflaster umhüllt, mit Hammerschlag in der Lauf getrieben werden mußte. So war sie zwar für Sonderaufgaben brauchbar, jedoch nicht für breite militärische Aufgaben.

In Brandenburg wurden schon in den Kriegsläufen des 17. Jahrhunderts Jäger und Heidereiter unter dem Befehl ihrer Oberförster zusammengezogen. Hierbei dienten sie in erster Linie als wegkundige Führer in der Aufklärung und Sicherung. Diese Einrichtung bewährte sich so, daß in Kriegszeiten darauf ständig zurückgegriffen wurde.

Zur bleibenden Einrichtung wurde sie aber erst, als im Jahre 1740 Friedrich der Große einen Oberjäger und 12 berittene Jäger als Kolonnenführer in Dienst nahm. Schon 1741 bestand dieses reitende Jägerkorps aus 60, im Jahre 1742 aus 120 Mann. Im Jahre 1744 wurden außerdem auch noch unberittene Jäger eingestellt, so daß die Gesamtstärke 2 Kompanien zu Pferd und 2 Kompanien zu Fuß betrug. Auch die Fußjäger leisteten in den schlesischen Kriegen so gute Dienste, daß sie im Laufe der Zeit auf ein Bataillon und schließlich auf ein Regiment verstärkt wurden. Die Ergänzung dieses Regiments geschah grundsätzlich aus ausgelernten Jägerburschen, die dann nach beendeter Dienstzeit im Forstdienst Anstellung fanden. Dadurch hatte die Jägertruppe schon sehr früh den ihr eigenen Geist, Strafen der damals üblichen Art waren hier nicht notwendig.

Nach dem Jahre 1808 waren die Jäger ähnlich wie die anderen Infanteriebataillone gegliedert, doch erhielten sie noch ausgewählten Ersatz. Ihre Aufgaben blieben auch jetzt noch die Aufklärung, die Sicherung und das zerstreute Gefecht mit dem notwendigen sicheren Schuß. Die in der gleichen Zeit errichteten Schützenbataillone waren nach den gleichen Grundsätzen errichtet. 1845 wurden sie dann, außer dem Garde-Schützen-Bataillon, in Jägerbataillone umbenannt. Erst mit der Einführung der modernen Schnellfeuergewehre war praktisch eine Einheitsinfanterie geschaffen. Damit blieb man lediglich aus Gründen der Tradition beim Namen und der Uniform der Jäger.

Die ersten Jäger im brandenburgischen Heeresdienst besaßen keine Uniform und es wurde berichtet, daß sie in grüner oder brauner Kleidung einhergingen.

Mit der Errichtung einer stehenden Jägertruppe erhielten sie die für sie typische grüne Rockfarbe. Bis zum Jahre 1808 war sie deutlich heller grün, der Rock zunächst ohne Rabatten, aber mit rotem Kragen, Aufschlägen und Schössen und an der rechten Schulter gelbwollene Achselbänder (Abb. 1 bis 5). Der Rockschnitt folgte dem des Infanterierocks; seit dem Jahre 1787 trugen sie am Hut einen grünen Stutz.

Nach dem Jahre 1808 wurde die Uniform der übrigen Infanterie angeglichen, die Farbe des Rocks wurde dunkelgrün. Die Abzeichenfarbe bei den Jägern war rot, bei den Schützen schwarz mit rotem Vorstoß (Abb. 6 bis 8). Der Tschako entsprach dem Infanterietschako, hatte aber einen schwarzen Federstutz. Bei der Einführung von Waffenrock und Helm im Jahre 1843 erhielten Jäger und Schützen zunächst ebenfalls den Helm, zur Parade mit schwarzem Haarbusch (Abb. 9 u. 10). Erst im Jahre 1854 wurde der Helm wieder vom Tschako abgelöst, der dann bis zum 1. Weltkrieg, wenn auch in niedrigerer Form, getragen werden sollte.

Reitendes Feldjägerkorps 1756

Jäger und Schützen

1. – 1760   Fuß-Jäger
2. – 1780   Büchsenjäger
3. – 1780   Jäger des Jäger-Btl.
4. – 1791   Jäger Rgt. zu Fuß
5. – 1806   Jäger Rgt. zu Fuß

6. – 1809   Garde Jäger Btl.
7. – 1834   Garde-Schützen Abtlg.
8. – 1834   Garde Jäger Btl.
9. – 1846   Garde Schützen Btl.
10. – 1846   Garde Jäger Btl.

Spielleute der Infanterie

Schon bei den Landsknechten begleitete die Fahne das „Spiel", welches aus einem Trommelschläger und einem Querpfeifer bestand, einfache Weisen spielte oder den Takt beim Marsch angab. Dieses Spiel blieb für das deutsche Fußvolk typisch und so nannte man auch Trommler und Pfeifer stets Spielleute.

Beim Tode des Großen Kurfürsten besaß jede Infanteriekompanie 3 Trommler und 1 Pfeifer. Beim Regimentsstab gab es zudem den Regimentstambour, der für die Ausbildung der Spielleute und für die Signalgebung verantwortlich war. Die Spielleute spielten kurze Stücke, die Auszeichnungs- oder Signalcharakter hatten und meist in der Dienstvorschrift vorgeschrieben waren, wie z. B. der Grenadiermarsch, Vergatterung, Wecken, Zapfenstreich, Trupp u. a. m. Märsche konnten auch von Melodien untermalt werden, die von Berufsmusikern (Hoboisten) geblasen wurden. Diese Musiker zählten nicht zu den Spielleuten und wurden als Berufsmusiker von dem Obersten zunächst auf eigene Kosten gehalten und auch höher bezahlt. Die zuerst gebrauchten Schalmeien verschwanden um 1700 zugunsten der Oboen und Klarinetten.

Unter dem Soldatenkönig sollten junge, möglichst hübsche Burschen Spielleute sein, bei den Grenadieren „die allerkleinsten und gute Gesichter haben". Pfeifer hatte jedes Feldregiment jetzt nur noch je 2. Als Musiker (Hoboisten) wurden beim Regiment 6 bezahlt, von denen einer der Chorführer sein sollte. Dieser blies auch Trompete, daneben gab es 2 Fagottisten und 3 Oboenbläser. Nur des Königs Regiment hatte eine besondere Janitscharenmusik mit 15 Mohrenpfeifern. Wesentliche Änderungen gab es erst 1787, als die Grenadierpfeifer abgeschafft wurden. Jede Kompanie sollte nun 3 Trommler haben, dazu im Bataillon 1 Hornist (Flügelhorn) für das Signalgeben an die Schützen. Bei der neuen leichten Infanterie, den Füsilieren, hatte jede Kompanie 2 Hornisten und 1 Trommler.

Nach den Befreiungskriegen besaß jede Grenadier- und Musketierkompanie 3 Trommler und 1 Hornisten, jede Füsilierkompanie 3 Hornisten und 1 Trommler. Statt der großen Halbmondflügelhörner wurden 1821 die kleinen Signalhörner eingeführt, wobei die Hornisten gleichzeitig als Pfeifer dienen sollten. Als Musiker waren in jedem Regiment zunächst 10 etatsmäßig, dazu konnten aber noch 20 weitere in den Kompanien geführt werden.

Die besondere Stellung der Spielleute und der Musiker (Hoboisten) trat bei deren Kleidung deutlich hervor. Eingedenk der Inhaberrechte des Obersten trugen sie zunächst dessen Livree mit oft sehr reichem Besatz an Livreeschnüren. Damit war anfangs selbst die Farbe des Rockes oft anders als bei der Truppe. Die bemalten Holztrommeln wurden seit etwa 1700 durch Messingtrommeln abgelöst, deren Holzreifen verschieden angestrichen waren.

Ab 1715 glich die Rockfarbe der der Truppe, aber es blieb der reiche Besatz von Schnüren und Borten, die bei den meisten Regimentern immer noch die Wappenfarben eines Chefs zeigten und dann beibehalten wurden. Auch die Trommelriemen hatten solchen Bortenbesatz. Der Regimentstambour trug ebenfalls eine Trommel und hatte, (wie auch die Hoboisten), den mit Metallborte besetzten Hut der Unteroffiziere.

Nach 1808 verschwand der reiche Bortenbesatz und zurück blieben für Spielleute

und Hoboisten die „Schwalbennester", bei der Garde mit zusätzlichen Fransen. Die Borten an diesen Schwalbennestern waren bei den Spielleuten weiß, bei den Hoboisten bestanden sie aus Unteroffizierstresse des jeweiligen Truppenteils. Der Stutz am Tschako und der später bei Paraden auf dem Helm aufgesteckte Federbusch waren rot.

Spielleute der Infanterie

1   2   3   4   5   6   7   8   9

1. – 1704   Füsilier-Leibgarde
2. – 1713   Feld-Infanterie-Regimenter
3. – 1730   Feld-Infanterie-Regimenter
4. – 1760   Inf.-Rgt. 10.
5. – 1787   I. Btl. Leibgarde

6. – 1805   Inf.-Rgt. Nr. 18 – Musketier –
7. – 1812   Schles. Gren. Btl.
8. – 1834   2. Garde Rgt. zu Fuß – Musketier –
9. – 1846   Kaiser Alexander Gren. Rgt.

Kürassiere

Der legitime Nachfolger des ritterlichen Reiters war der Kürassier. Dessen Name leitete sich vom Küraß genannten Brustpanzer her. Er wurde schon vor dem Jahre 1500 für den geharnischten Soldreiter (Kyrisser) gebraucht. Später galt als Kürassier ganz allgemein der auf schweren und daher auch teuren Pferden berittene Reiter, der die Schlachtentscheidung herbeiführen sollte. Im 17. und auch 18. Jahrhundert war für diesen Reiter auch oft die Bezeichnung „Reuter" üblich. Bewaffnet war der Kürassier mit einem kräftigen Degen, dem Pallasch, einem Karabiner und 2 Pistolen, die aber zur Pferderüstung gehörten. Die damaligen Reiterfeuerwaffen hatten, weil die glimmende Lunte zu Pferde schlecht zu gebrauchen war, die relativ teuren und komplizierten Radschlösser, bei denen durch den Abzug ein durch eine Feder vorgespanntes Rad freigegeben wurde, welches dann durch schnelle Umdrehung von einem Stück Pyrit Funken losriß, die auf die geöffnete Pulverpfanne fielen und so den Schuß zündeten. Um 1700 wurden diese Radschlösser vom Steinschloß verdrängt. Zeitweise wurde der Küraß als Schutzwaffe nicht getragen.

In Brandenburg blieb nach dem 30jährigen Kriege eine Leibgarde oder Leibkompanie zu Roß bestehen. Im Polnischen Kriege hatte der Große Kurfürst zeitweise 7000 Reiter unter Waffen, doch wurden die Truppenteile nach Beendigung des Feldzuges fast immer aufgelöst. Sie waren wie die alten „Arkebusier-Reiter" bewaffnet, trugen keinen Küraß und wurden „Reuter" genannt. Im Jahre 1688 bestanden aber schon ständig 8 Regimenter Reuter und die Haustruppen. Im spanischen Erbfolgekrieg wurden zeitweise wieder Kürasse angelegt. Der Soldatenkönig vermehrte in den Jahren 1715 bis 1718 die Kürassiere um 4 Regimenter, indem er Dragoner-Regimenter als Auszeichnung dazu bestimmte. Jedes Regiment war in 10 Kompanien geteilt, von denen taktisch je 2 zu einer Eskadron zusammentraten. Friedrich der Große errichtete dann als 13. Truppenteil die Gardes du Corps, die zunächst 1 Eskadron, dann 3 umfaßten und schließlich Regimentsstärke erreichten. Vom Jahre 1789 fiel die Einteilung in Kompanien fort. Damit waren die Eskadronen auch verwaltungsmäßige Einheiten.

Nach dem Jahre 1808 gab es außer den Gardes du Corps zunächst 3, ab 1815 dann 4 Kürassier-Regimenter. Im Jahre 1819 wurden 4 Dragoner-Regimenter zu Kürassieren umgewandelt und 1821 aus den Garde-Ulanen das Garde-Kürassier-Regiment gebildet. An diesem Stand sollte sich dann nichts mehr ändern, so daß die Waffengattung der Kürassiere 2 Garde- und 8 Linien-Regimenter besaß.

Die Bekleidung des Reuters in der 2. Hälfte des 17. Jahrhunderts bestand aus einem gelben Lederkoller und einem grauen Filzhut, auf dem ein eisernes Hutkreuz, das Kaskett, getragen wurde. Gegen Ende des Jahrhunderts setzte sich ein weißtuchener Rock durch, bei dem Kragen und Aufschläge von Regimentsfarbe waren (Abb. 1). Dieser weiße Rock wurde um 1720 von einem gelblichen Lederkoller abgelöst, der dann eigentlicher Dienstanzug wurde. 1732 nahm man statt des Leders Stoff, dazu Stoffwesten in Regimentsfarbe. Vom Jahre 1715 ab war ein schwarzer, eiserner Küraß üblich, doch trug man nur ein Vorderstück (Abb. 2). 1733 wurden die neuen Degen mit Adlerkorb eingeführt, dazu eine Leibbinde in Regimentsfarbe und eine Säbeltasche wie bei den Husaren.

Die Hüte verloren endgültig 1756 die metallenen Huttressen und erhielten 1762

den weißen Federbusch. Die Halsbinden wurden schwarz und die gelblichen Farben des Kollers immer heller (außer beim Rgt. [altpr.] Nr. 2, den „gelben Reutern") (Abb. 3).

Im Jahre 1790 verschwand der Küraß, die Kolletts bestanden nun aus weißem Stoff. Doch blieben die Abzeichen während der Regierung Friedrich des Großen bis zum Jahre 1806 gleich, wenn auch die Kragen höher und die Schöße kürzer wurden. Von 1803 hatten die Schoßumschläge keinen Besatz von Kollettborte, sondern von Tuchstreifen in der Regimentsfarbe (Abb. 4).

Nach 1808 bestand die Uniform aus einem weißen Koller mit 2 Reihen Knöpfen auf der Brust. Kragen, schwedische Aufschläge und die Vorstöße um die Schoßumschläge sowie die Achselklappen waren in Regimentsfarbe. Dazu wurden graue Überknopfhosen getragen und ein hoher Lederhelm mit Messingbeschlag und Bügel mit Roßhaarkamm. Als kleine Uniform trug man eine dunkelblaue Litewka (Abb. 5). In den Jahren 1814/15 erhielten alle Regimenter Kürasse mit Brust- und Rückenstück aus erbeuteten französischen Beständen, ebenso neue Pallasche. Die Uniform wurde so bis zum Jahre 1843 getragen (Abb. 6). Dann wurde ein dem Waffenrock ähnlicher Koller eingeführt, aber statt mit Knöpfen mit Haken geschlossen. Dazu trug man eine Pickelhaube aus Stahl (Abb. 7), die in der Form die Wandlungen der Infanterie-Pickelhaube mitmachen sollte.

Kavallerie-Angriff (attaque en muraille)
Nach einer Zeichnung von R. Knötel

Kürassiere

1   2   3   4   5   6   7

1. – 1700   Rgt. Markgraf Philipp (Nr. 5)
2. – 1731   Rgt. Gens d'Armes (Nr. 10)
3. – 1786   Rgt. v. Pannewitz (Nr. 8)
4. – 1806   Rgt. v. Holzendorf (Nr. 9)

5. – 1813   Brandenburgisches Kürass. Rgt.
6. – 1833   8. Kürassier-Rgt.
7. – 1845   2. Kürassier-Rgt. („Königin")

Das Regiment der Gardes du Corps

Ursprünglich nannte man so eine Haustruppe zu Pferd des Königs von Frankreich. Auch in Brandenburg bestand nach französischem Muster zwischen 1692 und 1713 eine solche Einheit als Leib- und Schutzwache des Kurfürsten und späteren 1. Königs. Nach dessen Tode wurde sie aber aufgelöst.

Sofort nach seiner Thronbesteigung im Jahre 1740 errichtete Friedrich der Große aus ausgesuchten Mannschaften der Kürassier- und Dragoner-Regimenter die Gardes du Corps. Sie hatten die Stärke von einer Eskadron und 166 Mann auf dem Etat. Ihr erster Standort war Charlottenburg, seit 1753 wurde Potsdam Garnison. Im Jahre 1756 erfolgte eine Verstärkung auf 3 Eskadronen, wobei man viele Leute aus den gefangenen, sächsischen Garde du Corps nahm. Bei Hohenfriedberg und in den Hauptschlachten des Siebenjährigen Krieges zeichneten sich die Gardes du Corps besonders aus.

Als im Jahre 1789 bei den Kürassieren die Kompanieeinteilung abgeschafft wurde, blieb sie hier noch fast 100 Jahre bestehen (bis 1888). 1798 erfolgte dann mit Hilfe von Abgaben ausgezeichneter Leute, die auch nur Inländer sein durften, die Erweiterung auf ein volles Regiment mit 10 Kompanien, welche 5 Eskadronen formierten.

Nach 1808 wurden nur 8 Kompanien aufgestellt, von denen wieder taktisch je 2 zu einer Eskadron zusammentraten. Hierbei führte der älteste Kompaniechef das Kommando. Erst im Jahre 1867 wurden die 9. und 10. Kompanie gebildet. Seit 1888 war, wie bei allen anderen Kavallerieeinheiten, die Eskadron die Verwaltungseinheit.

Der Chef des Regiments war seit seiner Einrichtung stets der jeweilige König. Die Standarten des Regiments unterschieden sich von denen anderer Kavallerieregimenter dadurch, daß sie von 1741 bis 1798 und dann seit 1840 statt einer Spitze einen auffliegenden silbernen Adler führten, der im Schnabel die Standarte in Vexillum-Form hielt.

Die Gardes du Corps waren ganz allgemein wie die Kürassiere uniformiert, doch gab es einige Besonderheiten. Dazu gehörte der blanke, d. h. nicht geschwärzte Küraß, der zunächst versilberte Degenkorb und die rot-silbernen Kollettborten (Abb. 1). Zum Galawachtdienst erhielten Offiziere und zunächst 50 Mann rote Superwesten mit dem silbern gestickten Stern des Schwarzen Adler Ordens auf Brust und Rücken (Abb. 2). Offiziere besaßen auch rote Galaröcke mit dunkelblauen Kragen, Aufschlägen und Futter sowie silbernen Schleifen.

Im Jahre 1798 wurden die Borten rot-weiß, nur um Kragen und Aufschlag blieb die Silbertresse. 1803 fielen die Superwesten fort, die Westen wurden dunkelblau mit Silbertresse eingefaßt. Das ganze Regiment hatte nun gelbe Degengefäße und normale schwarze Patronentaschen mit einem silbernen Stern (Abb. 3).

Auch nach 1808 glich die Uniform denen der Kürassiere, doch kamen auf Kragen und Aufschläge weiße Litzen. Der Helmbeschlag zeigte statt des Adlers einen Stern (Abb. 4).

Von 1814 wurde dann wieder der Küraß getragen, von denen das Regiment 2 Garnituren besaß, eine gelbe für den normalen Dienst und eine schwarze, rotgerandete, welche es als Geschenk des Zaren erhalten hatte und die es zu manchen Paraden trug (Abb. 5 u. 6). Im Jahre 1843 kam der dem Waffenrock ähnliche Koller mit gelbmetallener Pickelhaube, die einen weißen Gardestern und Spitze besaß. Zur Parade konnte statt der Spitze ein weißmetallener Adler aufgeschraubt werden (Abb. 7).

Ebenfalls 1843 wurden die Superwesten zum Galawachtdienst wieder eingeführt (Abb. 8).

Das Regiment der Gardes du Corps

1   2   3   4   5   6   7   8

1. – 1786
2. – 1786 – Gala-Uniform
3. – 1806 –
4. – 1813 (1809–1814)

5. – 1835 }
6. – 1835 } gleichzeitig seit 1814/15
7. – 1845
8. – 1845 – Gala-Uniform

Dragoner

Dragoner waren zunächst lediglich Infanteristen, die man zum schnelleren Transport auf billigen, leichten Pferden beritten gemacht hatte. Sie kämpften zu Fuß und waren wie eine Infanterieeinheit organisiert. So gab es im 17. Jahrhundert bei ihnen Pikeniere und Musketiere; der Kompaniechef war ein Hauptmann, sie hatten einen Fähnrich und auch Trommler wie die Infanterie. Ihr Name soll dem Drachen entlehnt sein, den sie entweder in ihren ersten Fahnen führten oder der angeblich eine Schußwaffe bezeichnete, mit der sie ausgerüstet waren.

In Brandenburg gehörten schon 1631 ein Kompanie Dragoner zum Regiment zu Fuß v. Kracht, die ihre Pferde aus den kurfürstlichen Ämtern erhielten. Im 30jährigen Krieg hatte fast jedes Infanterieregiment eine kleine Gruppe Dragoner, doch wurden auch selbständige Dragonerkompanien geworben. Einen großen Aufschwung nahmen die Dragoner im Kriege gegen Polen, als über 3300 Mann im Dienst waren. Dies ergab sich aus der Möglichkeit, an Ort und Stelle viele billige Pferde zu erhalten.

Gegen Ende des Jahrhunderts glichen sich die Dragoner immer mehr der Reiterei an und unterschieden sich von den Reutern nur dadurch, daß sie leichtere Pferde ritten und statt des Karabiners eine Steinschloßflinte mit Bajonett besaßen. In der ersten Hälfte des 18. Jahrhunderts bestanden in Preußen schon 6 Regimenter, von denen eines den Ehrennamen „Grenadiere zu Pferd" führte. Friedrich der Große vermehrte die Dragoner auf 12 Regimenter, die meist 5, einige aber 10 Eskadronen besaßen. Obwohl die Dragoner dieser Zeit schon vollgültigen Reiterdienst taten, hatten sie noch Trommler wie die Infanterie statt der Trompeten und Bajonettflinten. Das sollte sich erst 1787 ändern. In den Jahren 1801 und 1803 wurden 2 weitere Regimenter errichtet.

Nach dem Jahre 1808 bestanden erst 6, dann 8 Regimenter. Davon wurden 1819 4 zu Kürassieren umgewandelt. So blieben bis zur Reorganisation des Jahres 1860 4 Linien-Dragonerregimenter und das Garde-Dragonerregiment bestehen.

Die Kleidung der Dragoner entsprach zunächst der der Musketiere. So trugen sie in Brandenburg auch meist den blauen Rock (Abb. 1). Gegen Ende des 17. Jahrhunderts wurde ihr Rock aus weißgrauem oder weißem Stoff gefertigt. Die Aufschläge, Kragen und Futter hatten die Regimentsfarbe, darunter wurde ein gelbliches Koller getragen, zuerst aus Leder, dann aus Stoff (Abb. 2).

Im Jahre 1714 wurde der Rock im Schnitt der Infanterie ähnlich und erhielt Klappen, kleine runde Aufschläge mit weißer Patte und weißem Futter (Abb. 3 u. 4). Die Grenadiere zu Pferd erhielten besondere Grenadiermützen aus schwarzem Wachstuch (Abb. 3). Ab 1735 gab es neue Degen, bei denen der Knauf als Adlerkopf gestaltet war. In den Jahren 1744 und 1745 wurde die dann typische hellere blaue Rockfarbe mit verschiedenfarbigen Regimentsabzeichen eingeführt, die bis zum Jahre 1806 bestehen bleiben sollten. Huttressen verschwanden 1756 endgültig, die Halsbinden wurden schwarz (Abb. 5). Vom Jahre 1802 ab wurden statt des Rockes Kolletts mit Rabatten und aufgeschlagenen Schößen, welche mit Abzeichenfarbe eingefaßt waren, getragen. Der Degen bekam die gleiche Trageweise wie bei den Kürassieren, nämlich an Ringen (Abb. 6).

Nach 1808 erhielten die Dragoner das Kavalleriekollett in ihrer hellblauen Grundfarbe. Kragen, Aufschläge, Achselklappen waren in Abzeichenfarbe und auch die Schöße damit vorgestoßen. Dazu kamen graue Überknöpfhosen, doch fielen die Knöpfe bald fort. Der Tschako hatte einen Adlerbeschlag und zunächst auch einen Nackenschirm, sowie zur Parade einen Federstutz (Abb. 7 u. 8). Auch bei den Dragonern wurden 1843 Waffenrock und Pickelhaube eingeführt. Der Helm behielt bis zuletzt seinen eckigen Augenschirm, unter der Spitze den Kreuzbeschlag, sowie den speziellen Dragoneradler. Zur Parade gehörte dazu ein schwarzer Haarbusch (Abb. 9).

Dragoner des Großen Kurfürsten auf dem Marsche

Dragoner

1   2   3   4   5   6   7   8   9

1. – 1688   v. Perbrandt Dragoner
2. – 1713   Anspachsches Dragoner-Rgt.
3. – 1729   Rgt. (Gren.) v. d. Schulenburg (Nr. 3)
4. – 1729   Rgt. v. Kosel (Nr. 4)
5. – 1786   Rgt. v. Lottum (Nr. 1)

6. – 1806   Rgt. v. Manstein (Nr. 10)
7. – 1812   Normal-Dragoner-Eskadron
8. – 1825   1. Dragoner-Rgt.
9. – 1845   3. Dragoner-Rgt.

Husaren

Unter Husaren verstand man Reiter auf leichten und schnellen Pferden, die ursprünglich aus den weiten Steppen des europäischen Südostens stammten. Ihr Name leitete sich von dem lateinischen „cursarius" (Herumstreifer) her. Dieses Wort ist auch in Korsar zu finden. Besondere Aufgaben des Husaren waren die Aufklärung und die Verschleierung der Bewegungen der eigenen Armee, aber auch die Verhinderung der Fahnenflucht ihrer Söldner. Als Bewaffnung führten sie einen Säbel, kurzen Karabiner und am Pferd 2 Pistolen.

Die preußischen Husaren verdanken ihre Entstehung dem Soldatenkönig, der schon 1721 einen Stamm von 30 Husaren errichten ließ und sie einem Dragonerregiment zuteilte. Als 1737 schließlich nach ständigen Verstärkungen 6 Eskadronen vorhanden waren, wurde dieses Korps selbständig. Die 2. Husarentruppe, die Leibhusaren, entstanden 1730. Mit besonderem Nachdruck förderte Friedrich der Große die Vermehrung der Husaren. Ein 3. Regiment wurde gleich errichtet und die Erfahrungen des 1. schlesischen Krieges führte zur sofortigen Aufstellung weiterer 3 Regimenter. Dabei suchte der König ihnen zur Erlernung des Dienstes tüchtige, ungarische Offiziere und Husaren zu verschaffen. Schon 1743 folgten 2 weitere Regimenter und auch im Siebenjährigen Kriege gab es zusätzliche Husarenformationen, die aber nachher wieder aufgelöst wurden. In der friderizianischen Armee zählten die Lanzenreiter, die Bosniaken, ebenfalls zu der Husarenwaffe und waren zuerst den schwarzen Husaren zugeteilt, dann aber selbständig als Nr. 9. Das 10. Husarenregiment entstand schließlich 1773 und 1792 eine weitere Einheit (Nr. 11), die nur 5 Eskadronen stark war.

Nach 1808 bildete man aus den Resten 6 Husarenregimenter, wobei die schwarzen Husaren zu Leibhusaren erhoben und in 2 Regimenter geteilt wurden. Von diesen Regimentern ging im Jahre 1809 beim Schill'schen Zug ein Regiment verloren und wurde nicht wieder errichtet. In den Befreiungskriegen entstanden einige kurzzeitig bestehende Husareneinheiten. Sie wurden bei der Neugestaltung der Armee im Jahre 1815 zur Aufstellung neuer Verbände gebraucht. Es bestanden nun 1 Garde-Husarenregiment und 12 Linien-Husarenregimenter, wovon die 1. und 2. als Leibhusaren bezeichnet wurden. An diesem Stand sollte sich bis zum Jahre 1866 nichts mehr ändern. Die Uniformierung der Husaren war dem ungarischen Vorbild entlehnt. Sie trugen regimentsweise verschiedenfarbige Dolmans, nach deren Farbe die Regimenter oft bezeichnet wurden, z. B. gelbes, braunes etc. Der Dolman hatte eine weiße oder gelbe Verschnürung mit 12 bis 18 Schnurreihen mit gleichfarbigen Metallknöpfen. Dazu wurden mattgelbe, später weiße Lederhosen mit farbigen (Pelzfarbe!) bis zum Oberschenkel reichenden Überhosen (Schalavary) getragen (Abb. 1 u. 2). Im Winter wurde statt des Dolmans ein meist andersfarbiger Pelz getragen, der mit weißem oder schwarzem Fell gefüttert war. Die Kopfbedeckung war eine Filzflügelmütze; nur wenige Regimenter trugen eine Pelzmütze mit farbigem Beutel. Ab 1762 steckte daran ein weißer Federbusch (Abb. 3). Einige Regimenter erhielten kurz vor 1806 anliegende ungarische Tuchhosen (Abb. 5) und einen Filztschako mit Schirm und Federstutz (Abb. 5 u. 6).

Nach 1808 bestand die Uniform aus Dolman, Pelz und den grauen Kavalleriehosen sowie Tschako (Abb. 7). Die Leibhusaren trugen am Tschako statt einer Kokarde den Totenkopf und eine Säbeltasche aus schwarzem Blankleder. Nach 1815 war der Dolmankragen geschlossen (Abb. 8). Im Jahre 1832 erhielten alle Kragen und die Aufschläge die Farbe des Dolmans und einige Regimenter (2, 4, 8, 10) einen Tschako mit hellblauem Tuch, die Garde-Husaren mit rotem Tuch (Abb. 9, 10 u. 11).

Bei der Umuniformierung des Jahres 1843 stattete man die Garde-Husaren und das Regiment Nr. 3 mit roten Dolmans und Pelzmützen mit roten Stoffbeuteln aus, die anderen Regimenter bekamen Filzflügelmützen statt ihrer Tschakos (Abb. 12 u. 13). Gleichzeitig erhielt das Regiment Nr. 5 dunkelrote Dolmans und Pelze. Im folgenden Jahr bekamen das Regiment 10 und schließlich 1850 alle restlichen Regimenter Pelzmützen. Eine einschneidende Änderung trat 1853 ein, als ein Attila mit nur 5 Schnurreihen eingeführt wurde und der Pelz wegfiel. Dazu kam die schwarzlederne Säbeltasche mit dem metallenen königlichen Namenszug. Vom Jahre 1860 ab wurde an der Pelzmütze ein fliegendes Metallband mit der Inschrift: „Mit Gott für König und Vaterland" getragen.

Husaren

1. – 1759   Rgt. v. Zieten (Nr. 2)
2. – 1759   Rgt. v. Gersdorf (Nr. 8)
3. – 1790   Rgt. v. Usedom (Nr. 7)
4. – 1790   Rgt. v. Czettritz (Nr. 1)
5. – 1806   Rgt. v. Schimmelpfennig (Nr. 6)
6. – 1806   Rgt. v. Rudorf (Nr. 2)
7. – 1813   Brandenburgisches Husaren-Rgt. (Nr. 3)

8. – 1824   1. Husaren-Rgt. (Leib-Hus.)
9. – 1832   12. Husaren-Rgt.
10. – 1832   Garde-Husaren-Rgt.
11. – 1832   2. Husaren-Rgt. (Leib-Hus.)
12. – 1846   Garde-Husaren-Rgt.
13. – 1846   11. Husaren-Rgt.

Ulanen

Das Wort Ulan stammt aus dem Tartarischen und bedeutete soviel wie „ein mit einer Lanze bewaffneter junger Edelmann". Über Polen kam es zu uns und bürgerte sich hier für den mit der Lanze bewaffneten militärischen Reiter ein.

In Preußen tauchten die ersten Ulanen im Jahre 1741 auf, doch wurden sie nach einem unglücklichen Start bald in Husaren umgewandelt. Die erste beständige Lanzenreitertruppe war dann eine kleine Schar Albanesen, die von Haus aus glänzende Reiter und mit der schwierigen Handhabung der Lanze vertraut, im Jahre 1745 in den Dienst genommen wurden. Diese fremdländische Truppe in Stärke einer Eskadron war den schwarzen Husaren zugeteilt. Im Jahre 1770 auf 5 Eskadronen verstärkt, bildete sie schon ab 1773 ein eigenes Regiment in der Stärke von 10 Eskadronen. Sie zählten aber noch zur Husarenwaffe und wurden Regiment Bosniaken genannt. Als nach den polnischen Teilungen große Gebiete Polens zum preußischen Staat kamen, in denen sehr viele arme Edelleute wohnten, errichtete man 15 Eskadronen „Towarczys". Darin sollten sie Gelegenheit erhalten, Dienst anzunehmen. Die Bosniaken gingen dafür ein, die in diesem Regiment dienenden Inländer wurden einem Husarenregiment zugewiesen.

Im Jahre 1808 bildete man aus den Resten der Towarczys 2 Ulanenregimenter, 1809 ein drittes. Mit dem Beginn der Befreiungskriege wurden dann als neue Lanzenreiter und als Geste dem russischen Verbündeten gegenüber sogar Kosaken-Eskadronen aufgestellt. Nach den Kriegen bildete man aus vorhandenen Kavallerieeinheiten ein Garde-Ulanenregiment und das 4. bis 8. Ulanenregiment. Dieses Garde-Ulanenregiment wurde 1821 zum Garde-Kürassierregiment erklärt. Daneben wurden aber Garde-Landwehr-Stammeskadronen als Ulanen ausgebildet, gekleidet und auch vermehrt, so daß sie im Jahre 1851 als 1. und 2. Garde-Ulanenregiment in das stehende Heer übernommen werden konnten. Bei der Reorganisation des Jahres 1860 entstanden dann noch das 3. Garde-Ulanenregiment und 4 Linien-Ulanenregimenter.

Die Kleidung der ersten preußischen Lanzenreiter, der Bosniaken, bestand aus roten, weiten türkischen Hosen, roten Jacken und im Winter schwarzen Katanken. Dazu wurde ein weißer Turban um ein rotes Kopfteil, später eine Pelzmütze ohne Beutel getragen (Abb. 1). Im Jahre 1787 erfolgte ein Wechsel, da das Regiment dunkelblaue Katanken, weiße Lederhosen mit Husarenstiefeln und schwarzlederne Säbeltaschen erhielt (Abb. 2).

Mit der Errichtung der Towarczys änderte sich die Uniform und es wurden dunkelblaue Kolletts mit roten Kragen, Aufschlägen, Klappen und Schoßeinfassungen angelegt. Dazu gehörten weiße Lederhosen mit Husarenstiefeln, eine schwarze Halsbinde und ein Filztschako ohne Schirm (Abb. 3).

Nach dem Jahre 1808 trugen die Ulanen ein dunkelblaues Kollett mit rotem Kragen, spitzen Aufschlägen und Schoßbesatz und 2 Reihen gelber Knöpfe, dazu graue Hosen und einen Tschako. Um den Leib kam ein blauer, rot vorgestoßener Paßgürtel (Abb. 5). Die im Jahre 1813 errichtete Garde-Kosakeneskadron zeigt Abb. 6. Die Garde-Ulanen bekamen gelbe Gardelitzen und statt der Achselklappen Epauletten, sowie eine Tschapka, die fortan das Kennzeichen der Ulanen bleiben sollte (Abb. 4).

Diese Tschapka, welche zur Parade ein Haarstutz zierte, erhielten 1815 alle Regimenter, 1824 auch die Epauletten, 1825 wurden die Bandeliere weiß (Abb. 7 u. 8).

Nach dem Jahre 1843 bekamen die Kolletts zur Parade aufknöpfbare farbige Brustrabatten. Der obere, viereckige Teil der Tschapka wurde in Abzeichenfarbe ausgeführt und als Beschlag daran ein Adler befestigt. Zur Parade gehörten zur Tschapka nun weiße Haarbüsche (Abb. 9 u. 10). Ab 1853 löste die waffenrockartige Ulanka das Kollett ab.

Ulanen

1   2   3   4   5   6   7   8   9   10

1. – 1786   Bosniaken-Korps
2. – 1796   Bosniaken-Rgt.
3. – 1806   Rgt. Towarczys
4. – 1810   Garde Ulanen-Eskadron
5. – 1810   Brandenburgisches Ulanen-Rgt.

6. – 1813   Garde-Kosaken-Eskadron
7. – 1831   3. Ulanen-Rgt.
8. – 1831   2. Garde-Ulanen(Landwehr)-Rgt.
9. – 1845   3. Ulanen-Rgt.
10. – 1845   2. Garde-Ulanen(Landwehr)-Rgt.

Kavallerie-Trompeter

Von alters her gehörte zur Feldmusik der Reiterei die Trompete, die Signale gab, mit der man aber auch kurze, einfach gesetzte Stücke, Fanfarenmärsche oder „Posten" genannt, blasen konnte. Dazu gehörte ein Kesselpauker, der meist auch die Aufgabe des Chorführers hatte. Auch die militärischen Trompeter waren zunächst zunftartig organisiert und galten als Berufsmusiker. Ende des 17. Jahrhunderts hatte jede Reiter-Kompanie 2 Trompeter, der Regimentspauker gehörte zum Stab. Zumindest in Preußen wurde im Laufe des 18. Jahrhunderts das Zunftprinzip durchbrochen.

Mit dem Aufkommen der Dragoner als berittene Infanterie brachten diese die Trommel mit aufs Pferd. Sie war als Dragonertrommel etwas kleiner und wurde (wie bei der Infanterie) von Spielleuten geschlagen. Naturgemäß besaßen die Dragoner ebenfalls Hoboisten als Berufsmusiker. Doch wurde bei den Dragonern schon 1727 statt des Regimentstambours ein Pauker angestellt. So hatte das Regiment 1 Pauker, 30 Trommler und 5 etatsmäßige Hoboisten. Doch schon 1741 kamen auch hier für die Signalgebung einzelne Trompeter vor.

Die neu entstehenden Husarentruppen erhielten sofort Trompeter. Etatmäßige Pauker dagegen wurden ihnen nur ausnahmsweise auf Antrag bewilligt, wenn sie die Erlaubnis besaßen, eroberte Pauken zu führen.

Im Jahre 1787 fielen bei den Kürassierregimentern die Pauker fort, und es sollten (bei insgesamt 11 Trompetern im Regiment) die Stabstrompeter die Pauken schlagen. Da sich mittlerweile die Dragoner zur vollgültigen Kavallerie entwickelt hatten, erhielten auch sie in jedem Regiment 16 Trompeter; die Pauker, Trommler und Hoboisten wurden abgeschafft. Auch hier sollte der Stabstrompeter die Pauken schlagen. Bei den Husarenregimentern waren 30 Trompeter, in jeder Schwadron 3.

Nach den Befreiungskriegen wurden alle Kavallerieregimenter auf den gleichen Stand gebracht. Sie besaßen im Regiment 13 Trompeter, von denen einer Stabstrompeter war.

Auch bei der mit einer Rüstung (Küraß) versehenen schweren Reiterei trugen die Trompeter diese nie, sondern einen Rock mit fliegenden Ärmeln, den „Trompeterärmeln", und einen Federhut (Abb. 1). Ursprünglich bezogen sich bei der Reiterei die Inhaberrechte der Obersten auch auf die Wahl von Paukenbehängen, Trompetenfahnen und die Kleidung der Trompeter. Die Inhaber durften sie in ihre Livree kleiden, die so kostbar, wie sie wollten, besetzt werden konnte. Bei den Dragonern wurden oft „gewechselte" Rockfarben vorgezogen, die wie bei der Infanterie mit Borten besetzt waren (Abb. 2). Bei den Kürassieren setzte sich schon in der ersten Hälfte des 18. Jahrhunderts für die Trompeter das Kollett durch, welches vorn, an den Schößen und Aufschlägen, den Ärmel- und Rückennähten sowie den Schwalbennestern mit farbig gewirkter Borte eingefaßt war. Die Trompeterflügel verschwanden, der Hut hatte Federbesatz; Küraß, Leibbinde und Säbeltasche fehlten (Abb. 5). Die Husarentrompeter trugen auch bei den Regimentern mit Pelzmützen stets Flügelmützen, deren Flügel mit goldener oder silberner Tresse eingefaßt war. Der Flügel bestand selbst manchmal aus farbigem Stoff (Abb. 3). Der Schnurbesatz an Dolman und Pelz war meist zweifarbig, und außer den Schwalbennestern trugen einige Regimenter an den Ärmeln einen Sparrenbesatz. Die Trompeten hatten farbig durchwirkte Bande-

rolen mit Quasten, Pauken waren aus Kupfer oder Silber und hatten bunte, gestickte Paukendecken. Seit 1762 trugen alle Reiter einen weißen Federbusch an der Kopfbedeckung, bei den Trompetern meist mit farbiger Spitze. Ab 1787 ist diese bei allen Regimentern rot (Abb. 4 u. 5).

Nach den Befreiungskriegen trugen die Trompeter bei der gesamten Kavallerie die Uniform der Unteroffiziere ihres Truppenteils mit Schwalbennestern und rotem Federstutz, später beim Helm rotem Haarbusch. Die Schwalbennester bestanden aus Stoff in der Kragenfarbe; sie waren mit Unteroffiziertresse besetzt, die etwas schräg nach vorn verlief (Abb. 7, 8 u. 9). Seit der Mitte des Jahrhunderts durften die Stabstrompeter an den Schwalbennestern Kantillen tragen. Alle Trompeten wurden etwas kürzer und trugen seit 1825 nur noch schwarz-weiße Banderolen mit Quasten.

1756

1870

42

Kavallerie-Trompeter

1. – 1698 – von den Grand Mousquetairs
2. – 1735 – vom Dragoner-Rgt. Prinz Eugen (Nr. 7)
3. – 1786 – vom Husaren-Rgt. v. Hohenstock (Nr. 5)
4. – 1786 – vom Dragoner-Rgt. v. Anspach-Bayreuth
5. – 1797 – vom Kürassier-Rgt. v. Borstell (Nr. 7)

6. – 1813 – vom Schlesischen Kürassier-Rgt.
7. – 1830 – vom 2. Garde-Ulanen(Landwehr)-Rgt.
8. – 1846 – vom Garde-Kürassier-Rgt.
9. – 1846 – vom 6. Husaren-Rgt.

Artillerie

Unter Artillerie verstand man alle Feuerwaffen, die so schwer waren, daß sie ein einzelner Mann nicht mehr tragen konnte. Noch zu Beginn des 17. Jahrhunderts war sie mehr Handwerk als Truppe, und sie besaß auch ganz eigene Rechtsvorschriften, selbst eine Lehrzeit war üblich. Im Frieden gab es nur wenige Bedienstete, die als Zeugmeister, Feuerwerker oder Büchsenmeister (Konstabler) tätig waren. Für das Feld wurden nur wenige Geschütze gebraucht und von den Büchsenmeistern und Handlangern bedient. Im 30jährigen Krieg tauchten leichte Geschütze auf, die bei den Infanterie-Einheiten blieben, nämlich die Regimentsstücke. Damit wurde die Artillerie beweglicher, nur wenige schwere Kanonen waren im Felde.

In Brandenburg wurde in der 2. Hälfte des 17. Jahrhunderts die Artillerie langsam zur Truppe und ihre Bediensteten in Kompanien eingeteilt. So gab es um 1700 bereits 1 Bombardier- und 8 Kanonierkompanien. Seit 1716/17 bestand ein Feldbataillon zu 5, später 6 Kompanien und 4 Garnisonkompanien für die Bedienung der Geschütze in den Festungen. Friedrich der Große errichtete schon 1741 ein 2. Feldbataillon. Die Kanoniere waren zur Bedienung der Regimentsstücke aber auch der schweren Kanonen bestimmt. Daneben gab es natürlich auch Garnison-Artillerie-Einheiten. Der Siebenjährige Krieg brachte eine bedeutende Verstärkung an Geschützen und Mannschaft, und das nun bestehende Feldartillerie-Regiment umfaßte fast 4000 Mann. Schwere Geschütze wurden schon ständig in Brigaden (Batterien) von je 10 Geschützen geteilt. In den Jahren 1762/63 geschah die neue Formation in 30 Kompanien zu 6 Bataillonen, die erst 2, dann 3 Feldartillerie-Regimenter bildeten. In diesem Krieg formierte man in Preußen auch erstmalig eine reitende Artillerie, die sich sehr bewährte, wenn sie auch zweimal verlorenging. Sie hatte 6pfündige Kanonen und war in Brigaden (Batterien) zu 10 Geschützen gegliedert.

Im Jahre 1772 bildete man das 4. Feldartillerie-Regiment, auch die reitende Artillerie blieb nun im Frieden aufgestellt. Die Gesamtstärke der Artillerie umfaßte 1787 schon 4 Feldartillerie-Regimenter und 3 reitende Kompanien sowie 13 Garnison-Kompanien. Als die Zahl der reitenden Kompanien sich ständig erhöhte, konnte im Jahre 1805 das „Reitende Artillerieregiment" aufgestellt werden.

Nach 1808 gab es zunächst 3 Brigaden, von denen jede 3 reitende und 12 Fußkompanien hatte. In den Befreiungskriegen blieb die Mannschaft bei den gleichen Geschützen in Batterien zusammen. Diese wurden nach dem Geschützkaliber benannt.

Bei der Neugestaltung des Jahres 1816 gab es 1 Garde- und 8 Linien-Brigaden (eine in jedem Divisionsbereich), wobei jede aus 3 Abteilungen bestand. Vom Jahre 1851 ab trennte man die Fuß- und die reitende Artillerie, aber auch die Feld- und Festungsartillerie. Bei der Feldartillerie bleiben die Kompanien nun bei dem gleichen Geschütz und führten fortan den Namen „Batterien". Bei der Reorganisation des Jahres 1860 schaffte man Regimenter, die man bald aber wieder Brigaden nannte, aus 3 Fußabteilungen und 1 reitenden Abteilung. Von 1864 ab sollten dann innerhalb jeder Artilleriebrigade ein Feldartillerie-Regiment mit 4 Abteilungen und ein Festungsartillerie-Regiment mit 2 Abteilungen bestehen. Die Kleidung der Artilleristen war zunächst verschieden. In Brandenburg berichtete man von braunen Tuchröcken, ab 1678 aber von blauen, rot gefütterten Röcken. Während des 1. Königs

setzte sich ein blauer, vorn geknöpfter Rock mit blauen Aufschlägen, rotem Futter und Messingknöpfen durch. Dazu wurden Lederhosen und ein Hut mit Goldtresse getragen (Abb. 7). Beim Soldatenkönig blieben diese Farben, doch glich sich der Schnitt der Infanterie an, die Unterkleider wurden paille. Bombardiere trugen von 1731 bis 1756 eine besondere, der Füsiliermütze ähnliche Kopfbedeckung. Unter Friedrich dem Großen blieb die Uniform unverändert, nur die schlesische Artillerie erhielt schwarze Halsbinden (Abb. 6). Im Jahre 1787 bekam der Rock blaue Rabatten, die Unterkleider wurden weiß, auf dem nun zweiklappigen Hut saß eine platzende Granate mit dem königlichen Namenszug (Abb. 5). Im Jahre 1798 endlich erhielt die Artillerie die ihr gebliebene schwarze Abzeichenfarbe auf Kragen, Klappen und Aufschlägen, rote Halsbinden und den nun wieder dreieckigen Hut (Abb. 4). Die reitende Artillerie trug seit 1801 ein Kavalleriekollett in den Farben der Fußartillerie, den Kavalleriehut mit Federbusch und kurze Husarenstiefel (Abb. 9).

Nach 1808 bekam die Fußartillerie die Montur der Infanterie, die reitende Artillerie das Kavalleriekollett in den alten Farben. Die Aufschläge bei der Fußartillerie waren dabei brandenburgisch, bei der reitenden schwedisch. Der Tschako entsprach dem der Infanterie und Kavallerie, hatte aber als Dekoration eine flammende Granate (Abb. 3). Die Garde trug den Gardestern und rotwollene Tschakobehänge (Abb. 10) sowie Gardelitzen. Die Wandlungen der Uniformierung folgten auch hier der Infanterie und den Dragonern. Mit der Einführung von Waffenrock und Helm im Jahre 1843 erhielten diese auch die Artillerie, doch wich bald die anfangs auch getragene Spitze einer Kugel (Abb. 1 u. 11).

Nach einer Zeichnung von R. Knötel

Artillerie im Feuer

44

Artillerie

1. – 1846
2. – 1834
3. – 1810
4. – 1805
5. – 1797
6. – 1760
} Fußartillerie

7. – 1709 Fußartillerie
8. – 1770
9. – 1805
} Reitende Artillerie

10. – 1834
11. – 1843
} Reitende Garde-Artillerie

Technische Truppen

Die technischen Truppen waren stets als Gehilfen der Armee notwendig, sei es zum Bauen von Schanzen, zur Wegeherstellung oder Überwindung von Wasserläufen. Für letzteres brauchte man die Pontoniere, zur Herstellung von Minengängen beim Festungskrieg die Mineure und zum Aufwerfen der Laufgräben die Sappeure. Auch beim brandenburgischen Heer gab es schon früh solche Hilfskräfte, deren Arbeiten von den Ingenieuren angeleitet wurden. Im Frieden bestanden aber lediglich kleine Stämme und die Ingenieure hatten Festungsbauten zu planen, zu leiten und zu überwachen. Das ganze Ingenieurwesen war zudem eng mit der Artillerie verflochten. Auch die Pontoniere unterstanden noch lange der Artillerie. Im Siebenjährigen Kriege besaß jede selbständige Armeegruppe einen eigenen Pontontrain.

Das im Jahre 1741 errichtete Regiment Pioniers war ursprünglich nur zum Ausbau und zur Besatzung der Festung Neiße bestimmt. Es besaß statt der üblichen Grenadierkompanien 2 Mineurkompanien, die aus angeworbenen Bergleuten bestehen sollten. Das Regiment wurde im Laufe der Zeit ein normales Füsilierregiment, doch blieben die Mineure selbständig. Im Jahre 1788 gab es davon schon 4 Kompanien, die auf die Festungen verteilt waren. Bei jeder dieser Kompanien sollten 50 Mann gelernte Bergleute, der Rest Handwerker sein.

Nach 1808 wurden die Reste der alten Mineur-, Sappeur- und Pontonierkorps bei den Ingenieuren vereinigt und nun zusammenfassend *Pioniere* genannt. Jeder Ingenieurbrigade war eine Pionierbrigade zugeteilt. Die Ingenieure mußten abwechselnd Dienst bei der Truppe leisten. Im Jahre 1815 bestanden schon 9 Feld- und 8 Festungskompanien Pioniere und dazu das Mansfelder Pionierbataillon. Ab 1816 erhielt jede Brigade (später Division) eine Pionierabteilung. Es gab daher 1 Garde- und 8 Linienabteilungen. Bei der Reorganisation von 1859 bis 1861 wurden diese Abteilungen verstärkt und als Pionierbataillone bezeichnet.

Neben diesen Truppen waren im 17. und 18. Jahrhundert auch die Zimmerleute der Grenadiere bei Unternehmungen an der Spitze zu finden. Sie sollten Sperren und Tore aufbrechen helfen. Jede Grenadierkompanie besaß 6 solcher Zimmerleute. Seit 1748 wurden sie aber im Kriegsfall zur Bedienung der Regimentsstücke gebraucht und traten dabei zu den Musketierbataillonen über.

Die Zimmerleute der Grenadiere trugen stets die Grenadieruniform. Dazu legten sie einen hellbeigen Lederschurz an und trugen das große Zimmermannsbeil (Abb. 1, 2 u. 3).

Die im Jahre 1741 errichteten Mineure trugen ganz blaue, rotgefütterte Röcke ohne Rabatten. Die Unterkleider waren orangefarben und die Knöpfe weiß. Ihre Mütze ähnelte der der Füsiliere, doch besaß sie statt der Metallflamme einen weißen Puschel (Abb. 4).

Nach 1787 erhielt der Rock dunkelblaue Rabatten aber orange Kragen, Aufschläge und Futter. Die Unterkleider waren weiß. Dazu trug man einen zweiklappigen Hut mit metallenem königlichem Namenszug und statt eines Gewehrs eine Pistole am Bandelier (Abb. 5). Die Uniform der Pontoniere glich der der Artillerie. Im Jahre 1798 wurden die Uniformen beider Gattungen so wie bei der Artillerie. Nur der Hutbüschel war gelb-schwarz-rot (Abb. 6).

Nach 1808 erhielten die neugeschaffenen Pioniere eine ähnliche Uniform wie die Fußartillerie. Die Aufschläge waren aber schwedisch und das Knopfmetall stets weiß (Abb. 7).

In der Folgezeit glich sich die Uniform im Schnitt der Entwicklung bei der Infanterie an, behielt aber die einmal angenommenen Farben. Das Lederzeug war stets schwarz (Abb. 8).

Auch die Pioniere erhielten 1843 den Waffenrock und den Helm mit weißem Beschlag (Abb. 9). Die Gardeeinheiten hatten am Kragen weiße Gardelitzen und zur Parade am Tschako und später am Helm schwarzen Federstutz bzw. Haarbüschel.

Ingenieur-Offiziere, dahinter Mineurkorporal
(Belagerung von Schweidnitz)

Technische Truppen

1   2   3   4   5   6   7   8   9

1. – 1713
2. – 1780 } Zimmerleute der Grenadiere
3. – 1806

4. – 1780 } Mineure – Feldanzug
5. – 1797

6. – 1806   Mineur

7. – 1813
8. – 1836 } Pioniere – Feldanzug
9. – 1849

Kadetten

Der Name Kadett stammte aus Frankreich. Man bezeichnete damit einen jüngeren Sohn des Adels, der ja meist militärischen Dienst suchte. Nach Brandenburg kam dieser Begriff mit den geflüchteten französischen Protestanten, die hier Dienst nahmen. Der Große Kurfürst bildete 1686 Kadettenkompanien bei den Regimentern aus Refugies, 1688 gar für die märkischen Junker eine bei der Garde. Daneben gab es aber auch Ritterakademien in Berlin, Kolberg, Magdeburg und Küstrin, wo Söhne des landbesitzenden Adels eine gute Erziehung erhalten sollten. Erst der Soldatenkönig schuf eine gewisse Einheitlichkeit, als er im Jahre 1717 durch Vereinigung der noch bestehenden Einrichtungen das Kadettenkorps gründete. Friedrich der Große gab dann genaue Anweisungen und Erziehungsziele und gründete weitere Kadettenhäuser in Stolp und Kulm, sein Nachfolger eines in Kalisch. Seit 1809 konnten auch Söhne nichtadeliger Offiziere, später auch Bürgersöhne aufgenommen werden.

Nach den Befreiungskriegen gab es zunächst Kadettenhäuser in Berlin und Kulm, dann wurde Berlin zum Hauptinstitut erklärt und als Vorstufen Potsdam und Kulm eingerichtet. Weitere Voranstalten wurden 1838 Wahlstatt bei Liegnitz, 1840 Bensberg und 1867 Plön und Oranienstein. Im Jahre 1878 wurde die Hauptanstalt nach Berlin-Lichterfelde verlegt. An Voranstalten kamen 1892 Karlsruhe, 1900 Naumburg hinzu, die Kulmer Anstalt wurde 1890 nach Köslin verlegt. Zu Beginn unseres Jahrhunderts hatte die Hauptanstalt 1000 Kadetten, die 8 preußischen Voranstalten je 220 (außer Plön). Der Lehrplan an den Kadettenanstalten entsprach dem der preußischen Realgymnasien. Der Bildungsablauf geschah etwa folgendermaßen: Im Alter von 10 bis 15 Jahren trat der junge Mann in eine der Voranstalten ein, welche die Klassen Sexta bis Obertertia besaßen. Danach kam er zur Hauptanstalt, wo die Klassen Untersekunda bis Oberprima bestanden und mit dem Abitur abschlossen. Daneben gab es zusätzlich den Lehrgang der Selekta, der der Kriegsschule entsprach.

Der Kadett konnte nun nach erfolgreichem Besuch der Untersekunda die Anstalt verlassen und war dann zum einjährigen freiwilligen Dienst berechtigt. Er konnte aber auch nach der Obersekunda die Fähnrichsprüfung ablegen, und je nach ihrem Ergebnis, entweder als Fähnrich in die Armee treten, oder weiter zur Prima gehen und das Abitur machen, oder, bei sehr guten Noten, zur Selekta gehen und dann als Leutnant in die Truppe eintreten. Die Entscheidung, ob er in die Armee eintreten wollte, blieb dem Kadett.

Die ersten brandenburgischen Kadetten trugen die Uniform des Truppenteils, dem sie zugeteilt waren. Erst unter dem Soldatenkönig erhielten sie mit ihrer Stiftung als Korps eine eigene Uniform, die zunächst der des Königs eigenem Regiment ähnelte. Auch bei ihnen wurden die roten Unterkleider im Jahre 1724 gelblich-paille. Zuerst hatten die Röcke Goldtressenbesatz, der aber 1728 fortfiel. Nur der Hut behielt die Tresse bei (Abb. 1). Beim Regierungsantritt Friedrich des Großen änderte sich einiges. Die Aufschläge wurden offen, die Halsbinden schwarz und das Knopf- und Besatzmetall silbern. Die Unterkleider waren nun zitronengelb, bei den Potsdamer Kadetten aber rot. Die Unteroffiziere hatten eine silberne Rabatteneinfassung (Abb. 2 u. 3). Im Jahre 1796 wurden die Hosen weiß (Abb. 4).

Nach 1808 hatten die Kadetten als Uniform den Infanterierock mit rotem Kragen und ebensolchen schwedischen Aufschlägen. Das Knopfmetall und die Bandlitzen an

Kragen und Aufschlägen waren gelb, die Schulterklappen in Berlin weiß, sonst zunächst rot (Abb. 5). Dazu trug man in Berlin einen Tschako mit gelbem Gardestern. Die anderen Anstalten erhielten den Tschako erst 1835. Der geschlossene Kragen mit den Kapellenlitzen wurde 1818 eingeführt (Abb. 6 u. 7). Auch die Kadetten machten den Wandel der Uniformierung im Jahre 1843 mit und erhielten den Waffenrock und für die Hauptanstalt den Helm. Am Waffenrock trugen die Voranstalten statt 8 nur 6 Knöpfe und auf dem abgerundeten Kragen nur eine Litze. Ebenfalls gehörte dazu eine Mütze. Die Unterscheidung der einzelnen Voranstalten geschah durch den gelben Vorstoß um die Aufschläge und verschiedenfarbige Schulterklappen (Abb. 8 u. 9).

Kadetten

1   2   3   4   5   6   7   8   9

1. – 1730   Kadett
2. – 1786   Unteroffizier – Berlin
3. – 1786   Unteroffizier – Potsdam
4. – 1800   Berlin
5. – 1811   Berlin

6. – 1836   Berlin
7. – 1836   Potsdam, Kulm
8. – 1850   Berlin (Unteroffizier)
9. – 1850   Kulm, Potsdam, Wahlstatt, Bensberg

Landwehr

Landwehrartige Aufgebote hat es schon immer in Zeiten der Not gegeben, doch hießen sie im 18. Jahrhundert meist Miliz oder Landregimenter. Der Name Landwehr wurde zuerst im Jahre 1808 in Österreich gebraucht. In Preußen wurden erste Einheiten schon im Februar 1813 in der Provinz Ostpreußen errichtet. Am Tage der Kriegserklärung gegen Napoleon (13. März 1813) wurde dann die Aufstellung der Landwehr in allen preußischen Landen generell befohlen. Sie sollten aus freiwilligen und auch ausgehobenen Leuten bestehen, die noch nicht in der Armee gedient hatten und Infanterie sowie Kavallerie umfassen. Ihre Aufstellung und Bekleidung war zunächst Sache der Kreise, die Waffen sollte der Staat stellen. Die höheren Offiziere ernannte der König unmittelbar, die anderen Offiziere schlugen zuerst die Stände vor. In der Mitte des Jahres 1813 waren bereits 120000 Mann in der Landwehr aufgestellt. Ihre Organisation in Bataillonen und Schwadronen entsprach dem Feldheer, doch gab es anfangs recht viele Schwierigkeiten bei ihrem Einsatz. Die Begeisterung allein genügte nicht, erst die Erfahrung und die allmählich sich einstellende Disziplin führte zu guten Leistungen, vor allem, wenn sie zusammen mit der Linie eingesetzt wurde.

Nach dem Wehrgesetz von 1814 bestand die gesamte bewaffnete Macht des Staates aus dem stehenden Heer, den beiden Aufgeboten der Landwehr und dem Landsturm. Davon war das 1. Aufgebot der Landwehr für den Feldkrieg, das 2. zum Besatzungsdienst vorgesehen. Neben den ausgebildeten Mannschaften gehörten zum 1. Aufgebot auch viele Ungediente, die später nur eine Kurzausbildung erhalten konnten. Nach der Landwehrordnung von 1815 hatte jedes Landwehrregiment einen Bezirk, der wieder in Bataillonsbezirke und diese in Kompaniebezirke geteilt war. Aus dem ganzen Bezirk sollte das Regiment dann je 2 Bataillone und 2 Schwadronen des 1. und 2. Aufgebots aufstellen. Die Einheiten des 1. Aufgebots hatten schon im Frieden bestehende Stämme. Zwar erfreute sich die gesamte Landwehreinrichtung bei den Bürgern großer Beliebtheit, doch sahen erfahrene Offiziere bald ihre Schwächen. So versuchte man ab 1819 einen engeren Zusammenhalt mit dem stehenden Heer herzustellen. Anstelle der bisherigen Inspektionen traten Landwehrbrigaden in den Divisionen des Heeres. Die Landwehrbataillone wurden selbständig und erhielten aktive Kommandeure und Stamm. Weil aber aus Finanzgründen ab 1830 keine Rekruten mehr ausgebildet werden konnten, war die Qualität nicht besonders hoch. Erst durch die Reorganisation des Jahres 1860 konnten diese Mißstände beseitigt werden, weil nun die Linie genügend Rekruten einstellte und sie dann ausgebildet in die Landwehr entließ. So konnte die Landwehrpflicht für das 1. Aufgebot auf 4 Jahre, für das 2. Aufgebot auf 5 Jahre herabgesetzt werden.

In den Kriegen von 1866 und 1870/71 kam die Landwehr vor allem bei den Einschließungen von Festungen ins Gefecht und hat sich dabei sehr bewährt. Die anderen Bundesstaaten nahmen nach der Reichsgründung die preußischen Regelungen an. Mit dem Wehrgesetz von 1888 wurde die Dienstzeit in der Landwehr wieder bis zum 39. Lebensjahr ausgedehnt. Die Bezeichnung der Landwehreinheiten verschwand im Frieden und die Benennung Reserveregimenter wurde üblich. Die Grundlage der Organisation der Landwehr blieben die nach der Bevölkerungszahl

eingerichteten Landwehrbezirke, deren Bezirkskommandos auch die jährlichen Kontrollversammlungen durchzuführen hatten.

Die Uniform war anfangs sehr einfach. Sie bestand aus manchmal schwarzen, meist aber blauen Röcken, weißleinenen Hosen, der Rockkragen und der Besatz der Mütze war in der Provinzfarbe, die Mütze schmückte ein weißes Blechkreuz mit der Inschrift: „Mit Gott für König und Vaterland" (Abb. 5). Dieses Blechkreuz wurde sodann gemeinsames Abzeichen der Soldaten des Beurlaubtenstandes und fand sich seit 1857 auch in den Mützenkokarden der Landwehr und Reserve. Von 1817 an war die Landwehr der Linie in der Uniform gleichgestellt, am Tschako saß das Landwehrkreuz (Abb. 4). Als 1843 auch die Landwehr Waffenrock und Helm erhielt, hatte letzterer das Landwehrkreuz auf dem Helmadler (Abb. 1 u. 2). Von 1860 bis zum Jahre 1881 trug die Landwehr statt des Helmes einen Tschako in der Art der Jäger mit Landwehrkreuz, (Ergänzungstafel Infanterie, Abb. 6–8), dann wurde wieder der Helm gebraucht.

Die Landwehrkavallerie-Bekleidung entsprach zuerst der Infanterie, nur wurden dunkle, meist zum Überknöpfen eingerichtete Hosen getragen (Abb. 6). Nach 1815 wurde zunächst das Ulanenkollett eingeführt mit korpsweise verschiedenen Abzeichen. Bald waren aber alle Reitergattungen vertreten. Allgemein trug man dunkelblaue Röcke, ob als Schwere Reiter, Dragoner, Ulanen oder Husaren (Abb. 7 u. 8). Bei den schweren Reitern war der Stahlhelm der Kürassiere die Kopfbedeckung, bei den Dragonern und Ulanen der Lederhelm und bei den Husaren die Filzmütze. Ab 1857 wurde die Uniform den entsprechenden Linieneinheiten angeglichen. Von 1867 ab gab es dann nur noch Reserve-Kavallerie-Regimenter.

Landwehr-Bataillon Graudenz bei Héricourt, 16. Januar 1871

50

Landwehr

1   2   3   4   5   6   7   8

1. – 1849   Infanterie
2. – 1849   Garde-Landwehr
3. – 1834   Garde-Landwehr
4. – 1834   Infanterie

5. – 1813   Landwehrmann
6. – 1813   Landwehrkavallerist
7. – 1836   Kavallerie
8. – 1849   Kavallerie

1   2   3   4   5   6   7   8   9   10   11   12

1. – General der Infanterie (Parade) seit 1861
2. – Offz. vom Hess. Jäger-Btl. Nr. 11 seit 1866
3. – Jäger von den Btln. 1, 2, 5 u. 6, von 1854–1860
4. – Gefreiter vom Garde-Schützen-Btl., seit 1867
5. – Jäger von den Btln. 3, 4, 7 und 8, von 1854–1860
6. – Feldwebel von der Provinziallandwehr, 1866

7. – Landwehrmann der Provinziallandwehr 1866
8. – Garde-Landwehrmann – feldmäßig 1870/71
9. – 3. Garde-Regiment zu Fuß
10. – Kanonier des 1. Garde-Feldartillerie-Regiments, seit 1874
11. – Feldwebel vom Gren.-Rgt. Nr. 6, seit 1860
12. – Tambour vom 4. Garde-Grenadier-Rgt. „Königin"

Ergänzungsblatt Kavallerie

1. – 1870   Unteroffizier vom Husaren Rgt. Nr. 15 (Pelz)
2. – 1867   Husar vom Husaren Rgt. Nr. 11 (Parade)
3. – 1867   Dragoner vom Drag. Rgt. Nr. 14 (Parade)
4. – 1868   Kürassier vom Kür. Rgt. Nr. 5 (Parade)
5. – 1858   Offz. vom Kür. Rgt. Nr. 3 (im Dienst)
6. – 1883   Garde du Corps im Gala-Anzug

7. – seit 1850 – General der Kavallerie
8. – Major von der Linien-Feldartillerie in Hofgala
9. – 1862–1865 Offz. vom Hus. Rgt. Nr. 9 in Hofgala
10. – seit 1868 – Adjutant vom Ulanen-Rgt. Nr. 15 (Parade)
11. – seit 1868 – Prem. Leutnant vom Kür. Rgt. Nr. 1 (Hofgala)

Ergänzungsblatt Infanterie

Nach dem Jahre 1850 erfolgten eine Reihe von Änderungen an der Uniform. Von 1856 ab trugen Generale den großen gestickten Waffenrock, der ab 1861 auch an den hinteren Taschenleisten eine Eichelstickerei erhielt (Abb. 1).

Die Jäger und Schützen trugen ab 1854 einen käppiartigen Tschako, welcher bei den Gardeeinheiten den Gardestern und bei den Jägern der Linie den königlichen Namenszug oder eine Agraffe führte (Abb. 3, 4 u. 5). Ab 1860 wurde der Tschako niedriger, wobei die Linienbataillone darauf den Linienadler (Abb. 2) trugen.

Auch die Landwehr bekam 1860 einen solchen Tschako, der mit dem Landwehrkreuz verziert war. Als Notbehelf gab es auch Mützen (Abb. 6, 7 u. 8). Vom Jahre 1881 ab trug die Landwehr dann wieder Helme.

Die Figuren 9 bis 12 zeigen Soldaten nach 1867 mit dem neuen Helmmodell von 1867. Der Helmkörper wurde niedriger, der Augenschirm bei der Infanterie wurde abgerundet. Unter der Spitze saß nun eine Scheibe. In den Jahren von 1867 bis 1871 fehlte die hintere Helmschiene.

Die große Infanterietrommel wurde im Jahre 1854 durch die flache abgelöst. Diese wurde mit Hilfe einer Schere in Adlerform am Koppel befestigt. Dazu gehörte auch ein weißledernes Kniefell (Abb. 12).

Ergänzungsblatt Kavallerie

Nach dem Jahre 1843 erfolgten auch bei der Kavallerie noch wichtige Änderungen bei der Uniformierung. So erhielten die Kürassiere 1868 hohe, über das Knie reichende Stulpstiefel und weiße Hosen (Abb. 4).

Die Dragoner legten ab 1870 graublaue Hosen und hohe Stiefel an (Abb. 3).

Die umfangreichsten Veränderungen erlebten die Husaren. Statt des kurzen Dolmans erhielten sie 1853 einen Rock mit längeren Schößen, der nur noch 5 Schnurreihen besaß, die Attila. Der Pelz wurde dabei ganz abgeschafft. Erst im Jahre 1865 erhielten die Garde-Husaren wieder dunkelblaue Pelze, später noch wenige andere Regimenter. Seit 1949/50 trug man im Dienst schwarzledrene Säbeltaschen mit metallenem königlichen Namenszug. Die Hosen waren ab 1867 dunkelblau-graumeliert. Dazu gehörten kurze Husarenstiefel mit Bortenbesatz. Gleichzeitig verschwanden die farbigen Husarenschärpen und blieben nun weiß-schwarz.

Schon 1850 bekamen alle Regimenter Pelzmützen, welche von 1860 ab mit einem metallenen Vaterlandsbandeau geschmückt wurden. Im Jahre 1865 wurden die Pelzmützen niedriger und erhielten zur Parade freiwallende Haarbüsche (Abb. 1 u. 2).

Die Ulanen bekamen 1853 einen Waffenrock von besonderem Schnitt, die Ulanka. Auch wurde 1867 ein neues, niedrigeres Tschapkamodell eingeführt, welches ganz aus schwarzem Leder bestand. Der Adler kam nun nach unten auf das Kopfteil. Um den oberen Teil wurde zur Parade eine abzeichenfarbige Tschapkarabatte geknüpft (Abb. 10).

Für die Hofgala gab es besondere Vorschriften (Abb. 6, 8, 9 u. 11).

II. Die preußische Armee der deutschen Einigungskriege

Der deutsche Nationalstaat entstand mit der Kaiserproklamation am 18. Januar 1871 im Schlosse von Versailles gleichsam als Schlußpunkt dreier kriegerischer Auseinandersetzungen, die als die Einigungskriege bezeichnet werden. Beginnend mit dem deutsch-dänischen Krieg 1864 kam es zum „deutschen Krieg" 1866 mit dem Ausschluß der Donaumonarchie aus Deutschland und Schaffung des „Norddeutschen Bundes", der im Verlauf des deutsch-französischen Krieges 1870/71 dann mit den süddeutschen Staaten zum Reich erweitert wurde.

Die demokratischen Bestrebungen von 1848/49 blieben für die ersehnte Einigung ergebnislos. Auch der Weg über eine von Preußen angeregte kleindeutsche Union mußte 1850 in Olmütz unter massivem Druck des wiedererstarkten Habsburgerstaates und Rußlands aufgegeben werden, zumal sich bei der damaligen Mobilmachung deutlich zeigte, daß die augenblickliche Armeeorganisation Preußens große Mängel besaß und damit keineswegs Rückhalt seiner Politik sein konnte. Als nun nach der Erkrankung König Friedrich Wilhelms IV. dessen Bruder Wilhelm, der „Prinz von Preußen" im Jahre 1858 die Regentschaft übernahm, sollte sich vieles ändern. Der Prinzregent bestieg nach dem Ableben des Königs 1861 als Wilhelm I. (1861 bis 1888, ab 1871 Deutscher Kaiser) den Thron. Doch bereits mit der Regierungsübernahme setzte er ein neues liberales Ministerium ein und stellte zwei Grundforderungen auf: Das Heer müsse schlagkräftig und angesehen sein und Preußen in Deutschland durch gute eigene innere Verhältnisse und Initiativen zum allgemeinen nationalen Nutzen moralische Eroberungen machen.

Die Reorganisation des Heeres

Bei dieser Reform konnte der spätere König Wilhelm als die eigentliche Triebfeder angesehen werden.

Er sah diese Erneuerung als sein ureigenstes Werk, für das er bereit war, gegebenenfalls auf die Krone zu verzichten. Worum ging es in dieser Reform? Seit dem Jahre 1820 war die Zahl der Rekruten, die jährlich eingestellt wurde, etwa gleich

geblieben, obwohl die Bevölkerungszahl stark angewachsen war. So waren 1858 nur noch 26% der 155000 jungen Männer des Einberufungsjahrgangs eingezogen worden. Auch wenn man bei den recht strengen Vorschriften in bezug auf körperliche Tauglichkeit und Größe 60% als ungeeignet ansah, hätten es 63000 Rekruten sein müssen. Darin lag nicht nur eine Ungerechtigkeit gegen die zum Dienst Herangezogenen, sondern auch eine Schwächung des Staates. Bei einer Mobilmachung mußten ältere und verheiratete Leute zur Landwehr einrücken und wurden dadurch dem Wirtschaftsleben entzogen, während viele junge, nicht ausgebildete Leute zuhause blieben. 1859 mußte der Staat den Familien der Eingezogenen Unterstützung zahlen. Ein weiterer Punkt war die durch die Eisenbahnen ermöglichte viel schnellere Mobilmachung. Dazu benötigte man aktive Truppen, die schnell in einen kriegsfertigen Zustand gebracht werden konnten. Es begegneten sich also die militärischen Ansprüche an die Schlagkraft mit volkswirtschaftlichen und sozialen Forderungen.

Die bisher freigelosten jungen Leute konnte man einstellen, indem sich bei gleicher Truppenzahl die Dienstzeit verkürzte oder aber bei gleicher Dienstzeit mehr Truppenteile errichtet wurden. An der 3jährigen Dienstzeit hielt der Prinzregent aufgrund der gemachten Erfahrungen fest, so blieb nur die 2. Möglichkeit übrig. Allgemein war aber eine frühere Beendigung der Gesamtwehrpflicht für die Einzelnen und dadurch eine Verjüngung der Armee erwünscht. Das war nur möglich, wenn die bisherige Landwehr des 1. Aufgebots aus der Feldarmee ausschied.

Schon ab 1857 wurden zu diesen Problemen Vorschläge eingereicht und Gegendarstellungen geschrieben. Entscheidend sollte hierbei Albrecht v. Roon werden. Der Prinzregent ernannte ihn als Mann seines Vertrauens zum Kriegsminister. Hier führte Roon gegen den Widerstand des Abgeordnetenhauses die Reorganisation durch. Als die Weiterbewilligung der dafür notwendigen Mittel zu scheitern drohte, berief der nunmehrige König auf Roons Anraten Bismarck zum Staatsminister. Roon war stets scharfblickender Realist und lehnte als Soldat den nur parademäßigen Drill ab.

Der Ausbruch des Krieges 1859 zwischen Sardinien im Bunde mit Frankreich gegen Österreich führte auch in Preußen zu einer Mobilmachung von zunächst 3 Armeekorps, die Bestandteil des Bundesheeres sein sollten, und dann der ganzen Armee. Die schnelle Entscheidung in Italien und der Vorfriede von Villa Franca beseitigten die Kriegsgefahr. Doch gingen nicht alle Einberufenen wieder nach Hause, weil der Prinzregent beschlossen hatte, die aufgestellten Einheiten zum Ausgangspunkt der Erneuerung zu nehmen. Aus den Landwehrformationen wurden nur die Landwehrleute entlassen. Ihre Stämme erhielten von der aktiven Truppe Soldaten mit schon 2jähriger Dienstzeit zugewiesen und wurden mit bisher noch nicht eingestellten Rekruten aufgefüllt. Auf diese Weise entstanden Anfang 1860 4 neue Garderegimenter (3. und 4. Garderegiment zu Fuß, 3. und 4. Garde-Grenadierregiment) und 32 Linien-Infanterieregimenter (Nr. 41 bis 72). Ihre endgültigen Namen erhielten diese neuen Truppenteile am 4. Juli, wobei auch Provinzbezeichnungen eingeführt wurden. Die 12 ältesten Linien-Infanterieregimenter bekamen als Auszeichnung den Namen Grenadierregimenter, die beiden bisherigen, die ja schon zur Garde gerechnet wurden, nannte man Garde-Grenadierregimenter Nr. 1 und 2. Das bisherige Garde-Reserveregiment wurde Garde-Füsilierregiment und die Regimenter 33 bis 40 als Füsilierregimenter bezeichnet.

Kaiser Wilhelm I.

Auch bei der Kavallerie entstanden 2 Garde- und 8 Linienregimenter. Dazu gab jedes vorhandene Regiment eine Schwadron ab, so daß aus den Abgaben von 4 Regimentern jeweils ein neues gebildet wurde. Sie führten die Bezeichnung 2. Garde-Dragonerregiment, 3. Garde-Ulanenregiment, Dragonerregiment 5 bis 8 und Ulanenregiment 9 bis 12. Die Artillerie wurde nach und nach auf die neuen Hinterladungsgeschütze umgerüstet. Um sie beweglicher zu machen, wurden die Fußbatterien von 8 auf 6 Geschütze verkleinert und auch schon im Frieden

4 Geschütze voll mit Bespannungen versehen. Die Pionierabteilungen erweiterte man endgültig zu Bataillonen, bei denen die Männer der 1. Kompanie als Pontoniere, der 2. und 3. Kompanie als Sappeure und der 4. Kompanie als Mineure ausgebildet werden sollten. Ganz neu waren ständige Nachschubeinheiten, die Trainbataillone. Ihre Aufstellung sollte endlich den Ärger beenden, der dadurch entstand, daß bei einer Mobilmachung den Mannschaften ihre Aufgabe völlig fremd war. Die Stammannschaften des Trains dienten nun 3 Jahre, die Soldaten nur 6 Monate, doch entließ auch die Kavallerie überzählige, ausgebildete Leute zur Reserve des Trains. Für die Landwehr, deren Stämme für die neuen Linientruppen gebraucht waren, wurden neue gebildet, die Landwehrkavallerie zum großen Teil aufgelöst. 1862 hatte sich die Armee auf diese Weise um 60000 auf 210000 Mann vermehrt.

Für den Bürger hatte sich die Dienstpflicht von 19 auf 16 Jahre verkürzt. Davon verblieb man 3 Jahre im aktiven Dienst und 4 Jahre in der Reserve, in der Landwehr des 1. Aufgebots statt 7 nur 4 und in der des 2. Aufgebots statt 7 nun 5 Jahre. So war das Heer verstärkt, aber die Last für den einzelnen weniger drückend. Die Armee konnte in wenigen Tagen kriegsbereit sein, die Landwehr schied aus der Feldarmee aus und war für Besatzungszwecke vorgesehen. Die neue Regelung verjüngte das Feldheer erheblich, denn sein ältester Soldat war nur 28 Jahre alt. Damit bestand es nur noch aus aktiven Truppen, das Nebeneinander von Linie und Landwehr war endgültig beseitigt.

Die neu gestaltete Armee war aber nicht nur eine zuverlässige Stütze für die Politik, sondern übte auch auf die kleineren Bundesstaaten eine starke Anziehung aus. Schon 1848 bis 1850 gab es Versuche zum Anschluß kleinerer Kontingente an die preußische Armee. Die Auffassungen darüber waren jedoch grundverschieden. Die einen meinten, Preußen wolle sich nur die militärischen Kräfte der anderen nutzbar machen, die anderen, daß es seine militärischen Fähigkeiten und Kräfte in den Dienst ganz Deutschlands stelle. Wenn beide Beweggründe auf den ersten Blick auch grundverschieden waren, schlossen sie sich gegenseitig nicht aus. Doch muß man sich nachträglich wundern, wieviel Raum dem deutschen Idealismus zugestanden wurde. Damals mußten alle Versuche zur Eingliederung auf Drängen Österreichs rückgängig gemacht werden.

Nun begannen wieder Verhandlungen, die 1861 zu Militärkonventionen mit Sachsen-Coburg-Gotha, 1862 mit Waldeck und Sachsen-Altenburg führten. Ihr Inhalt war einander sehr ähnlich. Gegen eine Pauschsumme übernahm Preußen die Unterhaltung der Kontingente und ihre Angliederung in die preußische Armee mit ihren Einrichtungen. So erschienen schon zu der großen Besichtigung des IV. Armeekorps bei Merseburg 1865 die Truppen von Sachsen-Coburg-Gotha, Sachsen-Altenburg, Anhalt, Schwarzburg-Rudolstadt und Reuß j. L. Die Mecklenburger nahmen bereits früher an preußischen Manövern teil und die oldenburgisch-hanseatische Brigade hatte sogar schon 1860 bis 1864 leihweise einen preußischen Brigadekommandeur.

Neue Waffen und Taktik

Bereits um die Jahrhundertmitte begannen sich Waffen durchzusetzen, die der alten Forderung des Soldaten, eine Waffe zu haben, die sich so schnell und leicht laden ließ wie die alte Flinte aber doch so treffsicher schoß wie die Jägerbüchse, schon weitgehend entsprachen. Diese Entwicklung war beim Vorderlader nur möglich, weil die bisher glatten Läufe Züge erhielten und daraus nicht mehr die überlieferten Rundkugeln sondern neuartige längliche Spitzgeschosse verschossen wurden. Sie waren etwas kleiner als das Laufkaliber und ließen sich daher leicht laden. Das hinten mit einer Aushöhlung versehene Spitzgeschoß weitete sich beim Schuß durch den Druck der Pulvergase, die Wandung wurde in die Laufzüge gedrückt. Die damit gegebene Führung steigerte die Schußweiten und Treffsicherheit, zumal auch die günstige Geschoßform der Luft viel weniger Widerstand bot. Diese geniale Erfindung nach Minié wurde die letzte, hochentwickelte Variante des Vorderladers. Weil damit gleichzeitig die Treffähigkeit stark verbessert war, wurde nun für die Soldaten eine systematische Schießausbildung sinnvoll.

Neben dieser allgemeinen Entwicklung beschritt Preußen einen anderen Weg und suchte einen brauchbaren Hinterlader zu bauen. Nikolaus Dreyse aus Sömmerda gelang es, den nötigen Verschluß herzustellen. Es handelte sich um einen Zylinderverschluß, bei welchem das Verschlußstück des Laufes außen konisch, der Mund der Kammer aber innen konisch ausgedreht war, die Abdichtung geschah durch Ineinanderschieben der Teile. Die Patrone enthielt als Einheitspatrone erstmals alle Bestandteile, die zu einem Schuß notwendig waren, das Geschoß, Pulver, die Abdichtung und das Zündmittel. Dreyse wählte ein Langbleigeschoß, das kleiner als der gezogene Lauf war. Es steckte in einem Treibspiegel aus Pappe, der die Führung im Lauf übernahm und sich beim Verlassen des Laufes vom Geschoß trennen sollte. Weil man technisch noch keine Metallhülsen herstellen konnte, war die Patrone in Papier gewickelt und die Zündpille zum Schutz in das Innere verlegt worden. Das Wesentliche der Zündung bestand nun darin, daß eine stählerne Zündnadel mit Federkraft in die Patrone vorschnellte und dort die Zündpille traf.

Als Vorteil wurde zunächst die leichtere Reinigung angepriesen. Bald stellte sich auch heraus, daß die Handhabung eines solchen Gewehrs wesentlich einfacher war und Laden und Schießen im Liegen möglich wurden, so daß der Schütze nun viel weniger verwundbare Zielfläche bot. Schlechte oder fehlende Vorderzähne waren kein Hindernis mehr, Soldat zu sein, weil das Abbeißen der Patrone fortfiel. Das ruhigere und genauere Schießen steigerte auch die Feuerwirkung. Als Hauptvorteil stellte sich aber das schnellere Feuerbereitsein durch das geschwindere Laden heraus, wodurch der Soldat von der Angst befreit wurde, nicht rechtzeitig wieder laden zu können. Kurzzeitig war es nun möglich, doppelt so viele gezielte Schüsse wie mit dem Vorderlader abzugeben. Gegenüber dem Miniè-Gewehr waren jedoch Rasanz und Treffähigkeit geringer.

Die endgültige Modellausstattung dieses „Zündnadelgewehrs" wurde 1841 festgelegt, doch waren die technischen Schwierigkeiten dieser damals sehr komplizierten Waffe so groß, daß es 1847 erst 45000 Stück gab. Als erste Truppenteile erhielten ab 1848 die Füsiliere diese Waffe, die Masse der Infanterie erst 1856.

Eine ähnliche Entwicklung erfolgte auch bei der Artillerie, wenn sie wegen der hohen Kosten auch langsamer vor sich ging. Fast überall begann man mit der Einführung gezogener Rohre die Schußweiten und die Treffähigkeit zu steigern. Ein lebhafter Meinungsstreit in der Fachliteratur behandelte die Hauptfragen, ob Vorder- oder Hinterladung und ob Spiel- oder Preßführung des Geschosses besser seien. Weil aber die Schwierigkeiten mit einem gasdichten Verschluß noch nicht zu meistern waren, die glatten Vorderlader aber nachträglich billige Züge erhalten konnten, gingen viele Staaten zum gezogenen Vorderladegeschütz über. Dabei wurden die Geschosse länglich, wodurch in einem kleinen Kaliber ein viel höheres Gewicht eingesetzt werden konnte. Nach den ersten kriegerischen Erfolgen dieser Geschütze nahmen die meisten Staaten dieses System an.

Nur Preußen entwickelte – aufbauend auf seinen Erfahrungen mit dem Hinterladegewehr – ein eigenes Hinterladesystem. Die praktischen Versuche begannen 1854. Man fand den gasdichten Abschluß, im Rohr durch einen Bleimantel um das Geschoß, die günstigste Geschoßlänge und daß nur der vordere Teil des Rohres gezogen werden, das Patronenlager aber glatt bleiben konnte. Der Gußstahl, den vor allem die Firma Krupp entwickelte, fand nun erstmalig für Geschützrohre Verwendung. Beim Probeschießen 1859 waren die Ergebnisse so gut, daß der anwesende Prinzregent statt der vorgesehenen 100 sofort 300 Feldgeschütze dieser Art bestellte. Damit begann die gemeinsame Arbeit Krupps mit der preußischen Heeresverwaltung.

Die endgültige Form erhielt das neue Geschütz 1861 und damit die Bezeichnung C 61. Für den Feldkrieg war es aber mit einem Kaliber von 9 cm recht schwer. So suchte man das Gewicht zu verringern, und es kam zum Kaliber 7,85 cm mit 4 Pfund Geschoßgewicht. Die Festlegung von Einzelheiten erfolgte erst 1864, weshalb die Benennung „8 cm Kanone C 64" lautete. Der Verschluß erfolgte durch 2 gegeneinander verspannte Keile, die Abdichtung durch einen Preßspanboden. Zum Öffnen und auch Schließen des Verschlusses waren nur noch 2 Handgriffe nötig. Wenn man mit verminderter Treibladung schoß, war auch ein Bogenschuß möglich, weshalb man glaubte, nun auf Haubitzen verzichten zu können. Durch die Einführung neuer Lafetten konnte die Bedienung auf dem Geschütz und der Protze mitfahren. Die bisherige Fußartillerie wurde damit zur fahrenden Artillerie mit schnellster Feuerbereitschaft. Damit war das Geschütz geschaffen, das sich in den Einigungskriegen so bewähren sollte.

An die Soldaten stellte die Einführung wirkungsvollerer Feuerwaffen und das stärkere Vordringen der Technik immer höhere Anforderungen, weil sich zwangsläufig auch die Taktik ändern mußte. Das Hinterladegewehr veränderte den Infanteriekampf und forderte gebieterisch ein größeres Maß an Selbständigkeit für Unterführer und einzelne Soldaten. Deshalb mußte in der Ausbildung die persönliche Geschicklichkeit und körperliche Tüchtigkeit mehr gepflegt werden. Das geschah durch eine intensive Schießausbildung, durch Turnen, Bajonettfechten und Schwimmen. Vor allem wurde von nun an die Geländenutzung und das Überwinden von Hindernissen geübt. Zu diesem Zweck entstanden die vielen älteren Soldaten noch bekannten Hindernisbahnen.

Obwohl nach der Dienstvorschrift von 1847 neben der Bataillonskolonne die Kompaniekolonne bestand, wurde sie selten gebraucht. Das Bataillon zog, wenn es in das Gefecht ging, seine 4 Kompanien auseinander. Jede Kompanie bildete für sich eine Kolonne, bei der die 3 Züge 2gliedrig hintereinanderstanden. Der letzte Zug ging zuerst vor und leitete aufgelöst das Feuergefecht ein. Die nicht aufgelösten Züge bildeten den Rückhalt, das „Soutien", das nach und nach die Schützen verstärkte und zuletzt mit ihnen zum Sturm vorging.

Angriffsgliederung der preußischen Infanterie 1866 und 1870

Dem aufgelösten Schützenzug, bei dem die Rotten zusammenblieben und abwechselnd feuerten, folgte der Rest der Kompagnie geschlossen. Die übrigen Bataillone folgten gewöhnlich in der „Kolonne nach der Mitte", zwei Kompagnien neben- und hintereinander. Die berittenen Offiziere blieben sämtlich zu Pferde. Ein Hinlegen zum Schießen wurde erst im Laufe des Feldzuges 1870/71 eingeführt.

Das Bild will die typischen Gefechtsaufstellungen zeigen: im Vordergrund die Schützen des aufgelösten Schützenzuges, dahinter als Beispiel eine Kompaniekolonne mit den beiden ihr verbleibenden Zügen, die zweigliedrig hintereinander stehen.

Im Hintergrund rückt ein Bataillon in der Grundaufstellung vor, der „Kolonne nach der Mitte". In ihr standen die vier Kompanien je zwei nebeneinander und je zwei hintereinander, die Fahne in der Mitte der beiden vorderen. Aus dieser Formation ließ sich leicht in jede andere notwendige Form übergehen.

Moltke hatte schon 1858 ausgesprochen, daß im Bereich gezogener Gewehre und Geschütze die alte Angriffskolonne nicht mehr anwendbar sein würde. Bei der Abfassung der Dienstvorschrift war das Zündnadelgewehr noch nicht berücksichtigt worden, trotzdem fand die preußische Infanterie dank der Selbständigkeit und Initiative von Offizieren und Soldaten später die richtigen Formen und Mittel.

Die Uniformen des preußischen Heeres nach der Heeresreorganisation

Es ist eine merkwürdige Tatsache, daß brauchbare Bilddarstellungen über die Uniformierung einer ganzen Armee kaum vorhanden sind, wenn diese sich in kriegerische Ereignisse verwickelt sieht. Das gilt besonders für die deutschen Einigungskriege der Jahre 1864, 1866 und 1870/71.

Erste Darstellungen von Uniformen ganzer Heere tauchen zu Beginn des 18. Jahrhunderts auf und zeigen, wenn man von Schemazeichnungen von Röcken oder Abzeichen absieht, stets ganze Figuren. In der ersten Hälfte des 19. Jahrhunderts werden solche Bilder immer künstlerischer, die Figuren in Gruppen geordnet, so daß schon der Anblick zwar ästhetischen Genuß bot, aber die Einzelheit vermissen ließ. Hervorragende Beispiele für diese Art der Darstellung sind die von Monten, Eckert, Elsholtz, Rechlin, Kaiser und Rabe gezeichneten Blätter.

In Preußen erschienen sofort nach der Reorganisation des Jahres 1860 wegen der Vermehrung der Truppenteile und Neueinteilung der Armee neue Werke von Meinhardt, Burger und Schindler, die in gewohnter Art in Gruppen oder als Einzelfigur die Uniformierung zeigten. Doch die hier vorliegende, von F. W. Hammer herausgegebene Serie beschritt einen völlig neuen Weg, indem sie neben der bis dahin bekannten Darstellung in malerischen Gruppen erstmalig in Preußen genaue Zeichnungen von Einzelheiten, Ausrüstungsstücken und Abzeichen vornahm. Dadurch war ein Werk entstanden, welches auch heute noch wichtig und unübersehbar, damit ein Meilenstein in der Uniformdarstellung ist, weil nur hier die Erscheinungsweise sämtlicher vorhandener Truppenteile gefunden werden kann.

Auf 30 gleich großen Tafeln (Querfolio, Bildgrößen 38 cm × 26 cm) wird in handkolorierter Lithographie die Uniformierung von der Festlegung im Jahre 1860 und damit die Erscheinung der aktiven Truppenteile in den Feldzügen von 1864 und 1866 gezeigt. Wenn auch bei der Erweiterung des Heeres 1867 neue Truppenteile hinzukamen, blieben die Grundzüge auch 1870/71 bestehen und sind dann noch bis zur Auflösung des Reichsheeres 1919 weiterzuverfolgen. Daher besitzt diese Uniformfestlegung auch für das spätere Reichsheer eine überragende Bedeutung. Es gab kaum grundlegende Änderungen.

Über die Qualität der Zeichnungen etwas zu sagen, erübrigt sich. A. v. Werner und R. Meinhardt bürgen mit ihrem Namen für künstlerische Akribie.

Das Werk erschien in den Jahren 1862 bis 1865 in mehreren Lieferungen. Ein Text ist hierzu nicht bekannt, so daß wir einen unserer besten Sachkenner, Herrn Ingo Prömper aus Iserlohn-Letmathe gebeten haben, mit Hilfe seiner umfangreichen Vorschriftensammlung einen solchen aufzustellen. Dieser Text ist – den Umständen entsprechend – kurz, knapp aber doch vollständig und soll die Bildtafeln ergänzen. Wo es möglich war, ist die Tabellenform gewählt worden, um leichte Übersichtlichkeit zu erhalten.

Die Numerierung der Bildtafeln entspricht der ursprünglichen Ausgabe und hat für das vorliegende Werk demnach keine Reihenfolge-Bedeutung. Die Bildtafeln lagen als farbige Beilagen den Ausgaben der „Zeitschrift für Heereskunde" der Jahrgänge 1979 und 1980 bei.

Auch dieser zugehörige Textband wurde nur in geringer Auflage gedruckt, ist daher längst vergriffen und gehört zu den gesuchten Werken des Antiquariatshandels.

Zusammenstellung und Text: Ingo Prömper
Farbtafeln: F. W. Hammer: Das Königlich Preußische Heer in seiner gegenwärtigen Uniformierung. Die Tafeln wurden gezeichnet von A. v. Werner und R. Meinhardt, Berlin 1862–1865

Die Reorganisation brachte für die Bekleidung keine bedeutenden Änderungen. Hier waren im Jahre 1842 schon die großen Reformen erfolgt mit der Einführung des Waffenrockes und Helmes.

Für den Zeitraum von 1855–1868 behielt das „Reglement über die Bekleidung der Truppen im Frieden" von 1855 seine Gültigkeit.

Allgemeines

Zahlreiche Bekleidungs- und Ausrüstungsstücke sind in Schnitt, Farbe und Form für alle Waffen- bzw. Truppengattungen gleich. Zur Vermeidung von Wiederholungen werden in der nachfolgenden Übersicht diese Stücke aufgeführt, so daß bei den Kapiteln der einzelnen Waffen- bzw. Truppengattungen nur noch die Abweichungen hiervon angegeben werden.

Nach § 5 des „Reglement über die Bekleidung der Truppen im Frieden" von 1855 wurde die Bekleidung und Ausrüstung der Unteroffiziere und Gemeinen eingeteilt in: *Großmontierungsstücke, Ausrüstungsstücke, Signalinstrumente, Kleinmontierungsstücke.*

Zu den Großmontierungsstücken gehörten:

1. Die Feldmütze mit Kokarde

Das Grundtuch war von der Farbe des Waffenrockes, Kollers, Attilas bzw. der Ulanka. Der Besatz sowie der Vorstoß um den Deckelrand war von der Farbe der Kragenpatte bzw. des Kragens der vorgenannten Bekleidungsstücke, außer bei den Husaren.

Bei den Schützen, Pionieren und der Artillerie war die Kragenpatte schwarz. Zur besseren Unterscheidung hatte hier der Besatz der Mütze an beiden Seiten Vorstöße von der Farbe des Vorstoßes des Waffenrocks, der gleiche Vorstoß befand sich auch um den Mützenrand.

2. Der Waffenrock

a) Infanterie, Pioniere, Artillerie und Train: Rock und der vorn abgerundete Stehkragen von dunkelblauem Tuche. Vorn 8 Knöpfe, auf der Rückseite geschweifte Schoßtaschenleisten mit jeweils drei Knöpfen. Der Waffenrock war vorn herunter und an den Schoßtaschenleisten mit einem ponceauroten Vorstoß versehen. Die Form und Farbe der Ärmelaufschläge sind bei den einzelnen Truppen beschrieben.

b) Jäger und Schützen: Waffenrock wie vor, aber von dunkelgrünem Tuche, Knöpfe aus Tombak, Vorstöße von ponceaurotem Tuche.

c) Train: Waffenrock wie Infanterie, Knöpfe von Tombak, Vorstöße hellblau.

d) Dragoner: Waffenrock im gleichen Schnitte wie vor, aber von kornblumenblauem Grundtuche. Vorstöße und Knöpfe unterschiedlich je nach Regiment.

Die entsprechenden Bekleidungsstücke der Kürassiere, Ulanen und Husaren wie Koller, Ulanka und Attila sind bei diesen Truppengattungen beschrieben.

3. Die Drillichjacke

Kurze schoßlose Jacke mit stehendem Kragen und einer Reihe von sechs zinnernen Löcherknöpfen. Im Frieden war die Drillichjacke nur für die Mannschaften etatsmäßig. Im Kriege auch für die Unteroffiziere. Bei der Fußartillerie allerdings nur für die Fahrer und berittenen Mannschaften.

4. Die Halsbinde

Aus schwarzem Serge de Berry mit Schnalle.

5. *a) Die Tuchhose für die Fußtruppen:* Langes Beinkleid von graumeliertem Tuche mit Schlitz. In den Seitennähten ponceauroter Vorstoß. Die Tuchhose wurde ohne Strippen getragen und war mit grauer Leinwand gefüttert. Sie besaß keine Taschen.

b) Die Reithose: für die Kavallerie, reitende Artillerie, Fahrer und berittenen Mannschaften der Fußartillerie.

Langes Beinkleid von graumeliertem Tuche mit Schlitz und je nach Truppenteil verschiedenfarbigem Vorstoß in den Seitennähten.

Das Gesäß, die ganze innere Beinlänge sowie der untere Rand mit schwarzem Kalbleder besetzt. An jedem Bein unten ein Schlitz mit vier Haken und Ösen, sowie lederne Strippen mit Schnallen, keine Taschen.

6. Die leinene Hose für die Fußtruppen

Langes Beinkleid von weißer Leinwand mit zinnernen oder ledernen Knöpfen. Keine Taschen. Sonst nach dem Schnitt der Tuchhose.

7. Die Stallhose bei der Kavallerie

Langes Beinkleid von grauer Leinwand mit zinnernen oder ledernen Knöpfen. Keine Taschen.

8. *a) Der Mantel der Fußtruppen und Artillerie:* graues Grundtuch mit Kragenpatten von der Farbe der Kragenpatten der Waffenröcke, Schulterklappen von der Farbe des Grundtuches des Waffenrockes mit einem Vorstoß von der Farbe der Schulterklappen des Waffenrockes. Vorn eine Reihe von sechs Knöpfen in derselben Farbe wie am Waffenrock, hinten am Verengerungslatz ein Knopf.

b) Der Mantel der Kavallerie: Grundtuch grau, Schulterklappen und Kragenpatten verschiedenfarbig. Knöpfe haben die gleiche Farbe wie beim Koller usw.

Der Mantel der berittenen Truppen war länger als bei den Fußtruppen. Er hatte hinten einen Reitschlitz, der mit vier schwarzen Hornknöpfen zugeknöpft werden konnte. Es war auch erlaubt, den Verengerungslatz breiter zu machen und mit zwei Knöpfen zu versehen.

Ausrüstungsstücke

für die Fußtruppen (Infanterie, Jäger, Schützen und Pioniere)

1. *a) der Helm:* Aus schwarzlackiertem Leder mit Vorder- und Hinterschirm.

Metallene Beschläge: Schirmschiene, Hinterschiene, Spitze mit Kreuzblatt und Schuppenketten. Als Dekoration auf der Vorderseite ein Adler von verschiedener Form und Ausstattung je nach Truppenteil. Auf der rechten Seite unter der Schuppenkette die preußische schwarz-weiße Kokarde.

b) der Tschako: Die Jäger und Schützen trugen statt des Helmes einen schwarzen Ledertschako mit Augen- und Nackenschirm. An der Vorderseite wurde das schwarzweiße Feldzeichen getragen. Statt des Helmadlers entweder der königliche Namenszug FWR oder eine messingne Agraffe mit Knopf. Rechts unter der Befestigungsrosette der Schuppenkette befand sich außerdem die schwarz-weiße Kokarde.

Mit AKO vom 8.11.1860 wurde ein neues Tschako-Modell eingeführt. Der Tschako war jetzt bedeutend niedriger und hatte statt der Schuppenkette lederne Kinnriemen. Dieses Modell ist aber nicht abgebildet; es wird in den Farbtafeln noch das Modell von 1854 gezeigt.

2. Tornister mit Trageriemen

Von rauhem Kalbfell mit hölzernem Einsatzkasten und ledernem weißem oder schwarzem Trageriemen. Jäger und Schützen hatten einen Tornister von Dachsfell mit hölzernem Einsatzkasten und schwarzledernen Trageriemen.

3. Leibriemen mit angenähter Säbeltasche

aus weißem oder schwarzem Leder. Messingnes Koppelschloß mit einem neusilbernen Schild, darauf Krone mit der Umschrift: „Gott mit uns".

4. Mantelriemen

(zwei für jeden Mann), Kochgeschirr mit Riemen (zur Parade in weißer oder grauer Leinwandhülle), Brotbeutel aus grauer Leinwand.

5. Säbeltroddel

Band und Quast von weißer Wolle, Schieber, Eichel und Kranz verschiedenfarbig nach Bataillon und Kompanie.

6. Schanzzeug im Futteral

wie Feldbeil, Kreuzhacke, Spaten in einer für jeden Truppenteil bestimmten Anzahl.

7. Für die mit Feuergewehren bewaffneten Mannschaften zwei schwarzlederne Patronentaschen (Pioniere nur eine).

Die Kavallerie hatte u. a. folgende Ausrüstungsstücke gemeinsam:

1. Mantelsack

für Kürassiere durch AKO vom 6.4.1854 abgeschafft, wurde aber noch aufgetragen.

2. Säbelkoppel

bei Kürassieren und Dragonern breit aus weißsämischem Leder mit messingner Schnalle nebst Trage- und Schleppriemen, zum Überschnallen; bei den Husaren schmal von schwarz-lohgarem Leder mit drei Ringen sowie messingnem Hakenschloß nebst Trage- und Schleppriemen. Die Ulanen trugen ein schmales weißsämisches Säbelkoppel nebst Trage- und Schleppriemen sowie messingnem Hakenschloß.

Bei den Husaren und Ulanen wurde das Säbelkoppel als Unterschnallkoppel getragen.

3. Kartusche

von schwarzem Leder mit oder ohne Deckelverzierung, dazu weißes Bandolier mit messingnen Beschlägen. Karabiner-Bandelier bei Dragonern und Husaren von weißsämischem Leder mit Messingbeschlägen.

4. Säbeltroddel *(Faustriemen)*

Rotjuchtener Riemen mit Schieber. Der Kranz mit Quaste war von Wolle. Husaren trugen alles aus schwarzem Leder.

5. Sporen

von diesen mit geraden Hälsen und achtzackigen Rädern. Beim Regiment Gardes du Corps und Garde-Kürassier-Regiment hatten die Sporen gebogene Hälse.

Die Fuß-Artillerie trug die Ausrüstungsstücke der Infanterie, die reitende Artillerie sowie die berittenen Mannschaften der Train-Bataillone weitgehendst die Ausrüstung der Kavallerie.

Soweit für die Offiziere die gleichen Montierungs- und Ausrüstungsstücke vorgesehen waren, stimmten diese in Form und Farbe mit denen der Mannschaften überein. Das Tuch war aber allgemein von besserer Qualität und auch modische Einflüsse spielten eine große Rolle.

Nur für die Offiziere vorgesehen war der Paletot und der Überrock. Der Paletot war von dunkelgraublauem Tuch, hatte auf der Brust zwei Reihen von je sechs Knöpfen, Rollaufschläge, geschweifte mit je drei Knöpfen besetzte Schoßtaschenleisten und Verengungssteg.

Der Kragen war (hochgeschlagen), innen von der Grundfarbe des Waffenrockes, außen von der Farbe des Rockkragens bzw. der Kragenpatte. War der Waffenrockkragen mit Samt besetzt, so war der Paletotkragen außen auch aus Samt.

Neben dem Paletot konnten noch *Mäntel* getragen werden. Diese waren gleichfalls aus graublau-meliertem Tuche mit weiten Ärmeln und mit einem großen Überfallkragen. Dieser sollte bei ausgestrecktem Arm bis zu den Fingerspitzen reichen. Darüber befand sich noch der Halskragen in der gleichen Farbe wie der Kragen des Paletots. Der Mantel hatte nur eine Reihe von sechs gewölbten Knöpfen.

Ein typisches Offizierbekleidungsstück war der Überrock. Dieser konnte außer Dienst und zum kleinen Dienst anstelle des Waffenrocks getragen werden. Er war fast knielang, hatte vorn herunter zwei Reihen je sechs flacher Knöpfe, Rollaufschläge und auf der Rückseite zwei gerade Taschenleisten mit je zwei Knöpfen. Knopffarbe wie beim Waffenrock. Vollfarbiger vorn abgerundeter Stehkragen. Ärmelaufschläge und Taschenleisten mit farbigem Vorstoß versehen.

Die Offiziere der Fußtruppen trugen schwarz-grau-melierte lange Tuchhosen mit ponceauroten Biesen und Sprungriemen von Leder oder Tuch. Bei den berittenen Offizieren der Fußtruppen war die Hose mit Leder oder Tuch verstärkt. Im Sommer wurden lange weißleinene Beinkleider ohne farbige Biese aber mit Sprungriemen getragen. Beim Dienst zu Pferde aber ständig die graue Tuchhose, auch wenn die Mannschaften die weiße Hose trugen. Zur Gala wurden lange weiße Hosen aus Kasimir ohne farbige Vorstöße und mit Sprungriemen getragen.

Die Beinbekleidung der Offiziere der berittenen Truppen war sehr unterschiedlich, so daß diese bei den einzelnen Truppengattungen beschrieben wird.

Grund- und Abzeichenfarbe der Überröcke

Truppengattung	Grundfarbe	Kragen	Kragenvorstoß	Vorstöße und Brustklappenfutter
Infanterie	schwarz	ponceaurot	dunkelblau	ponceaurot
Jäger	schwarz	ponceaurot	dunkelgrün	ponceaurot
Garde-Schützen	schwarz	schwarz Samt	ponceaurot	ponceaurot Brustklappenfutter grüner Samt
Ing. Korps und Pioniere	schwarz	schwarz Samt	ponceaurot	ponceaurot
Fuß-Artillerie	schwarz	schwarz Samt	ponceaurot	ponceaurot
Kürassiere	dunkelblau	wie Farbe der Kragenpatten des Kollers (Rgt. Nr. 6 ponceaurot)	dunkelblau (G. K. ponceaurot, Rgt. Nr. 1 u. 8 weiß)	wie Kragenfarbe des Überrockes (G. K. ponceaurot, Rgt. Nr. 1 u. 8 weiß)
Dragoner	kornblumblau	wie Kragenpatten am Waffenrock	kornblumblau	wie Kragenfarbe des Überrockes
Ulanen	dunkelblau	wie Waffenrockkragen	dunkelblau (Rgt. Nr. 12 weiß)	wie Kragenfarbe
reit. Artillerie	dunkelblau	schwarz Samt	ponceaurot	ponceaurot
Train	dunkelblau	hellblau	dunkelblau	hellblau

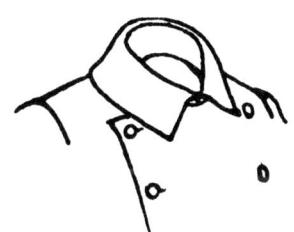 

Paletot

Abzeichen der Offiziere

Zum Parade-, Dienst- und Hof-Gesellschaftanzug wurde von allen Offizieren (außer Husaren) die Schärpe über dem obersten Kleidungsstück angelegt. Sie wurde um den Leib getragen und bestand aus einem silbernen 3,5–4,0 cm breiten Bande mit zwei Streifen von schwarzer Seide durchwirkt. An der linken Seite befanden sich zwei unten offene 25–30 cm lange silberne Quasten und Frangen mit Füllung aus Silber und schwarzer Seide. Die Adjutanten trugen die Schärpe en bandolière von der rechten Schulter zur linken Hüfte. Das Band der Adjutanten-Schärpe war 6 cm breit.

Die Husaren-Offiziere trugen an ihrer Stelle die besondere zur husarischen Ausrüstung gehörende Husaren-Schärpe. Diese wurde aber nur über dem Attila getragen. Adjutanten mit Husaren-Uniform trugen zusätzlich die allgemeine Adjutanten-Schärpe. Am Degen bzw. Säbel wurde das Portepee getragen. Das Portepee zum Infanterie-Offizier-Degen bestand aus einem silbernen 1,6 cm breiten mit schwarzer Seide durchwirkten Band mit silberner Quaste, Eichel und Schieber. Die Quaste mit schwarzseidener Füllung.

Zum Säbel und Pallasch wurde ein Portepee mit schwarzledernem mit drei silbernen Streifen durchzogenem Faustriemen und Schieber, silberner Quaste, schwarzseidener Füllung und silberner schwarz durchwirkter Eichel getragen.

Die Kokarde am Helm und an der Mütze, sowie das Feldzeichen am Tschako waren schwarz-silbern.

Als Rangabzeichen trugen alle Offiziere (außer Generale zum gestickten Waffenrock und Husarenoffiziere) auf beiden Schultern des Waffenrocks bzw. Überrockes Epauletten. Diese hatten je nach Knopffarbe goldene oder silberne Monde, mit silbernen Fransen bei Stabsoffizieren bzw. Frangen bei Generalen. Felder und Schieber waren von farbigem Tuch. Um den Schieber lief eine silberne, an den Rändern zweimal schwarz durchzogene Tresse. Das Unterfutter der Epauletten war ponceaurot, bei hell- bzw. karmesinroten Kragenpatten in dieser Farbe; bei Kürassieren von der Farbe der Kragenpatten des Kollers, bei den Ulanen von der Kragenfarbe. Die Epauletten wurden mit dem Schieber durch die Passanten gezogen und am Schulterknopf befestigt. Die Passanten waren mit der Schiebertresse besetzt und hatten das gleiche Futter wie die Epauletten.

Die einzelnen Dienstgrade unterschieden sich durch goldene Sterne im Epaulette-Feld. Befanden sich Nummern oder Namenszüge auf dem Epaulette-Feld wurde ein Stern darunter getragen, zwei Sterne jeweils links und rechts davon. Die Nummern bzw. Namenszüge waren gleichfalls goldfarben. Etwaige Abweichungen sind bei den betreffenden Truppenteilen vermerkt.

Offizierseitenwaffen

Die Infanterie-Offizierdegen in schwarzer Lederscheide mit messingnen Beschlägen wurde am schwarzen Unterschnallkoppel in einer schwarzen Ledertasche von allen Offizieren der Infanterie, soweit die Regimenter weißes Koppelzeug hatten, sowie von den Offizieren des Ingenieurs-Corps der Pioniere und den Zeug-Offizieren getragen. (1)

Der gebogene Füsilier-Offizier-Säbel in schwarzer Lederscheide mit messingnen Beschlägen wurde von den Füsilier-Offizieren (Infanterie-Regimenter bzw. Bataillone mit schwarzem Lederzeug) den Jäger- und Schützen-Offizieren am schwarzen Unterschnallkoppel in einer schwarzen Ledertasche getragen. (2) Degen und Säbel wurden durch einen Schlitz im Waffenrock- und Überrockschoß gesteckt.

Berittene Offiziere der Fußtruppen trugen zum Felddienst einen Schleppsäbel in Stahlscheide mit messingnem Korb. Dieser wurde an einem schwarzen Glanzleder-Unterschnallkoppel mit Trage- und Schleppriemen getragen. (4)

Die Offiziere der Kavallerie, außer denen der Kürassiere, hatten den Kavallerie-Säbel M 52. Diese hatten gußstählerne Handkörbe und eiserne Scheiden. (3) Daneben wurden noch einfache Bügelsäbel, deren Bügel vergoldet und mit einem Löwenkopf verziert waren, als Interimswaffe getragen.

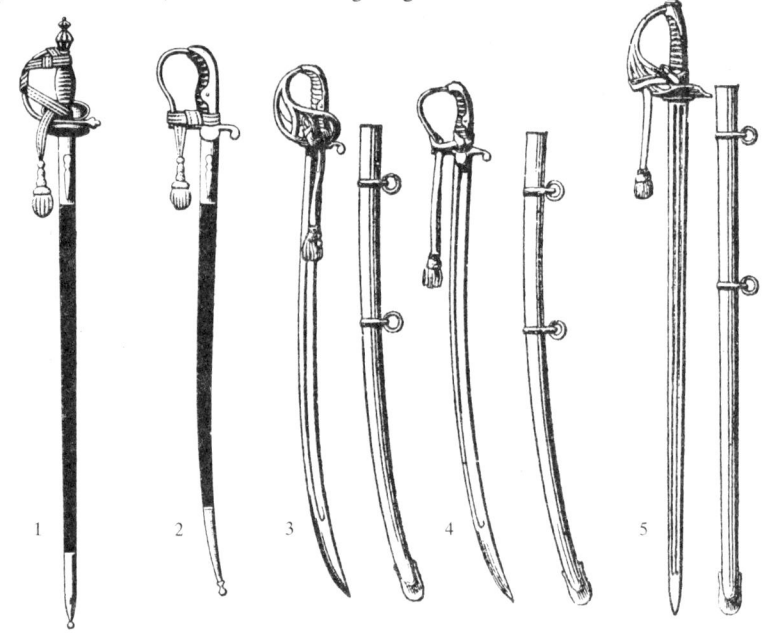

Bei den Kürassieren trug man Pallasche und zwar zwei verschiedene Modelle. Einmal handelte es sich um französische Beutestücke, zum andern um einen Pallasch russischer Form. Beide hatten gerade eiserne Klingen und eiserne Scheiden. Die französischen Pallasche hatten den messingnen Korb mit drei, die russischen mit zwei Seitenbügeln. Die französischen Pallasche wurden getragen beim Gardes du Corps und den Kürassier-Regimentern 1, 6 und 7. (5)

Zum kleinen Dienst und außer Dienst trugen die Offiziere den Stichdegen in schwarzer Lederscheide.

Die Offiziere der Artillerie und des Trains trugen den Bügel- bzw. Löwenkopf-Säbel, Train-Offiziere auch den Kavallerie-Säbel M 52. Die Unterschnallkoppel sind bei den einzelnen Waffengattungen beschrieben.

Abzeichen der Unteroffiziere

Die Unteroffiziere trugen die gleichen Bekleidungs- und Ausrüstungsstücke wie die Mannschaften. Um Kragen und Ärmelaufschläge der Waffenröcke, Koller, Ulankas und Attilas trugen sie Tressen von Gold oder Silber je nach Knopffarbe. Bei der Garde und den Husaren-Regimentern waren die Tressen facioniert, bei den übrigen Truppen glatt.

Sitz und Form der Tresse geht aus den Abbildungen hervor. Die Unteroffiziere trugen besondere Säbeltroddeln und zwar bei den Fußtruppen von schwarz-weißer Wolle, bei den Truppen zu Pferde ein Faustriemen mit rotjuchtenem Riemen und Schieber daran Quast und Kranz von schwarz-weißer Wolle. Bei den Husaren-Unteroffizieren ist der Riemen und Schieber aus schwarzem Leder. Bei dem Garde-Schützen-Bataillon und allen Jäger-Bataillonen trugen die Unteroffiziere die Bezeichnung Oberjäger. Die Säbeltroddel hatte hier Band und Quast von grüner Seide mit Silber durchzogen.

Die Sergeanten trugen die gleichen Abzeichen zusätzlich auf jeder Kragenpatte bzw. jeder Kragenseite des Waffenrockes usw. einen Knopf mit dem Wappenadler in Höhe des Schulterknopfes. Feldwebel, bei der Kavallerie, reitenden Artillerie und Train Wachtmeister, sowie die Obermeister und Oberfeuerwerker bei den technischen Instituten und der Feuerwerks-Abteilung wie Sergeanten. Sie trugen aber die Offizierseitenwaffen am Mannschaftskoppel, dazu das Portepee, an Helm und Mütze die Offizier-Kokarde und am Tschako, der Tschapka und der Husarenmütze das Offizier-Feldzeichen.

Die Dienstgrade Vize-Feldwebel, Vize-Wachtmeister, Vize-Oberfeuerwerker und Vize-Obermeister bestanden nur bei der Landwehr. Sie trugen die gleichen Abzeichen wie die Feldwebel. Gemeinsames Dienstgrad-Abzeichen am Mantel war für alle Unteroffiziere ein glatter Knopf auf den Kragenpatten.

Neben der Feldmütze durften die Feldwebel, Wachtmeister und Gleichgestellte Schirmmützen tragen. Außerdienstlich konnten sich Unteroffiziere und Mannschaften der Fußtruppen Schirmmützen anschaffen.

Die Unteroffiziere und Mannschaften der reitenden Truppenteile durften weder im noch außer Dienst Schirmmützen tragen. Dieses war nur den Wachtmeistern erlaubt.

Die Offizier-Anwärter, Avantageure genannt, trugen die Uniform der Mannschaften. Sobald sie zum Fähnrich befördert waren, trugen sie Unteroffizier-Uniform, dazu das Portepee und die Offizierkokarden bzw. das Feldzeichen der Offiziere. Nach bestandenem Offizier-Examen durften sie die Offizierseitenwaffe am Mannschaftskoppel anlegen. Auch war es ihnen gestattet, den Überrock der Offiziere allerdings mit Mannschafts-Schulterklappen zu tragen. Kragentressen wurden nicht angelegt. Zum Überrock wurde die Seitenwaffe bei den Fähnrichen der Fußtruppen durch den linken Rockschoß gesteckt. Die Portepee-Fähnriche der berittenen Waffen trugen die entsprechende Seitenwaffe zum Überrock untergeschnallt. Wachtmeister und auch Fähnriche der Kürassiere trugen keinen Stichdegen. Dieser war den Offizieren vorbehalten.

Am Drillichrock war das einzige Uffz.-Abzeichen eine weiße schwarzdurchzogene 7 mm breite Borte um den Kragen.

Abzeichen der Hautboisten, Trompeter und Spielleute

Die Hautboisten und Trompeter der Kavallerie sowie die Hornisten der Garde-Schützen und der Jägerbataillone trugen die Uniform der Unteroffiziere dazu die Schwalbennester. Diese waren aus Tuch von der Kragenfarbe und mit Unteroffiziertresse besetzt. Bei den Kürassieren und Dragonern waren sie aus Tuch von der Abzeichenfarbe, bei den Husaren der Attilafarbe. Die Hautboisten der Garde-Infanterie (außer Grenadier-Regimenter), die Trompeter der Garde-Feldartillerie sowie die Hornisten des Garde-Schützen- und Jägerbataillons hatten an den Schwalbennestern silberne oder goldene 3 cm lange Frangen. Die Trompeter der Kürassiere trugen keine Kürasse.

Die Hilfsmusiker trugen die Schwalbennester der etatmäßigen Hautboisten bzw. Trompeter, am Kragen und den Ärmelaufschlägen jedoch keine Unteroffiziertressen und auch nicht die Unteroffiziertroddel.

Die Stabshautboisten der Infanterie, die Stabshornisten der Jägerbataillone und die Stabstrompeter der Kavallerie der Artillerie konnten zu den Schwalbennestern goldene bzw. silberne 7 cm lange Frangen tragen. Waren die Stabshautboisten bzw. Stabstrompeter Feldwebel/Wachtmeister, so trugen sie zusätzlich deren Abzeichen und die Offizierseitenwaffe. Die Regiments- und Bataillonstamboure hatten die gleichen Abzeichen wie die Hautboisten, bei der Garde-Infanterie und Garde-Artillerie auch die silbernen bzw. goldenen 7 cm langen Frangen an den Schwalbennestern.

Die Tamboure, Pfeifer und Hornisten tragen an den Schwalbennestern Borten, die bei den Truppen, welche Litzen tragen, von der Farbe und Beschaffenheit der Litzen bei den übrigen Truppen aber von weißer Wolle sind.

Bei sämtlichen Garde-Truppen (außer Garde-Grenadieren) haben diese an den Schwalbennestern noch Frangen von Farbe und Beschaffenheit der Borten.

Tragen Truppenteile Haarbüsche, so werden von allen Spielleuten, Hautboisten bzw. rote Haarbüsche, bei den Husaren von roter und weißer Farbe getragen.

Der sonst senkrechte Besatz der Schwalbennester war bei der Kavallerie und der reitenden Artillerie schräg gesetzt.

Unterscheidungszeichen nach der inneren Einteilung der Truppenteile

Die I. und II. Bataillone der Garde- und Linieninfanterie-Regimenter trugen weißes Lederzeug, die III. (Füsilier-)Bataillone und die Füsilier-Regimenter schwarzes Lederzeug. Die Garde-Infanterie-Regimenter außer Garde-Füsilier-Regiment hatten für die I. und II. Bataillone weiße Haarbüsche, die III. (Füsilier)-Bataillone und das Garde-Füsilier-Regiment trugen schwarze Haarbüsche. Die Kompanien, Batterien und Eskadrons wurden durch arabische Nummern auf den Schulterklappenknöpfen gekennzeichnet. An den Farben der Säbeltroddeln bzw. Faustriemen konnte man gleichfalls die Kompanien usw. erkennen. Es wurden im einzelnen getragen:

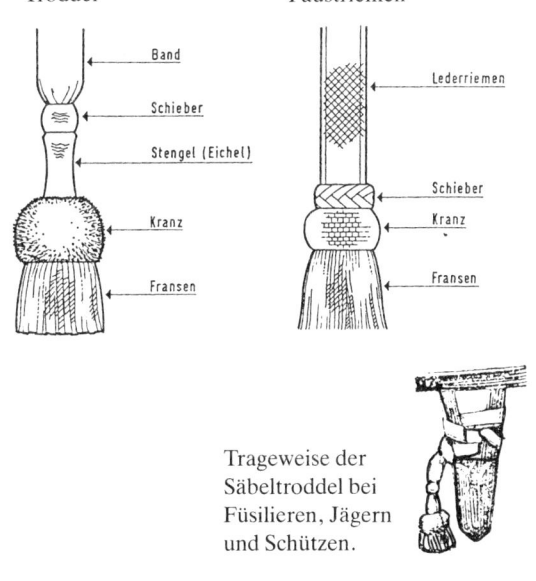

Troddel   Faustriemen

Band

Schieber

Stengel (Eichel)

Kranz

Fransen

Lederriemen

Schieber

Kranz

Fransen

Trageweise der Säbeltroddel bei Füsilieren, Jägern und Schützen.

Infanterie

Bataillon		I.				II.				III. (Füs.)		
Komp.	1.	2.	3.	4.	5.	6.	7.	8.	9.	10.	11.	12.
Schieber	weiß	rot	gelb	hellblau	weiß	rot	gelb	hellblau	weiß	rot	gelb	hellblau
Eichel	weiß	weiß	weiß	weiß	rot	rot	rot	rot	gelb	gelb	gelb	gelb
Kranz	weiß	rot	gelb	hellblau	weiß	rot	gelb	hellblau	weiß	rot	gelb	hellblau

Artillerie (Fußabteilungen)

Fuß-Abt.	Eichel	Batt.	Schieber u. Kranz
1.	weiß	1. 12 Pf.	weiß
		1. gezogene	rot
		1. Haubitz	gelb
2.	rot	2. 12 Pfd.	weiß
		2. gezogene	rot
		2. Haubitz	gelb
3.	gelb	3. 12 Pf.	weiß
		3. gezogene	rot
		3. Haubitz	gelb

Festungsartillerie

Festg. Abt.	Eichel	Kompanie	Schieber u. Kranz
1.	hellblau	1.	weiß
2.	hellgrün	2.	rot
		3.	gelb
		4.	hellblau

Kavallerie außer G. d. C. u. Husaren

Eskadron	1.	2.	3.	4.
Kranz	weiß	rot	gelb	hellblau
Quast	weiß	weiß	weiß	weiß

Mannschaftsdienstgrade

Die Gefreiten hatten auf jeder Kragenpatte bzw. Kragenseite des Waffenrockes, Kollers, Ulanka oder des Attilas einen Knopf mit dem Wappenadler wie die Sergeanten bzw. Feldwebel aber von kleinerer Form. Sonst trugen sie alles wie die Mannschaften, zu denen sie ja auch gehörten. Bei der Artillerie gab es noch den Dienstgrad des Obergefreiten, dieser trug Sergeantenknöpfe und die Unteroffiziertroddel bzw. den Unteroffizierfaustriemen.

Besondere Abzeichen

Kapitulanten

Gefreite und Gemeine, die sich über die gesetzliche Dienstzeit weiter verpflichteten, trugen eine besondere Säbeltroddel, deren Band weiß, Eichel, Quast und Kranz schwarz und weiß wie bei der Unteroffizierstroddel war der Schieber in der Bataillonsfarbe also wie die Eichel der allgemeinen Troddel, im Schieber eine Wellenlinie in den Kompaniefarben. Bei der Kavallerie rotjuchtener, bei Husaren schwarzer Faustriemen daran Quast mit Kranz und Eichel von schwarzer und weißer Wolle, über der Eichel ein runder Knopf von Wolle in den Eskadronsfarben. Dazu wurde am Ende der Schulterklappe eine weiße zweimal schwarzdurchzogene leinene Borte getragen. Bei den Ulanen saß diese Borte auf den Epaulettenhaltern und bei den Husaren wurde eine schwarz-weiß wollene Schnur in besonderer Anordnung am unteren Ende der Achselschnur getragen (s. Abbildung). Das Kapitulantenabzeichen saß auch auf den Schulterklappen der Mäntel.

Fußtruppen   Knopf   Achselklappe für Kapitulanten der Cürassiere und Dragoner   Achselschnur der Kapitulanten bei den Husaren.

Lehrinfanterie-Bataillon

Die zum Lehrinfanterie-Bataillon kommandierten Unteroffiziere und Mannschaften trugen am unteren Ende der Schulterklappen, der Waffenröcke und Mäntel eine rote wollene, bei roter Schulterklappe gelbe Schnur.

Reitschule

Die zur Militär-Reitschule kommandierten Unteroffiziere und Gefreiten trugen am unteren Ende der Schulterklappen des Kollers, Waffenrocks und Mantels eine wollene Schnur, die bei den Kürassieren von der Farbe der Kragenpatten des Kollers, bei den Dragonern von der Farbe der Knöpfe und bei den Ulanen und der reitenden Artillerie von roter Farbe, bei roten Schulterklappen aber von gelber Farbe war. Die Schnur wurde bei den Epauletts zwischen beiden Halbmondspitzen getragen. Die Husaren trugen Achselschnüre von der Farbe des Attilas mit der Schnurfarbe gemischt. Auf den Schulterklappen wurden am Ende Schnüre in denselben Farben getragen.

Einjährig Freiwillige

Die einjährig Freiwilligen trugen eine schwarz-weiß wollene Schnur um die Schulterklappen bzw. Achselschnüre. Bei Truppen mit Epauletten um den Epaulettschieber. Auf den Schulterklappen der Mäntel wurde die Schnur gleichfalls getragen.

Abzeichen der zur Zentral-Turnanstalt kommandierten Unteroffiziere

Unteroffiziere, denen bei der Entlassung von der Zentral-Turnanstalt die Qualifikation als Lehrer-Gehilfen für den Unterricht in gymnastischen Übungen und dem Bajonettfechten das Prädikat „Sehr gut" erteilt worden ist, erhielten ein Abzeichen, das am oberen Rande der Schulterklappen der Waffenröcke und Mäntel, bei den Ulanen auf dem oberen Rande zwischen den Schuppen der Epauletten über dem Schulterknopf winkelförmig und bei den Husaren längs der Mitte der Achselschnur angebracht war. Das Abzeichen bestand aus Schützenborte. (Abbildung Tafel X/7 und oben rechts).

Schießauszeichnungen

Die besten Schützen der Infanterie, Jäger, Schützen und Pioniere erhielten schwarz-weiße Bandborten, die bei den brandenburgischen Aufschlägen auf den Ärmelplatten und bei schwedischen Aufschlägen über diesen getragen wurden. Die Schießauszeichnungen konnten in drei Klassen erworben werden; die erste Klasse saß zu unterst auf dem Aufschlag. Bei der Infanterie-Schießschule bestand die Auszeichnung aus einer weißen Bandborte mit zwei schwarzen Streifen, sie wurde an derselben Stelle wie die einfachen Schießauszeichnungen getragen und konnte auch dreimal erworben werden. Wer sich in dem Kommando besonders bewährte, erhielt auf den Aufschlägen Knöpfe mit heraldischem Adler statt der glatten Knöpfe.

Generale

a) Helm von schwarzlackiertem Leder mit eckigem Vorder- und abgerundetem Hinterschirm. Schirm und Hinterschiene sowie die vierteilige, kleeblattförmige Grundlage des Aufsatzes mit Perlringen waren vergoldet. Die Blätter waren mit kleinen Sternchen auf dem Helmkopfe befestigt. Die ausgekehlte Aufsatzspitze war zum Aufschrauben eingerichtet; sie konnte zur Parade und zur Gala durch den Haarbuschtrichter ersetzt werden.

An der Frontseite befand sich der vergoldete Gardeadler mit Devisenband, darauf der versilberte Gardestern mit buntemailliertem Mittelschild.

Zur Parade und zur Gala wurde ein weißer Federbusch mit schwarzer Füllung getragen. Die Schuppenketten waren vergoldet.

b) Gestickte Generaluniform. Dunkelblauer Waffenrock mit schräg eckig geschnittenen Kragen, schwedischen Ärmelaufschlägen und geschweiften Schoßtaschenleisten. Kragen und Ärmelaufschläge von ponceaurotem Tuche, desgleichen die Vorstöße vorn herunter und an den geschweiften Schoßtaschenleisten. Kragen, Ärmelaufschläge und die Schoßtaschenleisten waren mit reicher goldener Eichen-laubstickerei versehen. Vorn herunter zwölf vergoldete gewölbte Knöpfe; vom Kragen bis zur Taille acht, die restlichen vier auf dem Vorderschoß. Auf den beiden Schoßtaschenleisten je drei und auf den Ärmelaufschlägen je zwei vergoldete Knöpfe. Auf den Schultern jeweils ein kleinerer Knopf. Auf der rechten Schulter wurde ein zum Anhaken eingerichtetes 7 cm breites goldenes Geflecht mit Achselschnüren getragen. Auf der linken Schulter befand sich eine zum Anknüpfen eingerichtete gewundene silberne schwarzdurchwirkte Raupe. Die Rangsterne waren für das goldene Geflecht aus Silber, für die silberne Achselraupe vergoldet. Zwei Sterne wurden auf dem goldenen Geflecht nebeneinander, auf der silbernen Achselraupe aber hintereinander angebracht. Der gestickte Rock wurde nur zur Parade und zur Gala getragen.

c) Interims-Waffenrock. Dunkelblauer Waffenrock mit unter dem Kinn abgerundetem Kragen mit Vorstoß von blauem Tuch. Kragen, schwedische Ärmelaufschläge ohne Stickerei von ponceaurotem Tuche, vorn herunter und an den Schoßtaschenleisten ponceaurote Vorstöße. Knöpfe wie am gestickten Waffenrock. Als Rangabzeichen wurden hierzu Epauletten getragen. Die Generalepauletten hatten silberne Felder, silberne Halbmonde sowie silberne dicke feststehende Bouillons. Die Rangsterne waren vergoldet, Feldmarschallstäbe versilbert.

Tafel II

1. Kragen, 2. Ärmelaufschlag, 3. Taschenleiste der Generale (Gala), 4. Achsel-Kantille der aktiven, 5. der zur Disposition gestellten, 6. der Generale außer Dienst, 7. Achselschnur der Generale, 8. Ausschnitt davon (Platt-Rundschnur), 9. Achselschnur der Generaladjutanten (Ketten-Rundschnur), 10. Epaulette eines aktiven Generalleutnants, 11. eines Generalmajors zur Disposition, 12. eines Generals der Inf., der zugleich Generaladjutant und Chef des 1. schles. Gren.-Rgts. (Nr. 10) ist.

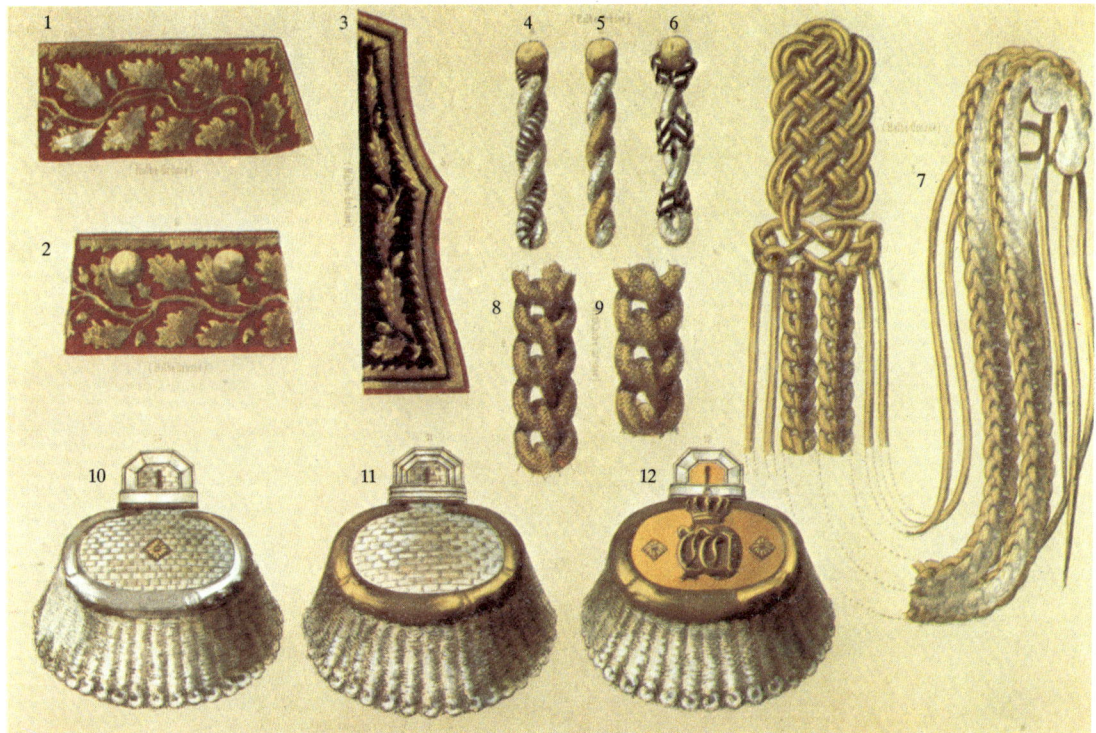

Tafel I

Von links: General der Kavallerie als Chef des Kürassierregiments Nr. 8 in Parade, General der Infanterie in Parade, Generalmajor im Dienstanzug, Generaladjutant, General der Infanterie als Chef eines Regiments.

d) Überrock. Generale der Infanterie schwarze Grundfarbe, der Kavallerie und Artillerie dunkelblaue Grundfarbe. Kragen, Brustklappenfutter sowie Vorstöße ponceaurot. Hierzu wurden die Epauletten getragen.

e) Beinkleider. Schwarz-graumelierte lange Tuchhosen mit ponceauroten Biesen, diese waren von je 4 cm breiten roten Streifen gesäumt. Zur Gala wurden die langen weißen Hosen aus Kasimir getragen.

f) Paletot bzw. Mantel. Kragen außen ponceaurot mit dunkelblauem Vorstoß, innen dunkelblau. Brustklappenfutter ponceaurot.

g) Dienstmütze. Grundtuch in Farbe des Waffenrockes, Besatzstreifen und Deckelvorstoß ponceaurot.

h) Seitenwaffen. Infanterie- und Ingenieurgenerale trugen den Infanterie-Offizierdegen am Unterschnallkoppel wie die Infanterie-Offiziere.

Kavallerie- und Artilleriegenerale trugen den Pallasch, Kavalleriesäbel bzw. Artilleriesäbel je nach ihrem früheren Dienstverhältnis an einem 2 cm breiten mit Goldtresse besetztem ponceaurot gefütterten Unterschnallkoppel. Die aus der Kürassierwaffe Hervorgegangenen konnten zum kleinen Dienst auch den Stichdegen tragen.

Generaladjutanten

a) Helm wie Generale
b) Mütze wie Generale
c) Waffenrock. Dunkelblau mit ponceaurotem Kragen, schwedischen Ärmelaufschlägen und Vorstößen. Auf Kragen und Ärmelaufschlägen goldene Kolbenstickerei. Zu dem Waffenrock wurden die Generalsepauletten getragen, auf dem Epaulettfeld der Königliche Namenszug nebst Krone in Gold. Nach einer AKO vom 8. 1. 1861 wurde bestimmt, daß die von dem verstorbenen König Friedrich Wilhelm IV. ernannten Generaladjutanten weiterhin dessen Namenszug F. W. mit Krone unverändert beibehielten, die danach ernannten Generaladjutanten erhielten das gotische W mit Krone. Zu den Epauletten wurde ein goldenes Achselband in der Form der Achselbänder der Generale getragen.

Alle übrigen Bekleidungsstücke waren die der Generale.

General á la suite

Alles wie Generaladjutanten, Helmbeschläge, Litzen, Knöpfe, Achselbänder sowie den Königlichen Namenszug und den Besatz des Säbelkoppels in Silber.

Flügeladjutanten

Diese trugen die gleiche Uniform wie die Generale á la suite mit folgenden Abweichungen: Statt des weißen Federbusches wurde zur Parade usw. ein weißer Haarbusch getragen, die Epauletten mit silbernen Halbmonden und silbernen Feldern sowie dem Königlichen Namenszug nebst Krone in Gold entsprechend ihrem Dienstgrad. Der Paletot hatte kein rotes Brustklappenfutter. Es wurde die Seitenwaffe derjenigen Truppengattung getragen, welcher sie zuletzt angehörten.

Besondere Anordnungen für Generaladjutanten, Generale á la suite und Flügeladjutanten

AKO vom 7. Mai 1861. Flügeladjutanten, die vor ihrer Ernennung bei Füsilierbataillonen, Füsilierregimentern oder Jägerbataillonen gedient haben, sollten den Füsiliersäbel weiterhin tragen.

AKO vom 28. September 1861. Die Generaladjutanten und Generale á la suite, welche Truppenkommandos führten, trugen den Königlichen Namenszug zur gestickten Uniform auf den Generalsachselbändern und auf der Generalskantille. Gemäß AKO vom 18. April 1863 sollte bei Generaladjutanten der Namenszug in Gold, bei Generalen á la suite in Silber sein.

Wenn zur kleinen Generalsuniform oder zum Überrock die Schärpe getragen wurde, hatten die Generaladjutanten und die Generale á la suite das Achselband anzulegen.

Die beim König dienstuenden Generaladjutanten, Generale á la suite und Flügeladjutanten trugen zum Überrock stets das Achselband sobald sie die Schärpe anlegten.

Flügeladjutanten, welche Truppenkommandos hatten, konnten zur Regimentsuniform das Flügeladjutanten-Achselband in Silber tragen; zum Paradeanzug war dieses stets anzulegen.

Die General- und Flügeladjutanten, welche Husaren-Uniformen trugen, befestigten das Achselband auf der Schulternaht ohne Schulterstück.

AKO vom 5. Mai 1863. Generaladjutanten, welche gleichzeitig Regimentschef sind, hatten das Generaladjutanten-Achselband stets in Gold zu tragen, auch zu denjenigen Uniformen, welche silberne Knöpfe hatten.

KM vom 28. Mai 1861. Generaladjutanten, die zugleich Chefs von Infanterie-Regimentern sind, hatten zu den Uniformen ihrer Regimenter in den Epauletts den Königlichen Namenszug dergestalt zu tragen, daß die in glänzendem Metalle anzufertigende Chiffre auf der von mattem Golde gestickten Regimentsnummern lag.

Generale als Regimentschefs und Generale á la suite von Regimentern, Kriegsminister, Chef des Generalstabes der Armee, Generalinspekteure

Die Generale als Regimentschefs, der Kriegsminister, der Chef des Generalstabes der Armee, die Generalinspekteure der Artillerie und das Ingenieur-Corps trugen die Uniform des betreffenden Regiments oder die zuständigen Uniformen der in Frage kommenden Corps. Die Waffenröcke waren nur mit 8 Knöpfen versehen. An den Paletots wurde aber das ponceaurote Brustklappenfutter getragen.

Die Generalsepauletten hatten zu diesen Uniformen Halbmonde in der Knopffarbe. Generale mit Husarenuniformen trugen auf jeder Schulter eine dicke schwarzdurchwirkte gewundene silberne Raupe, darauf die Gradsterne in Gold.

Gemäß KM vom 2. Mai 1844 wurde angeordnet, daß die Chefs von Infanterie- und Dragoner-Regimentern bei Paraden auf dem Helm den weißen Generalsfederbusch und die Chefs der Husaren-Regimenter zur Husarenmütze einen weißen Reiherbusch zu tragen hatten.

Auch die Chefs von Artillerie-Regimentern trugen zum Truppenhelm den Generalsfederbusch und die Chefs der Ulanen-Regimenter zur Tschapka einen Reiherbusch.

Lt. AKO vom 28. September 1861 hatten die Chefs der Kürassier-Regimenter zum Paradeanzug den Federbusch auf dem Kürassierhelm sowie weiße Beinkleider mit den langen Kürassierstiefeln zu tragen. Beim Regiment Gardes du Corps und dem Garde-Kürassier-Regiment wurde der Paradeadler getragen. Die AKO vom 28. September 1861 ordnete gleichfalls an, daß Generaladjutanten als Regimentchefs zur Regimentsuniform das Achselband der Generaladjutanten tragen konnten, und zwar je nach der Farbe der Knöpfe in Gold oder Silber. Erschienen sie in Regimentsuniform im Paradeanzug und trugen sie den Federbusch zum Helm, so war dieses stets anzulegen. Außer bei den Kürassier- und Husarengeneralen wurde stets die Generalshose getragen. Die sonst zur Truppenuniform noch gehörigen Ausrüstungsstücke und die zu dieser gehörigen Seitenwaffe wurden gleichfalls getragen.

Oberste in Generalstellung

Gemäß AKO vom 31. Juli 1860 sollten Oberste, die sich in Generalstellung befanden, folgende Kopfbedeckung tragen:

1. Wenn dieselben Flügeladjutanten sind, oder dem Kriegsministerium, dem Generalstabe, der Infanterie, den Jägern, den Dragonern, der Artillerie und dem Ingenieur-Corps angehören, – den Generalshelm; – im Paradeanzug mit einem weißen Haarbusch;

2. Wenn sie den Kürassieren angehören, zum Regimentshelm den Generalsadler und im Paradeanzug einen weißen Haarbusch;

3. Wenn sie den Husaren angehören, zur Regiments-Pelzmütze den Generalsadler und im Paradeanzug einen weißen Reiherbusch;

4. Wenn sie den Ulanen angehören, die Regiments-Tschapka stets ohne Überzug mit dem Generalsadler und im Paradeanzuge mit einem weißen Reiherbusch.

Oberste der Kavallerie, welche Brigadekommandeure waren, trugen zur Regimentsuniform gemäß AKO vom 20. November 1851 nicht die Kartusche.

Kriegsministerium

a) Helm wie Generale mit weißem Haarbusch zur Parade.

b) Waffenrock von dunkelblauem Tuch mit eckig geschnittenem Kragen, schwedischen Ärmelaufschlägen und Vorstößen von karmesinrotem Tuch. Auf Kragen und Ärmelaufschlägen goldene Kolbenstickerei. Knöpfe vergoldet, die Epaulettenhalter karmesinrot gefüttert. Epauletten mit vergoldeten Halbmonden und mit Feldern und Unterfutter von karmesinrotem Tuch.

c) Überrock von schwarzem oder dunkelblauem Grundtuche, je nach Truppengattung, aus der die betreffenden Offiziere hervorgegangen sind. Kragen und Brustklappenfutter sowie Vorstöße karmesinrot.

d) Mantel oder Paletot mit nach außen karmesinrotem Kragen.

e) Dunkelblaue Mütze mit karmesinrotem Besatzstreifen und Deckelvorstoß.

f) Beinkleider wie die Fußtruppen-Offiziere mit karmesinroten Vorstößen und breiten karmesinroten Tuchstreifen zu beiden Seiten der Vorstöße.

Als Seitenwaffe wurde diejenige der Truppengattung getragen, aus denen die betreffenden Offiziere hervorgingen.

Generalstab

Die gleiche Uniform wie die Offiziere des Kriegsministeriums nur Helmbeschläge, Stickereien, Knöpfe, Epaulettenhalbmonde in Silber.

Die Generalstabs-Offiziere außer dem Chef des Generalstabes und den Chefs der Truppengeneralstäbe trugen die Adjutantenschärpe.

Persönliche Adjutanten der Prinzen des Königlichen Hauses

Gemäß AKO vom 17. Oktober 1861 hatten die persönlichen Adjutanten der Prinzen des Königlichen Hauses folgende Uniformen zu tragen:

a) Helm der Flügeladjutanten aber mit silbernem Dragoneradler und goldenen Schuppenketten sowie weißem Haarbusch.

b) Blauer Waffenrock mit silbernen Knöpfen, ponceaurotem Kragen und Ärmelaufschlägen sowie Vorstößen. Der Kragen sowie die polnischen Ärmelaufschläge waren mit silbernen Tressen und Stickerei besetzt (s. Abbildung).

c) Zum Waffenrock wurde das silberne Achselband der Flügeladjutanten getragen.

d) Epauletten mit ponceauroten Feldern sowie silbernen Monden.

e) Beinkleider wie Infanterie-Offiziere aber zu beiden Seiten der roten Biese noch 4 cm breite rote Streifen.

f) Überrock, Paletot oder Mantel mit rotem Kragen und silbernen Knöpfen. Wird die Adjutantenschärpe zum Überrock angelegt, so wird auch das Achselband getragen.

g) Mütze wie Infanterie-Offiziere.

Nach der AKO vom 4. Februar 1862 konnten diese Adjutanten auch Regimentsuniform tragen, aber mit dem für Flügeladjutanten vorgeschriebenen silbernen Achselband.

Offiziere von der Armee

Offiziere in besonderen Dienststellungen außerhalb eines Truppenverbandes konnten zu den Offizieren von der Armee versetzt werden.

Auch konnten verabschiedete Offiziere, denen keine Regimentsuniform verliehen war, die Armeeuniform erhalten.

Fußtruppen-Offiziere trugen den Waffenrock der Linien-Infanterie jedoch mit schwedischen Aufschlägen, Kavallerie-Offiziere hatten aber statt der roten Vorstöße weiße. Auch trugen die Offiziere der Fußtruppen den Helm der Linien-Infanterie, die Kavallerie-Offiziere den Dragonerhelm. Zur Parade trugen alle aktiven Armee-Offiziere den weißen Haarbusch.

Tafel III   Von links: Major vom Generalstab im Dienstanzug, Flügeladjutant in Parade, General à la suite in Gala, Hauptmann als persönlicher Adjutant,
Generaladjutant als Chef eines Infanterieregiments, Flügeladjutant als Oberst des Dragonerregiments Nr. 2, Oberst vom Kriegsministerium in Parade,
Major der Adjutantur in Gesellschaftsanzug.

1. Kragen, 2. Ärmelaufschlag eines Flügeladjutanten (gold = Generaladjutant), 3. Kragen, 4. Ärmelaufschlag eines Offiziers der Adjutantur, 5. Kragen, 6. Ärmelaufschlag eines Offz. des Kriegsministeriums (silber = Generalstab), 7. Epaulette eines Flügeladjutanten (Major), 8. eines Offz. von der Adjutantur (Oberstleutnant), 9. eines Offz. des Kriegsministeriums (Oberst), 10. Sattelüberdecke für Flügeladjutanten, Offz. der Garde-Rgtr. z. F., des Garde-Füsilierrgts., Garde-Jäger, Garde-Schützen, 11. für Offiziere des Kriegsministeriums, des Generalstabs, der Adjutantur, der Linien-, Landwehrinfanterie, Jäger und Offz. von der Armee. (Sattelüberdecken nach Farbe des Waffenrocks, Tressen nach Knopffarbe), 12. Portepee der Infanterie, 13. der Kavallerie.

Die Mütze war dunkelblau mit rotem Besatzstreifen und Deckelvorstoß, bei den Kavallerie-Offizieren mit weißem Deckelvorstoß.

Der Überrock, war schwarz, bei den Kavallerie-Offizieren dunkelblau; diese hatten auch um die Ärmelaufschläge und die Schoßtaschenleisten weißen Vorstoß. Die Seitenwaffe war die der letzten Dienststellung.

Leib-Gendarmerie

Als Stamm für die künftigen Stabswachen im Kriege wurde durch AKO vom 12. Februar 1820 die Bildung einer besonders uniformierten Armee-Gendarmerie befohlen. Diese Armee-Gendarmerie war auf die einzelnen Armee-Corps aufgeteilt, davon waren ein Wachtmeister, zwei Unteroffiziere und 20 Mann zum Dienst beim König mit der Bezeichnung „Garde-Reserve-Armee-Gendarmerie-Kommando" bestimmt. 1843 nahm dieses Kommando die Bezeichnung „Leib-Gendarmerie" an. Nach Auflösung sämtlicher Kommandos 1851 wurden die Leib-Gendarmen durch Königliche Ordonnanzen ersetzt, die ihre Regimentsuniform beibehielten. 1852 erhielten sie wieder eine besondere Uniform und ab 1854 hießen sie wieder Leib-Gendarmen. Als Kopfbedeckung wurden die eisernen Helme der Kürassier-Regi-

menter mit messingnen Beschlägen und Schuppenketten sowie der silberne Gardestern getragen. Zur Parade wurden weiße Haarbüsche aufgeschraubt.

Der Waffenrock war dunkelgrün mit dunkelgrünem eckigem ponceaurot vorgestoßenem Stehkragen, darauf kornblumenblaue am hinteren Rande ponceaurot vorgestoßene Patten nebst zwei gelben Litzen. Hellblaue ponceaurot vorgestoßene polnische Aufschläge nebst einer gelben Litze. Kragen und Aufschläge, da alle Leib-Gendarmen Unteroffiziere waren, mit gemusterter goldener Unteroffiziertresse besetzt. Auf den Schultern Epauletts mit ponceauroten Feldern Unterfutter und Passanten, messingnen Halbmonden sowie messingnen Schuppen auf dem Schieber, im Epaulettfeld wurde der messingne Gardestern getragen.

Der erste Wachtmeister trug zu den Epauletten Offizierpassanten.

Die grauen Hosen mit Lederbesatz hatten ponceauroten Vorstoß und zu jeder Seite des Vorstoßes einen kornblumenblauen Tuchstreifen.

Dunkelgrüne Mützen mit kornblumenblauem Besatzstreifen, Besatzstreifen und Deckel ponceaurot vorgestoßen. Das weiße über dem Rock zu tragende Säbelkoppel hatte eine viereckige Messingschnalle. Als Waffe wurde der Bügelsäbel getragen. Die schwarze Kartusche am weißen Bandelier war mit dem messingnen Gardestern versehen. Der Mantel hatte grünen Kragen mit kornblumenblauen Patten dazu rote Schulterklappen.

1. Helm mit gereifelter Spitze (Generale, General- und Flügeladjutanten, Kriegsministerium, Generalstab, Offz. des 1. Garde-Rgts. z. F. – bzw. auch silber), 2. Helmadler für Dragoner, 3. für Garde, 4. für Linien-Infanterie-Rgtr. 1–12, 5. der übrigen Linientruppen, 6. Grenadieradler, 7. Schulterklappe der Schloßgardekp., 8. Kragen, 9. Ärmelaufschlag, 10. Epaulette, 11. Sattelüberdecke der Leibgendarmerie, 12. Sattelüberdecke und 13. Epaulette der reitenden Feldjäger, 14. Kragen eines Uffz. der Infanterie-Stabswache (Linie, bei der Garde wie 8), 15. Ärmelaufschlag eines Gemeinen (Stabswache), 16. Auszeichnungsknopf für Feldwebel, Sergeanten, 17. für Gefreite.

Der erste Wachtmeister trug die Passantentresse quer über der Schulterklappe. Nach KM vom 11. Juni 1860 war die Uniform des Kommandeurs der Leib-Gendarmerie wie folgt festgesetzt:

Waffenrock wie die Leib-Gendarmen, aber auf den Kragenpatten zwei goldene, auf den Ärmelaufschlägen eine goldene Litze. Hosen wie Leib-Gendarmen. Epauletten mit gelben Halbmonden und ponceauroten Feldern darin der Gardestern. Stahlhelm mit Gardestern und weißen Roßhaarbusch. Auf der Kartusche silberner Gardestern am goldenem grün unterlegtem Tressenbandelier. Unterschnallkoppel von weißlackiertem Leder; dazu der Bügel- bzw. Löwenkopfsäbel.

Schloß-Garde-Kompanie

Durch AKO vom 30. März 1829 wurde zur Beaufsichtigung der Königlichen Schlösser und Gärten sowie zum Wachtdienst bei feierlichen Gelegenheiten im Inneren der Schlösser eine Garde-Unteroffizier-Kompanie errichtet.

Mit AKO vom 3. Oktober 1861 wurde sie in Schloßgarde-Kompanie umbenannt. Die Kompanie hatte eine Kopfstärke von 70 Mann, darunter ein Feldwebel-Leutnant, zwei Feldwebel-Sergeanten, 5 Feldwebel-Unteroffiziere und 62 Unteroffiziere.

Mit AKO vom 3. September 1861 erhielt die Kompanie Waffenröcke. Diese waren von dunkelblauem Tuche mit ponceaurotem eckigem Kragen und schwedischen Ärmelaufschlägen sowie ponceauroten Vorstößen um die geschweiften Schoßtaschenleisten. Das Vorderteil war mit 14 weißen Bandlitzen nebst Puscheln besetzt. Auf den schwedischen Ärmelaufschlägen saßen zwei Bandlitzen mit Puscheln. Jeweils am Ende der Bandlitzen saß ein silberner Knopf. Um Kragen und Ärmelaufschläge wurde die silberne gemusterte Unteroffiziertresse der Garde getragen. Zum Galaanzug wurden zu diesen Röcken weißleinene Gamaschenhosen getragen. Hinzu kam die Grenadiermütze in Form der Grenadiermütze des I. und II. Bataillons 1. Garde-Regiments zu Fuß; die Stirnbleche, Schuppenketten und Granaten waren aber silberfarben.

Altpreußischer Säbel mit schwarz-weißem Unteroffizierstroddel. Nach 25jähriger vorwurfsfreier Gesamtdienstzeit wurde die Erlaubnis zum Anlegen des Offizierportepees erteilt. König Friedrich Wilhelm IV. hatte aus Anlaß seines 50jährigen Dienstjubiläums am 15. Oktober 1855 Unteroffizieren mit 25jähriger Dienstzeit zum gewöhnlichen Dienste das Anlegen des Offizierdegens mit der Königskrone auf dem Degenknauf gestattet.

Säbel und Degen wurden stets am breiten weißen Lederkoppel en bandoliere getragen; auch die schwarze Patronentasche mit dem silbernen Gardestern auf dem

Deckel wurde am breiten weißen Patronentaschenbandolier über der linken Schulter getragen. Das Bajonettgewehr wurde am rotledernen Gewehrriemen getragen.

Feldwebel trugen die gleiche Uniform, die Unteroffiziertressen am Kragen und Aufschläge waren aber breiter. Auch trugen sie statt des Säbels den Infanterie-Offizierdegen, dessen Knopf mit goldener Königskrone geschmückt war nebst Offizierportepee.

Zum gewöhnlichen Dienst trugen die Unteroffiziere dunkelblauen Überrock mit ponceaurotem eckigen Stehkragen mit silberner Unteroffiziertresse. Vorn herunter zwei Reihen je 6 silberner Knöpfe; ponceaurote Vorstöße um Ärmelaufschläge und Schoßtaschenleisten. Im Winter wurden hierzu dunkelgraue Hosen mit ponceauroter Biese, im Sommer weißleinene Hosen getragen.

Der einreihige graue Infanteriemantel hatte einen ponceauroten Stehkragen. Die Achselklappen zu allen Bekleidungsstücken waren weiß und trugen den Königlichen Namenszug *FWR* aus Bronze mit der vergoldeten Königskrone darüber. Zum Ordonnanzanzug wurden Infanteriehelme mit eckigem Augenschirm nebst neusilbernem Gardeadler und Gardestern und silberner Schuppenkette getragen. Zum gewöhnlichen Dienst und außer Dienst war die dunkelblaue Tuchmütze mit ponceaurotem Besatzstreifen und Deckelvorstoß sowie schwarzledernem Schirm vorschriftsmäßig.

Reitendes Feldjäger-Corps

Das von Friedrich dem Großen 1740 aufgestellte reitende Feldjäger-Corps war für den Kurierdienst bestimmt. Das Feldjäger-Corps sollte sich aus Förstersöhnen, die sich dem höheren Forstfach widmeten, ergänzen. Es bestand aus Oberjägern (Offizieren) und Feldjägern.

Als Kopfbedeckung wurde der Helm der Garde-Dragoner-Offiziere getragen dazu zur Parade schwarzer Haarbusch. Dunkelgrüner Waffenrock mit ponceauroten Kragenpatten, schwedischen Ärmelaufschlägen und Vorstößen.

Gemäß AKO vom 2. Dezember 1847 trugen die Offiziere (Oberjäger) auf den Kragenpatten und den Aufschlägen jeweils zwei goldene gestickte Litzen. Feldjäger, denen der Offiziergrad verliehen war, trugen Offizierepauletten und zwei goldene Litzen auf den Kragenpatten, aber keine auf dem Ärmelaufschlag und auch keine Schärpe. Die Feldjäger mit Wachtmeisterrang trugen auf den Kragenpatten und den Aufschlägen jeweils zwei Litzen aus Seide mit goldenem Streifen in der Mitte.

Die Epauletten hatten goldene Halbmonde, dunkelgrünes Feld mit rotem Unterfutter. Dazu die Offiziere und Feldjäger mit Offizier-Charakter um den Epaulettschieber und über die Passanten die silberne schwarzdurchwirkte Epauletthaltertresse. Die Feldjäger mit Wachtmeisterrang trugen die gleichen Epauletten, aber um Epaulettschieber und auf den Passanten goldene Unteroffiziertresse.

Dunkelgraue Hosen mit ponceauroter Biese. Als Seitenwaffe wurde der Löwenkopf-Säbel am schwarzen Unterschnallgehenk getragen.

Die Überröcke waren dunkelgrün, hatten ponceauroten Kragen und Vorstöße. Paletotkragen hochgeschlagen, nach innen dunkelgrün außen ponceaurot mit grünem Vorstoß.

Dunkelgrüne Mützen mit ponceauroten Besatzstreifen und Deckelvorstoß.

Stabswachen

Für die im Mobilmachungsfalle vorgesehenen Stabswachen der höheren Kommandobehörden war folgende Bekleidung vorgesehen:

1. Waffenröcke von dunkelgrünem Grundtuche mit Kragenpatten und Ärmelaufschlägen von kornblumenblauem Tuch, Vorstöße vorn herunter, an den Taschenleisten, Kragen und Ärmelaufschlägen von ponceaurotem Tuch.

Die Infanterie-Stabswache trug brandenburgische, die Kavallerie-Stabswache polnische Ärmelaufschläge. Die Ärmelpatten der brandenburgischen Aufschläge waren von dunkelgrünem Grundtuch mit ponceaurotem Vorstoß. Goldene Knöpfe.

Der Kragen war bei den Infanterie- und Kavallerie-Stabswachen des Garde-Corps eckig geschnitten. Auf den Patten saßen zwei gelb-kamelgarnene Litzen mit kornblumenblauen Spiegeln. Die Kavallerie-Stabswachen des Garde-Corps hatten auf den polnischen Ärmelaufschlägen eine gelb-kamelgarnene Litze mit kornblumenblauem Spiegel. Die Unteroffiziertressen waren bei den Stabswachen des Garde-Corps gemustert. Die Stabswachen der Provinzial-Armee-Corps hatten abgerundeten Kragen mit einer gelb-kamelgarnenen Litze auf den Kragenpatten. Auf den Ärmelaufschlägen wurden keine Litzen getragen. Die Unteroffiziertresse war glatt. Die Infanterie-Stabswachen trugen ponceaurote Schulterklappen, die der Provinzial-Armee-Corps darauf die arabische Armee-Corps-Nummer in gelber Schnur. Die Kavallerie-Stabswachen trugen Epauletten mit messingnen Halbmonden und Schuppen. Epaulettfelder und Unterfutter von ponceaurotem Tuche. Bei den Provinzial-Armee-Corps wurde im Epaulettfeld die Armee-Corps-Nummer in gelber Schnur getragen.

2. Mäntel für die Infanterie-Stabswache wie bei der Invanterie, für die Kavallerie-Stabswache wie bei der Kavallerie. Beide mit kornblumenblauen Kragenpatten. Schulterklappen von ponceaurotem Tuche mit der arabischen Armeecorpsnummer in gelber Schnur.

3. Kopfbedeckung. Infanterie-Stabswache des Garde-Corps lederne Helme wie bei der Garde-Infanterie mit tombaknen Beschlägen, auf dem Gardeadler der neusilberne Stern zusätzlich das Bandeau mit der Inschrift „Mit Gott für König und Vaterland".

Die Infanterie-Stabswachen der Provinzial-Armee-Corps trugen den gleichen Helm wie die Linien-Infanterie mit messingnen Beschlägen dazu den Linienadler mit dem Namenszug FR und mit dem Bandeau mit der Inschrift „Mit Gott für König und Vaterland".

Die Kavallerie-Stabswache des Garde-Corps trug eisernen Kürassierhelm mit messingnen Beschlägen, darauf der neusilberne Gardestern mit schwarzem Adler in rotkupfernem Felde mit Kranz und Umschrift: „Suum cuique" und dem Devisenbande mit der Inschrift „Mit Gott für König und Vaterland".

Die Kavallerie-Stabswachen der Provinzial-Armee-Corps trugen den gleichen Helm aber mit dem Wappenadler und dem Namenszuge FR wie bei der Infanterie-Stabswache und dem Bandeau mit der Inschrift „Mit Gott für König und Vaterland".

Das Lederzeug war allgemein weiß; Infanterie-Stabswachen hatten das messingne Koppelschloß mit neusilbernem Schild. Die Kavallerie-Stabswachen trugen Säbelkoppel wie die Kürassiere.

Tafel V Von links: Schloß-Gardekompanie, General im Dienstanzug mit Paletot, Leib-Gendarmerie, Feldwebel der Schloß-Gardekompanie im Interimsanzug. Reitender Feldjäger, Offiziere von der Armee (Vorder- und Rückansicht), Infanterie-Stabswache.

Infanterie – Garde-Regimenter

1. Garde-Regiment zu Fuß, 2. Garde-Regiment zu Fuß, 3. Garde-Regiment zu Fuß, 4. Garde-Regiment zu Fuß, Garde-Füsilier-Regiment.

Kaiser-Alexander-Garde-Grenadier-Regiment Nr. 1,

Kaiser-Franz-Garde-Grenadier-Regiment Nr. 2,

3. Garde-Grenadier-Regiment Königin Elisabeth,

4. Garde-Grenadier-Regiment Königin

Helm von schwarzlackiertem Leder mit Vorder- und Hinterschirm und metallenen Beschlägen. Die Helmbeschläge waren bei Regimentern mit Messingknöpfen von Tombak. Die Schuppenketten waren bei allen Regimentern aus Tombak. Das 1. bis 4. Garde-Regiment zu Fuß sowie das Garde-Füsilier-Regiment trugen den Gardeadler mit neusilbernem Stern und dem Devisenband mit der Inschrift „Mit Gott für König und Vaterland". Die 4 Garde-Grenadier-Regimenter trugen den Grenadieradler mit dem Devisenband und der gleichen Inschrift wie vor.

Die Helmspitze war zum Abschrauben eingerichtet, es konnte an deren Stelle der Haarbuschtrichter aufgeschraubt werden. Alle Garde-Infanterie-Regimenter trugen Haarbüsche, und zwar bei den Bataillonen mit weißem Lederzeug weiße, bei den Bataillonen mit schwarzem Lederzeug schwarze Haarbüsche. Für die Spielleute aller Bataillone und Dienstgrade war der Haarbusch rot.

Die Knopfnadel des Haarbuschtrichters war aus blankem Metall, für die Unteroffiziere mit weißen Haarbüschen jedoch schwarz, mit schwarzen und roten Haarbüschen weißlackiert.

Die dunkelblauen Waffenröcke hatten für alle Regimenter eckigen Kragen. Die ponceauroten Kragenpatten waren mit je zwei weißleinenen Litzen besetzt. Das 1. bis 4. Garde-Regiment zu Fuß und das Garde-Füsilier-Regiment hatte schwedische Ärmelaufschläge mit jeweils zwei weißleinenen Litzen besetzt. Die Knöpfe waren beim 1. Garde-Regiment zu Fuß und beim Garde-Füsilier-Regiment weiß, beim 2. bis 4. Garde-Regiment zu Fuß aus Messing.

Die Unteroffizierstresse war je nach Knopffarbe silbern oder golden, beim 1. bis 4. Garde-Regiment zu Fuß und dem Garde-Füsilier-Regiment gemustert.

Die Garde-Grenadier-Regimenter Nr. 1–4 hatten ponceaurote brandenburgische Aufschläge mit dunkelblauen Ärmelpatten. Die Knöpfe waren aus Messing, die Unteroffiziertresse golden und glatt.

Die Schwalbennester waren allgemein von ponceaurotem Tuche und bei den Hauboisten mit Unteroffiziertresse und beim 1.–4. Garde-Regiment zu Fuß und dem Garde-Füsilier-Regiment mit silbernen oder goldenen Frangen besetzt. Die Spiel-

Tafel VIII

1. Gren.-Mütze des Füs.-Btls. des 1. Garde-Rgts. z. F., 2. Feldmütze der Infanterie, 3. Kragen, 4. Ärmelaufschlag der Gardeinfanterie, 5. Kragen, 6. Ärmelaufschlag der Offz. der Gardeinfanterie (1. Garde-Rgt. z. F. und Garde-Füsiliere = silbern), Schulterklappen: 7. des 1. Garde-Rgts. z. F., 8. des 2. Garde-Rgts. z. F. mit Auszeichnungsschnur für Lehr-Inf. Btl., 9. des 3. Garde-Rgts. z. F. mit Schnur für Einjährig-Freiwillige, 10. des 4. Garde-Rgts. z. F. mit Kapitulantenabzeichen, 11. Epaulette des 1. Garde-Rgts. z. F., 12. des 2., 3. und Garde-Füs. (gelb), des 4. Garde-Rgts. z. F. (blau), 13. Haken des Tornister-Tragriemens bei der Garde, 14. Leibriemenschloß, 15. Schwalbennest der Spielleute der Gardeinfanterie, 16. der Hautboisten, 17. Unteroffizier-Säbeltroddel, 18. Säbeltroddeln der 1. Kp., 19. der 2. Kp., 20. der 3. Kp., 21. der 4. Kp.

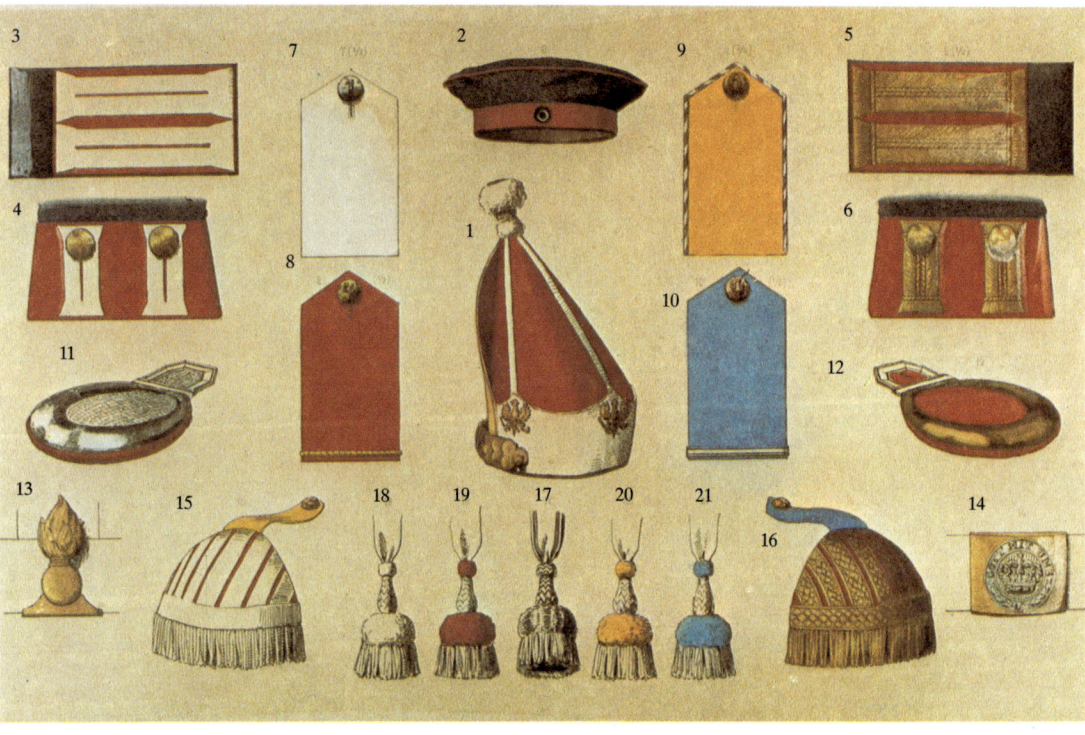

Tafel VII   Von links: Tambour und Grenadier des 1. Garde-Regiments zu Fuß. Grenadiere vom 2. und 3. Garde-Regiment zu Fuß,
Füsilier vom Garde-Füsilierregiment. Major vom 2. Garde-Regiment zu Fuß, Unteroffizier im Ausgehanzug vom 4. Garde-Regiment zu Fuß,
Leutnant vom 1. Garde-Regiment zu Fuß und Oberleutnant vom 4. Garde-Regiment zu Fuß in Paradeanzug.

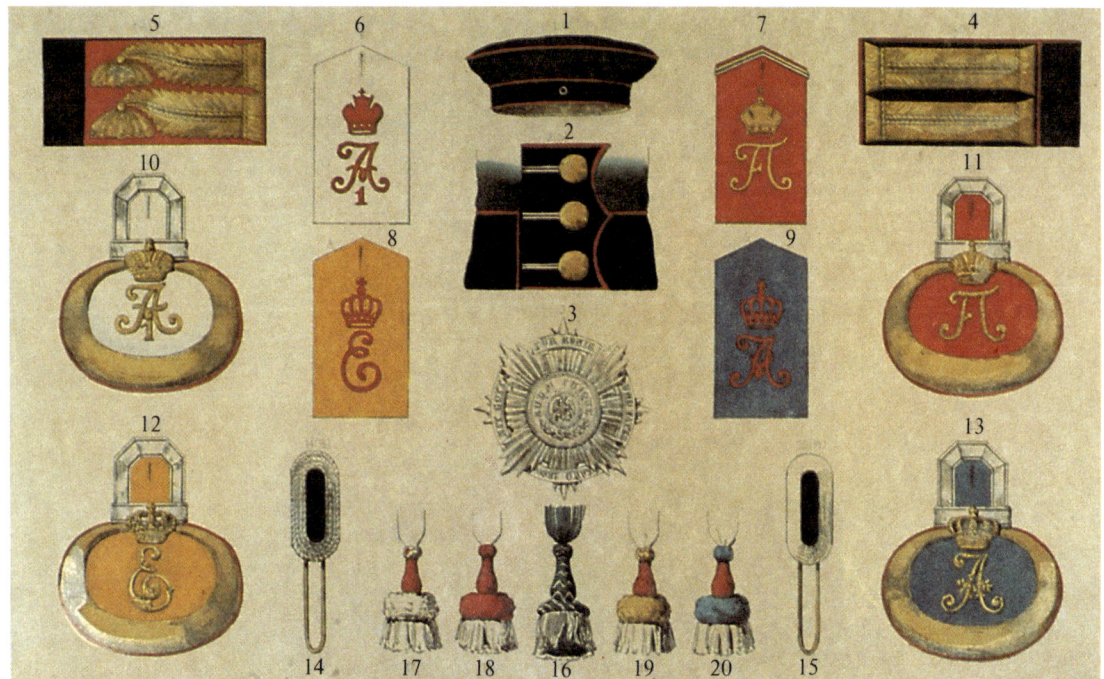

Tafel X

1. Mütze und 2. Aufschlag der Garde-Schützen, 3. Tschakostern der Gardejäger und -schützen, 4. Kragen der Offz. der Garde-schützen 1861, 5. Kragen der Offz. der Garde-Gen.-Rgtr., Schul-terklappen der Garde-Grenadiere: 6. Kaiser Alexander (Nr. 1), 7. Kaiser Franz (Nr. 2), 8. Königin Elisabeth (Nr. 3), 9. König-in (Nr. 4), Offizierspauletts der Garde-Grenadiere: 10. Kaiser Alexander (Nr. 1), 11. Kaiser Franz (Nr. 2), 12. Königin Elisabeth (Nr. 3), 13. Königin (Nr. 4). Feldzeichen am Tschako: 14. Offz. und Feldwebel, 15. Unteroffiziere und Mannschaften. Säbeltrod-del: 16. für Oberjäger, 17. 5. Kp., 18. 6. Kp., 19. 7. Kp., 20. 8. Kp.

leute im gemeinen Rang trugen weißleinene Borten und beim 1.–4. Garde-Regiment zu Fuß und dem Garde-Füsilier-Regiment dazu noch weißleinene Frangen.

Die Schulterklappen hatten folgende Farben: 1. Garde-Regiment zu Fuß weiß; 2. Garde-Regiment zu Fuß ponceaurot; 3. Garde-Regiment zu Fuß gelb; 4. Garde-Regiment zu Fuß hellblau; Garde-Füsilier-Regiment gelb.

Kaiser-Alexander-Garde-Grenadier-Regiment Nr. 1 weiß, Namenszug rot; Kai-ser-Franz-Garde-Grenadier-Regiment Nr. 2 ponceaurot, Namenszug gelb; 3. Garde-Grenadier-Regiment Königin Elisabeth gelb, Namenszug rot; 4. Garde-Grenadier-Regiment Königin hellblau, Namenszug rot.

(Die Form der Namenszüge s. Abbildung).

Das Lederzeug war bei den I. und II. Bataillonen mit Ausnahme des Garde-Füsilier-Regiments weiß, bei den III. Bataillonen und dem Garde-Füsilier-Regimen-tern stets schwarz. Patronentaschen bei allen Regimentern schwarz.

Offiziere

Helme wie Mannschaften, beim 1. Garde-Regiment zu Fuß und dem Garde-Füsilier-Regiment Gardeadler von Silber mit Stern von demselben Metall, beim 2.–4. Garde-Regiment zu Fuß Gardeadler von Gold mit Stern von Silber. Der Mittelschild des Sterns war emailliert. Die Garde-Grenadier-Regimenter trugen den Grenadieradler von Gold.

Die zum 3. Garde-Regiment zu Fuß gemäß Order vom 1. Juli 1860 versetzten Offiziere des 1. Garde-Regiments zu Fuß behielten lt. AKO vom 12. August 1860 den silbernen Helmbeschlag bei, solange sie beim 3. Garde-Regiment zu Fuß verblie-ben.

Die Litzen am Waffenrock waren bei den Offizieren des 1. Garde-Regiments zu Fuß und des Garde-Füsilier-Regiments glatt und aus Silber gestickt. Beim 2.–4. Garde-Regiment zu Fuß trugen die Offiziere auf den Kragenpatten und Ärmelaufschlägen glatte goldene gestickte Litzen. Die Offiziere der Garde-Grena-dier-Regimenter hatten besondere goldene Stickerei (s. Abbildung Tafel X/5). Auf den dunkelblauen Ärmelpatten der brandenburgischen Aufschläge wurden keine Stickereien getragen. Der untere Pattenknopf blieb offen.

Die Epaulettenhalbmonde waren in Knopffarbe, die Epaulettenfelder wie folgt: 1. Garde-Regiment zu Fuß silbern; 2. Garde-Regiment zu Fuß ponceaurot; 3. Garde-Regiment zu Fuß gelb; 4. Garde-Regiment zu Fuß hellblau; Garde-Füsilier-Regi-ment gelb; Kaiser-Alexander-Garde-Grenadier-Regiment Nr. 1 weiß mit goldenem Namenszug und Kaiserkrone; Kaiser-Franz-Garde-Grenadier-Regiment Nr. 2 pon-ceaurot mit goldenem Namenszug und Kaiserkrone; 3. Garde-Grenadier-Regiment Königin Elisabeth gelb mit Namenszug und Königskrone in Gold; 4. Garde-Grena-dier-Regiment Königin hellblau mit Namenszug und Königskrone in Gold (verglei-che Abbildung Tafel X/10, 11, 12 und 13).

1. Kragen der Linieninfanterie (Unteroffz.), Ärmelaufschläge für 2. Infanterie I., III., V. und VII. AK, 3. Infanterie II., IV., VI., VIII. AK (hier Uffz.). Schulterklappen: 4 + 5 I. + II. AK (hier Rgt. 1, Gren.-Rgt. 2), 6 + 7 Infanterie III. und IV. AK (hier Rgt. 20, Gren.-Rgt. 8), 8 + 9 Infanterie V. und VI. AK (hier Rgt. 6, Gren.-Rgt. 7), 10 + 11 Infanterie VII. und VIII. AK (hier Rgtr. 13 und 70). 12. bis 19. Mantelschulterklappen der darüber gezeigten Truppenteile. Offizierepauletts für 20. Gren.-Rgt. Nr. 2, 21. Leib-Gren.-Rgt. Nr. 8, 22. . Königs-Gren.-Rgt. Nr. 7, 23. für Inf.-Rgt. Nr. 13. Helmadler: 26. Gren. Rgt. Nr. 9, 27. Auszeichnungsblech Rgt. 1, 28. Füs.-Rgt. 34. Tschakodekorationen: 24. Jägerbtl. 1, 2, 5 und 6, 25. Jäger-Btl. 3, 4, 7 und 8. Säbeltroddeln: 29. 9. Kp., 30. 10. Kp., 31. 11. Kp., 32. 12. Kp., 33. Kapitulanten (hier 2. Kp.), 34. Unteroffizierschule (hier 1. Kp.), 35. Jäger und Schützen, 36. Kapitulanten der Jäger und Schützen.

Die lt. Ordre vom 1. Juli 1860 vom 1. zum 3. Garde-Regiment zu Fuß versetzten Offiziere sollten lt. AKO vom 12. August 1860 silberne Epaulettfelder mit goldenen Monden tragen solange sie beim 3. Garde-Regiment zu Fuß waren. Die Passantentresse war bei allen Regimentern rot, nur beim Garde-Füsilier-Regiment gelb unterfüttert.

Besonderes:
1. Das 1. Garde-Regiment zu Fuß trug bei Paraden, wenn weiße Hosen getragen wurden, Grenadiermützen in altpreußischer Form. Vorderschild von gelbem Blech darauf der schwarze Adler-Ordensstern darüber die Krone in das Blech eingestanzt, roter Mützensack mit weißen Nähten, Mützenkranz weiß mit zwei Messinggranaten als Schuppenkettenhalter. An der Rückseite des Kranzes gleichfalls eine Granate. Schuppenketten aus Tombak. Mützenpuschel schwarzweiß. Das III. (Füsilier-)Bataillon trug die Mützen von etwas anderer Form. Der Vorderschild stand senkrecht und lag nicht am Mützensack an. Auf dem Mützenkranz befanden sich anstelle der Granaten preußische Messingadler. Fähnriche, Feldwebel und Offiziere hatten die Nähte mit Silbertresse besetzt. Statt der Puschel wurde ein silbern-schwarzer Pompon getragen. Bei den Offizieren war das Vorderschild silbern vergoldet, Krone und Stern in Silber, der Stern emailliert. Die Grenadiermütze wurde von den Offizieren nur getragen, wenn sie zu Fuß waren. Berittene Offiziere trugen den Helm.

2. Die Unteroffiziere, Gemeinen und Kapitulanten trugen bei der 7. und 8. Kompanie des Kaiser-Alexander-Garde-Grenadier-Regimentes Nr. 1 die Säbeltroddel statt am Band an einem rotjuchtenen Riemen. Diese Besonderheit ist der Kompanien durch AKO vom 13. Januar 1842 verliehen worden, da angenommen wurde, daß die früheren Grenadier-Kompanien des altpreußischen Infanterie-Regiments von Schöning, die Stammtruppenteile der beiden Kompanien, diese Auszeichnung am 16. August 1705 in der Schlacht von Cassano erhalten hatten. Das war aber Legende (vergleiche Jany, Die angeblichen Cassanotroddeln des Kaiser-Alexander-Regiments in Zeitschrift für Heereskunde 1932, Seite 391 ff. und Seite 439 ff.)

Infanterie – Linien-Regimenter

Von den 72 Linien-Infanterie-Regimentern hießen die Regimenter Nr. 1 bis 12 Grenadier-Regimenter und die Regimenter Nr. 33 bis 40 Füsilier-Regimenter.

Helm von schwarzlackiertem Leder mit messingnen Beschlägen.

Die Regimenter Nr. 1 bis 12 trugen den Wappenadler mit dem Namenszug *FWR* im Brustschild. Die übrigen Regimenter den Wappenadler mit dem Namenszug *FR* im Brustschild.

Besondere Auszeichnungen:

Das 1. Infanterie-Regiment führt zur Erinnerung an das Jahr seiner Formation als Leibgarde an dem Helm ein gelb-metallenes Schild mit der Jahreszahl 1619.

Das 9. Infanterie-Regiment trägt auf dem Helmadler ein gelbmetallenes Band mit der Inschrift „Colberg 1807" als Auszeichnung für die Verteidigung Kolbergs.

Das 34. Infanterie-Regiment trägt auf dem Helmadler ein Auszeichnungsband mit der Inschrift „Für Auszeichnung d. vormalig. Königl. schwedischen Leib-Rgt. Königin".

Die dunkelblauen Waffenröcke hatten vorn abgerundeten Kragen mit ponceauroten Kragenpatten, sowie brandenburgische ponceaurote Ärmelaufschläge mit ponceauroter Ärmelpatte. Auf der Ärmelpatte saßen drei Knöpfe. Die Knöpfe waren von Tombak, die Unteroffizierstressen golden und glatt.

Zur Unterscheidung der einzelnen Armee-Corps hatten die Ärmelpatten entweder einen weißen oder keinen Vorstoß, die Schulterklappen waren verschiedenfarbig (siehe Aufstellung).

Zur Unterscheidung der einzelnen Regimenter wurden auf den Schulterklappen die arabischen Regimentsnummern in roter Schnur getragen, bei roten Schulterklappen in gelber Schnur. Einzelne Regimenter trugen statt dessen Namenszüge:

Grenadier-Regiment Nr. 2 Namenszug *FWR* IV und Königskrone in rot; Grenadier-Regiment Nr. 7 Namenszug WR und Königskrone in rot; Grenadier-Regiment Nr. 8 Namenszug *FWR* III und Königskrone in gelb.

Auf den Mänteln wurden dunkelblaue Schulterklappen getragen mit Vorstößen in der Schulterklappenfarbe des Waffenrockes und den Nummern bzw. Namenszügen in der gleichen Farbe wie auf den Schulterklappen des Waffenrockes.

Die Offiziere trugen die gleichen Abzeichen, die Epaulettfelder von Farbe der Mannschaftsschulterklappen mit den Regimentsnummern bzw. Namenszügen in Gold. Die Ärmelpatten am Waffenrock wurden nicht geschlossen getragen, der unterste Knopf blieb offen.

Bei den Regimentern Nr. 1 bis 12 wurde von Offizieren, Unteroffizieren und Mannschaften schwarzer, von den Spielleuten roter Haarbusch zur Parade getragen.

Jäger und Schützen

Garde

Garde-Jäger-Bataillon; Garde-Schützen-Bataillon.

Tschako von schwarzlackiertem Leder mit Vorder- und Hinterschirm mit messingnen Randschienen. Am oberen Rand vorn wurde das Nationale (Feldzeichen) und bei Paraden der Haarbusch getragen. An der Vorderseite saß der neusilberne Gardestern. Die Beschläge und die Schuppenketten waren von Tombak. Die Haarbüsche waren schwarz, bei den Spielleuten rot.

Der Waffenrock war dunkelgrün und hatte beim Garde-Jäger-Bataillon ponceaurote Kragenpatten mit zwei gelbkamelgarnenen Litzen und roten Spiegeln auf jeder Patte. Die schwedischen Ärmelaufschläge waren ponceaurot und hatten zwei gelbkamelgarnene Litzen mit roten Spiegeln. Sonstige Vorstöße am Waffenrock ponceaurot. Knöpfe aus Tombak.

Die Garde-Schützen trugen den gleichen Waffenrock aber mit schwarzen Kragenpatten darauf zwei gelb-kamelgarnene Litzen mit schwarzen Spiegeln. Der eckige Kragen war ponceaurot vorgestoßen, desgleichen hatten die schwarzen Kragenpatten an der Rückseite einen ponceauroten Vorstoß. Die Ärmelaufschläge und die geschweiften Ärmelpatten (sogenannte französische Aufschläge) waren von schwarzem Tuche, beide mit ponceaurotem Vorstoß versehen. Litzen wurden auf den Ärmelaufschlägen nicht getragen.

Die Garde-Jäger hatten Schwalbennester von ponceauroten, die Garde-Schützen von schwarzem Tuche. Bei beiden für alle Hornisten einschließlich Stabs-Hornist goldene gemusterte Tressen mit goldenen Frangen.

Die Unteroffiziertressen waren bei den Garde-Jägern und Garde-Schützen gemustert.

Die Feldmütze war von dunkelgrünem Tuche und hatte bei den Garde-Jägern ponceauroten Besatzstreifen und Deckelvorstoß, bei den Garde-Schützen schwarzen Besatzstreifen mit ponceaurotem Vorstoß am oberen und unteren Rande sowie ponceaurotem Deckelvorstoß.

Grenadieradler   Linienadler

Armeekorps	Regiment									Schulterklappen	Ärmelpattenvorstoß
										Abzeichen der Linien-Infanterie-Regimenter 1860–1866	
I.	1.	3.	4.	5.	33.	41.	43.	44.	45.	weiß	weiß
II.	2.	9.	14.	21.	34.	42.	49.	54.	61.	weiß	–
III.	8.	18.	20.	24.	35.	48.	52.	60.	64.	rot	weiß
IV.	26.	27.	31.	32.	36.	66.	67.	71.	72.	rot	–
V.	6.	7.	12.	19.	37.	46.	47.	58.	59.	gelb	weiß
VI.	10.	11.	22.	23.	38.	50.	51.	62.	63.	gelb	–
VII.	13.	15.	16.	17.	39.	53.	55.	56.	57.	hellblau	weiß
VIII.	25.	28.	29.	30.	40.	65.	68.	69.	70.	hellblau	–

Tafel IX   Von links: Hauptmann vom 3. Garde-Grenadierregiment im Dienstanzug, Leutnant der Gardejäger, Feldwebel der Gardeschützen,
Major vom 1. Garde-Grenadierregiment in Parade zu Pferde, Gardejäger zur Parade, Grenadier vom 4. Garde-Grenadierregiment im Feldanzug,
Unteroffizier vom 2. Garde-Grenadierregiment im Mantel.

79

Tafel XI   Von links: Leutnant der Jäger, Major in Parade, Spielmann, auf dem Wagen Infanterist und Zögling der Unteroffizierschule Potsdam, Unteroffizier, Grenadier in Parade, Füsilier mit Schanzzeug an der linken Seite, Jäger vom Jäger-Btl. Nr. 6, Hautboist eines Infanterieregiments.

Beide Bataillone hatten schwarzes Lederzeug. Jäger und Schützen hatten abweichende Säbeltroddel. Die Oberjäger (Unteroffiziere) usw. hatten Band und Quast von grüner Seide mit Silber durchzogen. Jäger und Schützen Band und Quast von grüner Wolle, Kapitulanten Band ebenfalls von grüner Wolle, Quast aber von schwarzer und weißer Wolle.

Die Schulterklappen am Mantel waren für beide Bataillone von ponceaurotem Tuche.

Die Offiziere hatten die gleichen Bekleidungsstücke, trugen am Tschako das schwarz-silberne National und den Gardestern in der für Offiziere bestimmten Ausstattung.

Beim Garde-Jäger-Bataillon waren die Kragenpatten sowie die Ärmelaufschläge mit zwei goldenen Litzen besetzt. Die Epauletten hatten goldene Halbmonde und ponceaurote Felder.

Die Offiziere des Garde-Schützen-Bataillons trugen alle schwarzen Abzeichen aus Samt und hatten auf den Kragenpatten zwei golden gestickte Litzen. Sonst alles wie bei den Garde-Jägern. Als Seitenwaffe wurde der Füsilier-Offiziersäbel getragen.

Der Mantel- bzw. Paletotkragen war bei den Garde-Jägern innen (hochgestellt) von grünem Samt, außen rot mit grünem Vorstoß; bei den Garde-Schützen innen von grünem Tuch, außen von schwarzem Samt, rot vorgestoßen.

8. Linien-Jäger-Bataillone

Die Jäger der Linien-Bataillone trugen die gleiche Uniform wie die Garde-Jäger, mit folgenden Abweichungen:

Der Tschako hatte statt des Gardesterns bei den Jäger-Bataillonen 1, 2, 5 und 6 den Namenszug FWR aus Messing darunter das Bandeau mit der Inschrift „Mit Gott für König und Vaterland".

Die Jäger-Bataillone Nr. 3, 4, 7 und 8 trugen statt dessen eine Agraffe mit Knopf von Messing, darüber am oberen Ende das Bandeau „Mit Gott für König und Vaterland".

Der dunkelgrüne Waffenrock hatte vorn abgerundeten Kragen, ponceaurote Kragenpatten, ponceaurote schwedische Ärmelaufschläge sowie ponceaurote Vorstöße. Auf den ponceauroten Schulterklappen wurde die arabische Bataillonsnummer in gelber Schnur getragen.

Die Unteroffiziertressen waren glatt. Die ponceauroten Schwalbennester hatten für Stabshornisten goldenen Tressenbesatz, für die Hornisten des gemeinen Standes weißwollenen Bortenbesatz. Die Schulterklappen des Mantels waren von dunkelgrünem Tuch mit ponceauroten Vorstößen, darauf die Bataillonsnummer in gelber Schnur.

Die Offiziere trugen auf den ponceauroten Epaulettfeldern die goldene Bataillonsnummer.

Kürassiere

Die *Kürassiere* trugen einen Metallhelm; die beiden Garde-Regimenter und das Regiment Nr. 6 aus Tombak, mit Beschlägen von Neusilber und Schuppenketten aus Tombak.

Die übrigen Regimenter trugen Eisenhelme mit messingnen Beschlägen und dergleichen Schuppenketten.

Die Helmspitze war aus dem Metall des Helmes und konnte beim Regiment der Gardes du Corps und dem Garde-Kürassier-Regiment abgeschraubt und durch einen Adler mit ausgebreiteten Flügeln und der Krone aus Neusilber ersetzt werden. An der Vorderseite trugen die beiden Garde-Regimenter den Gardestern aus Neusilber mit schwarzem Adler in einem rotkupfernen Felde mit einem Kranz und der Umschrift „Suum cuique" sowie einem neusilbernen Band mit der Inschrift „Mit Gott für König und Vaterland".

Die übrigen Kürassier-Regimenter trugen einen Wappenadler von Messing mit dem Namenszug FR sowie dem Devisenbande mit der Inschrift „Mit Gott für König und Vaterland".

Dem Kürassier-Regiment Nr. 2 war zusätzlich ein Auszeichnungsband mit der Inschrift „Hohenfriedberg 4. Juni 1745" verliehen worden. Das Kürassier-Regiment Nr. 6 trug den Wappenadler mit dem Vaterlandsbandeau in Neusilber.

Die Trompeter der beiden Garde-Regimenter trugen zur Parade nicht den aufgeschraubten Adler, sondern rote Haarbüsche.

Hauptbekleidungsstück der Kürassiere war der Koller aus weißem Kirsey. Dieser wurde mit 14 starken Haken und Ösen zugehakt. Knöpfe befanden sich nur auf den Schultern, den schwedischen Aufschlägen und den Schoßtaschenleisten. Auf dem weißen vorn abgerundeten Stehkragen saßen die farbigen Kragenpatten, weiter lief um den oberen und vorderen Kragenrand sowie längs der beiden Vorderteile des Kollers und um die schwedischen Ärmelaufschläge die weißleinene Kollerborte, die an beiden Seiten mit zwei wollenen farbigen Streifen eingefaßt war. Die Ärmel- und Rückennähte sowie die Schoßtaschenleisten und die weißen Schulterklappen waren in Abzeichenfarbe vorgestoßen. Die beiden Garde-Regimenter trugen auf den Kragenpatten und schwedischen Ärmelaufschlägen weißleinene Litzen, und zwar eine auf den Kragenpatten und je zwei auf den Ärmelaufschlägen. Beim Regiment Gardes du Corps hatten die Litzen rote Spiegel, beim Garde-Kürassier-Regiment kornblumenblaue.

Die Unteroffiziertresse war von Knopffarbe, bei den Garde-Regimentern gemustert, bei den Linien-Regimentern glatt, sie wurde am Kragen und den Ärmelaufschlägen so getragen, daß der weiße Mittelstreifen der Kollerborte von der Tresse bedeckt war.

Die abzeichenfarbigen Schwalbennester waren mit Unteroffiziertresse besetzt.

Die Unteroffiziere beider Garde-Regimenter hatten für den Garnisondienst noch einen dunkelblauen Waffenrock mit abgerundetem dunkelblauen Kragen, Kragenpatten und die schwedischen Ärmelaufschläge von Abzeichenfarbe; um den Kragen und die Ärmelaufschläge die gleiche Borte wie am Koller sowie die weißleinenen Litzen. Vorstöße am Waffenrock von Abzeichenfarbe. Silberne Knöpfe. Die gleichen Schulterklappen wie am Koller. Die Gemeinen beider Regimenter sollten statt

Tafel XIII   Von links: Kürassiere in Parade (K.-Rgt. Nr. 6 und Nr. 7), Gardekürassier in Parade zu Pferd. Gardes du Corps in Koller und Mütze, Offizier in Parade, Mann im schwarzen Küraß, Unteroffizier im Appellanzug und Trompeter im Paradeanzug, (alles Regiment Gardes du Corps).

Schabracken: 1. Rgt. Gardes du Corps, 2. Garde-Kürassiere, 3. Feldmütze, 4. Helm vom Kür.-Rgt. 2, Schulterklappen: 5. Gardes du corps, 6. Kür.-Rgt. Nr. 6. Schwalbennester: 7. Kür.-Rgt. Nr. 8, 8. Rgt. Gardes du Corps. Faustriemen: 9. für Unteroffiziere, 10. für Kapitulanten (hier 2. Esk.) 11–14. für die 4 Esk. der Kavall.-Rgtr., 15–22. für die 8. Kp. des Rgts. Gardes du Corps. Kartuschen: 23. Rgt. Gardes du Corps, 24. Linienkürassiere. Kragen, Ärmelaufschlag, Schabracke und Schabrunke der Linienkürassiere: 25. Rgt. 1, 26. Rgt. 2, 27. Rgt. 3, 27. Rgt. 3, 28. Rgt. 4, 29. Rgt. 5, 30. Rgt. 6, 31. Rgt. 7, 32. Rgt. 8.

dessen die alte Dienstjacke weiter tragen. Diese war von dunkelblauem Tuche mit kurzen Schößen und einer Reihe von 8 Knöpfen.

Auf dem dunkelblauem Kragen saßen die Kragenpatten in Abzeichenfarbe, darauf eine weißleinene Litze mit Spiegel in Abzeichenfarbe. Die runden Ärmelaufschläge und die Rockschöße waren mit ponceauroten Vorstößen versehen. Die Schulterklappen waren von weißem Tuche. Es war den Regimentern aber gestattet, anstelle der Jacke auch für die Gemeinen blaue Waffenröcke anfertigen zu lassen.

Am Waffenrock wurden die gleichen Schwalbennester getragen wie am Koller.

Reithosen

Langes Beinkleid von graumeliertem Tuche mit ponceauroten Vorstößen. Besatz von schwarzem Kalbleder.

Das Regiment Gardes du Corps trug weiße Kirsey-Hosen, dazu sogenannte altbrandenburgische Stiefel mit festen Schäften und Stulpen.

Die Kragenpatten auf dem Mantel waren von Abzeichenfarbe, Schulterklappen weiß ohne Vorstoß.

Von den Unteroffizieren und Mannschaften wurde weißledernes Säbelkoppel mit Trag- und Schlepppriemen und mit messinger Schnalle getragen. Weiße Bandoliere mit messingnen Beschlägen dazu schwarzlederne Kartusche. Auf dem Deckel des Kartuschkastens wurde beim Regiment Gardes du Corps der versilberte Gardestern

und bei dem Garde-Kürassier-Regiment der messingne Gardestern getragen. Die Linien-Regimenter hatten ein rundes Messingschild mit dem Adler, das Rgt. 2 (Königin) zusätzlich 2 flammende Granaten (s. unten!).

Küraß

Der eiserne Brust- und Rückenpanzer beider Garde-Regimenter war mit Messingplatten belegt, so daß nur der eiserne blanke Rand frei blieb. Brust- und Rückenschild waren bei beiden Garde-Regimentern durch messingne Ketten verbunden.

Die Kürasse waren mit grauer Leinewand gefüttert und hatten am Hals und Armausschnitt schwarz-weiße Küraßmanschetten.

Das Regiment Gardes du Corps hatte 1814 vom russischen Zaren schwarze Kürasse geschenkt bekommen, die an den Rändern mit roter Wollschnur eingefaßt waren. Sie wurden zu besonderen Gelegenheiten getragen. Die Kürasse der Linien-Regimenter hatten eisernes Brust- und Rückenschild von mit messingnen Schuppen besetzten Riemen zusammengehalten. Die Unteroffiziere der Regimenter Nr. 2 und 6 trugen Brust- und Rückenschild mit einer tombakenen Platte belegt. Die Trompeter trugen keinen Küraß. Weißlederne Stulpenhandschuhe wurden zu Paraden von den beiden Garde-Regimentern getragen, die Linien-Regimenter konnten sich diese auf eigene Kosten beschaffen.

Kürassier-Regiment	Koller	Waffenrock		Mantel	Mantel	Knöpfe	
	Kragenpatten, Ärmelaufschlg., Vorstöße, Einfassung d. Kollerborte u. Epaulletthalter-Unterfutter	Vorstöße vorn u. an den Taschenleisten	Kragen, Kragenpatten, Ärmelaufschläge	Kragen außen (hochgeschlagen)	Kragenpatte für Mannschaften		Schabracke und Schabrunke
Gardes du Corps	ponceaurot	ponceaurot	ponceaurot	ponceaurot	ponceaurot	silb.	ponceaurot
Garde Kür. Rgt.	kornblumenblau	ponceaurot	kornblumenblau m. ponceauroten Vorstößen	kornblumenblau m. ponceauroten Vorstößen	kornblumenblau	silb.	kornblumenblau
Schles. Kür. Rgt. Nr. 1 (Pr. Friedrich v. Pr.)	schwarz (Offz. Samt)	weiß	schwarz (Offz. Samt) m. weißem Vorstoß	schwarz Samt* m. weißem Vorstoß	schwarz	gold	schwarz
Kür. Rgt. Königin (Pomm.) Nr. 2	karmesinrot	karmesinrot	karmesinrot	karmesinrot	karmesinrot	silb.	karmesinrot
Ostpr. Kür. Rgt. Nr. 3	hellblau	hellblau	hellblau	hellblau	hellblau	silb.	hellblau
Westf. Kür. Rgt. Nr. 4	orange	orange	orange	orange	orange	silb.	orange
Westpr. Kür. Rgt. Nr. 5	rosarot	rosarot	rosarot	rosarot	rosarot	gold	rosarot
Brandb. Kür. Rgt. Kaiser Nikolaus I. v. Rußland, Nr. 6	russischblau	ponceaurot	ponceaurot	ponceaurot	ponceaurot	gold	ponceaurot
Magdeburg. Kür. Rgt. Nr. 7	zitronengelb	zitronengelb	zitronengelb	zitronengelb	zitronengelb	silb.	zitronengelb
Rhein. Kür. Rgt. Nr. 8	hellgrün	weiß	hellgrün m. weißem Vorstoß	hellgrün m. weißem Vorstoß	hellgrün	gold	hellgrün

* auf beiden Seiten

Garde-Kürassier im Wacht-Anzuge   Garde-Kürassier im Ordonnanz-Anzuge

Es wurden die bereits bei den Offizierseitenwaffen beschriebenen französischen oder russischen Pallasche getragen, nur daß der Griff mit Leder und verdrilltem Messingdraht umwickelt war, der Offiziergriff dagegen mit Fischhaut und Golddraht.

Das Regiment Gardes du Corps hatte eine andere Gliederung als die übrigen Kavallerie-Regimenter. Es war in 8 Kompanien eingeteilt, je zwei Kompanien bildeten eine Eskadron. Dementsprechend hatten auch die Faustriemen eine andere Farbenzusammenstellung:

1. Kompanie Kranz weiß, Quast weiß
2. Kompanie Kranz schwarz, Quast weiß
3. Kompanie Kranz rot, Quast rot
4. Kompanie Kranz rot, Quast weiß
5. Kompanie Kranz gelb, Quast gelb
6. Kompanie Kranz gelb, Quast weiß
7. Kompanie Kranz hellblau, Quast hellblau
8. Kompanie Kranz hellblau, Quast weiß.

Die Kapitulanten trugen den runden Knopf über der Eichel in Farbe des Kranzes zudem bei der 2., 4., 6. und 8. Kompanie mit einer weißen Wellenlinie.

Offiziere

Helm wie Mannschaften. Der Untersatz des Spitzenhalses hatte aber Kleeblattform, die Spitze aus Metall des Helmes war geriefelt.

Die Offiziere der beiden Garde-Regimenter trugen den Gardestern in Silber mit emailliertem Mittelschild. Die zur Parade aufzuschraubenden neusilbernen Adler hatten eine vergoldete Krone.

84

Tafel XVI

Kragen und Ärmelaufschläge: 1. und 2. Rgt. Gardes du Corps, 4. und 5. Kür.-Rgt. 2, 7. und 8. Kür.-Rgt. 3, 9. und 10. Kür.-Rgt. 8, 12. und 13. sowie 14. (Epaulett) eines Rittmeisters vom 2. Garde-Drag.-Rgt., 16. und 17. Drag.-Rgt. 6. Kragen: 19. Uffz. Drag.-Rgt. 4, 20. Uffz. Drag.-Rgt. 3, 21. Gefreiter Drag.-Rgt. 8, 15. Wachtmeister Drag.-Rgt. 1. Epauletts: 3. Premierleutnant Gardes du Corps, 6. Secondeleutnant Kür.-Rgt. 2, 11. Adler des Offz. (Rgt. Gardes du Corps und Gardekürassiere).

Der Koller glich denen der Mannschaften, er konnte aber statt aus Kirsey aus Tuch hergestellt sein. Die Kollerborte war von gemusterter Tresse und hatte an den Rändern schmale seidene Streifen in den Abzeichenfarben.

Der dunkelblaue Waffenrock hatte vollfarbigen Kragen. Kragen und Ärmelaufschläge waren mit der Kollerborte besetzt.

Die beiden Garde-Regimenter trugen auf dem Kragen bzw. der Kragenpatte und auf den Ärmelaufschlägen glatte silberne gestickte Litzen.

Die Epauletten hatten Halbmonde in Knopffarbe und beim Regiment Gardes du Corps silberne Felder, bei den anderen Regimentern weiße Federn. Das Epaulettfutter und die Unterlage der Passanten waren von der Farbe der Kragenpatten des Kollers. Schwarze Abzeichen wurden von den Offizieren aus Samt getragen.

Der Küraß wie bei den Mannschaften mit vergoldeten Schuppenketten und der schwarze Küraß des Regiments Gardes du Corps an den Rändern mit rotseidener Schnur besetzt.

Reithosen wie Mannschaften.

Galahosen aus weißem Kasimir mit Besatz von Kollerborte in den Seitennähten.

Der Pallasch wurde am Unterschnallkoppel mit Trage- und Schlepppriemen, die mit Tresse besetzt und mit Tuch von Farbe der Kragenpatten gefüttert waren, getragen. Erschienen die Offiziere zu Fuß ohne Kartusche und Schärpe im Koller, so wurde der Pallasch an einem über dem Koller zu schnallenden Überschnallkoppel, das mit Tresse besetzt war, getragen.

Tressenbandolier mit Tuch in der Abzeichenfarbe gefüttert.

Schwarzlederne Kartusche mit dem gekrönten kgl. Namenszug in Gold.

Der Tressenbesatz war stets in Knopffarbe.

Die *Schabracken* waren viereckig und von der Grundfarbe der Kragenpatten, nur beim Regiment Nr. 6 ponceaurot. Sie waren mit zwei Besatzstreifen je nach Knopffarbe eingefaßt, der Zwischenraum zeigte die Grundfarbe der Schabracke. Beim Regiment Gardes du Corps wurden die Besatzstreifen durch einen dunkelblauen und beim Garde-Kürassier-Regiment durch einen ponceauroten Streifen getrennt. Die Schabrunken hatten die gleiche Farbe und den gleichen Besatz.

Bei den beiden Garde-Regimentern saß in den hinteren Ecken der Schabracke der weiße gestickte Stern des schwarzen Adlerordens mit gelber Krone. Auf den Schabrunken beider Garde-Regimenter befand sich die gleiche Stickerei.

Die Offiziere hatten die gleichen Schabracken, jedoch Tressenbesatz und die Stickerei der beiden Garde-Regimenter in Silber, auch die Krone.

Besonderes:

Die Unteroffiziere und Mannschaften des Kürassier-Regiments Nr. 2 hatten auf dem Kartuschkastendeckel neben dem runden Beschlag noch zwei flammende messingne Granaten. Das Regiment Nr. 6 hatte auf den Schulterklappen den Namenszug seines Chefs des Kaiser Nikolaus I. von gelber Wolle, auf den Offizier-Epauletten in Gold.

Durch AKO vom 22. Oktober 1856 erhielten die Offiziere des Regiments Gardes du Corps als Galaanzug einen roten Waffenrock, mit Kabinett-Order vom 4. Februar 1862 auch die Offiziere des Garde-Kürassier-Regiments. Der Rock war von rotem Tuche und hatte eckige, beim Regiment Gardes du Corps dunkelblaue, beim Garde-Kürassier-Regiment kornblumenblaue Kragen und gleichfarbige schwedische Ärmelaufschläge. Auf dem Kragen saßen im Gegensatz zum Koller zwei silberne gestickte glatte Litzen, desgleichen auf den Ärmelaufschlägen. Beim Regiment Gardes du Corps war der Rock vorn herunter und an den geschweiften Schoßtaschenleisten mit dunkelblauen Vorstößen versehen. Bei den Garde-Kürassieren waren der Kragen, die Ärmelaufschläge, der Rock vorn herunter sowie die geschweiften Schoßtaschenleisten weiß vorgestoßen. Silberne Knöpfe wie am dunkelblauen Waffenrock.

Nach einem Erlaß an das Generalkommando des Garde-Corps vom 4. Dezember 1861 sollten die Offiziere des Regiments Gardes du Corps die hohen altbrandenburgischen Reiterstiefel stets zum Koller tragen; in der Front auch sobald sie von den Mannschaften angelegt wurden. Im kleinen Dienst innerhalb der Kompanien und in den Eskadrons konnten die grauen Hosen und kurze Stiefel angezogen werden.

Zum Reiten in oder vor der Front waren die Stiefel heraufgezogen, zu Fuß mit den Stulpen umgelegt zu tragen.

Es blieb den Offizieren überlassen, die kurzen oder die langen Stiefel zu tragen:
a) zum täglichen kleinen Dienst im Regiment,
b) zu den Meldungen innerhalb des Regiments,
c) zu Meldungen bei Urlaubsreisen in fremden Garnisonen,
d) zu Meldungen während Dienstreisen außerhalb der Regiments-Garnison zu Pferde,
e) zum Reiten außer Dienst, zum Ausgehen, auch in Gesellschaften zum Über- oder Waffenrock.

Zur Gala bzw. zum Hofanzug wurden die weißen Kirseyhosen und sogenannte Kourstiefel, das waren steife Stiefel, die nicht zu einer Stulpe umgeschlagen werden konnten und die hinten so weit ausgeschnitten waren, daß das Knie gebogen werden konnte, getragen. Zum Hofballanzug wurden lange weiße Beinkleider von Kasimir, in den Seitennähten mit der Kollertresse besetzt, getragen.

Das Bandolier war mit Silbertresse besetzt und mit Tuch aus Abzeichenfarbe gefüttert; die schwarzlederne Kartusche hatte bei beiden Regimentern den silbern emaillierten Gardestern auf dem Deckel.

Gala-Anzug für Gardes du Corps bei Ehrenwachen: Gemäß General-Kdo. des Garde-Corps vom 29. November 1841 hatte der König befohlen, daß diejenigen Gardes du Corps, welche bei Hoffestlichkeiten in den inneren Gemächern des Königlichen Schlosses als Ehrenposten aufgestellt wurden, zu diesen Gelegenheiten folgende Uniform tragen sollten:
1. Den Helm mit aufgeschraubtem Adler,
2. den Koller,
3. über dem Koller zu tragen eine Superweste von rotem Tuch mit Borteneinfassung; den gestickten Stern des schwarzen Adlerordens auf der Vorder- und Rückseite der Weste;

4. weißlederne Hosen,
5. hohe steife Stiefel,
6. Stulphandschuhe.

Die zur Ehrenwache kommandierten Offiziere trugen die gleiche Uniform, nur die Borten und den Stern auf der Superweste in Silber gestickt; die Borte nach dem Muster der Kollertresse.

Dragoner

Regiment	Abzeichen	Knöpfe
1. Garde.Drag.Rgt.	ponceaurot	weiß
2. Garde.Drag.Rgt.	ponceaurot	gelb
Litth.Drag.R.Nr. 1 Prinz Albrecht von Preußen)	ponceaurot	gelb
Brandenbg.Drag.R.Nr. 2	schwarz	gelb
Neumärk.Drag.R.Nr. 3	rosa	weiß
1. Schles.Drag.R.Nr. 4	hellgelb	weiß
Rhein.Drag.Rgt.Nr. 5	ponceaurot	weiß
Magdebg.Drag.R.Nr. 6	schwarz	weiß
Westf.Drag.Rgt.Nr. 7*	zitronengelb	gelb
2. Schles.Drag.R.Nr. 8*	rosa	gelb

* Gem. AKO v. 21.1.1862 tauschten die Regimenter Nr. 7 und Nr. 8 ihre Nummern und somit auch ihre Abzeichenfarben.

Dragoner

Schwarzlackierter Lederhelm mit metallenen Beschlägen und Aufsatzspitze.

Beim 1. Garde-Dragoner-Regiment Beschlag und Gardeadler von Tombak mit neusilbernem Stern, beim 2. Garde-Dragoner-Regiment Beschlag und Gardeadler nebst Stern aus Neusilber. Die Schuppenketten von Tombak.

Beim 1., 2., 7, und 8. Dragoner-Regiment waren die Beschläge von Messing, desgleichen die Dragoneradler und die Schuppenketten.

Beim 3., 4., 5. und 6. Dragoner-Regiment waren die Beschläge aus Neusilber, desgleichen der Dragoneradler; die Schuppenketten waren auch bei diesen Regimentern aus Messing.

Zur Parade trugen die Garde-Regimenter weiße, die Linien-Regimenter schwarze Haarbüsche, die Trompeter rote.

Die Mütze war aus kornblumenblauem Tuch mit Besatzstreifen und Deckelvorstoß in der Abzeichenfarbe.

Der Waffenrock war kornblumenblau und hatte bei den beiden Garde-Dragoner-Regimentern eckigen Kragen mit ponceauroten Kragenpatten, ponceauroten schwedischen Ärmelaufschlägen und Vorstößen.

Das 1. Garde-Dragoner-Regiment hatte auf den Kragenpatten und den Ärmelaufschlägen je zwei gelbkamelgarnene Litzen mit rotem Spiegel.

Das 2. Garde-Dragoner-Regiment trug auf den Kragenpatten und den Ärmelaufschlägen je zwei weißleinene Litzen mit rotem Spiegel.

Tafel XV   Von links: Kürassieroffizier in Hofballanzug (K.-Rgt. 5), Gardes du Corps in Supraweste, Major der Gardes du Corps in Hofanzug,
Offizier der Gardekürassiere in Hofballanzug, Kürassieroffiziere in Gesellschaftsanzug (K.-Rgt. 3) und Interimsanzug (K.-Rgt. 6), Major der 1. Gardedragoner
im Hofanzug, Dragoneroffiziere in Hofballanzug (D.-Rgt. 4) und in Interimsanzug (D.-Rgt. 3).

Tafel XVII Von links: Ulan vom Rgt. 11 (Dienstanzug), Dragoner in Parade (Rgt.-Nr. 1), Dragoner zu Pferd vom
1. Garde-Drag.-Rgt. (Parade), Wachtmeister vom Drag.-Rgt. Nr. 2 (Ordonnanzanzug), Stabstrompeter vom 2. Garde-Ulan-Rgt. (Parade),
Ulan vom Rgt. Nr. 9 (Parade) zu Pferd, Offz. vom 1. Garde-Drag.-Rgt. (Parade), Major vom 1. Garde-Ulan-Rgt. zu Pferd (Parade),
Trompeter vom Drag.-Rgt. Nr. 5 (Parade).

Die Linien-Regimenter trugen den gleichen Waffenrock mit vorn abgerundetem Kragen, mit Kragenpatten in der Abzeichenfarbe; die Vorstöße der kornblumenblauen schwedischen Ärmelaufschläge, die Rockvorstöße und die Schulterklappen waren gleichfalls von Abzeichenfarbe.

Auf den Schwalbennestern in der Abzeichenfarbe saßen Unteroffiziertressen je nach Knopffarbe gold oder silber, bei der Garde gemustert, bei der Linie glatt.

Die dunkelgrauen Reithosen hatten ponceaurote Biese, bei den Regimentern 3 und 8 aber rosa.

Der Mantel hatte abzeichenfarbige Kragenpatten, kornblumenblaue Schulterklappen mit Vorstoß in Abzeichenfarbe. Die Schulterklappen waren bei den beiden Garde-Regimentern vollfarbig ponceaurot.

Das Säbelkoppel war das gleiche wie bei den Kürassieren.

Weiße Bandoliere mit schwarzer Kartusche.

Auf dem Deckel bei den beiden Garde-Regimentern und beim Regiment Nr. 3 messingner Gardestern, sonst rundes Messingschild mit Adler.

Die *Offiziere* trugen die gleiche Uniform, hatten aber bei den beiden Garde-Regimentern glatte goldene bzw. silberne gestickte Litzen.

Die Epauletthalbmonde waren in Knopffarbe, die Felder in Abzeichenfarbe; das Epaulett- und Passantenfutter rot, bei den Regimentern 3 und 8 rosa.

Der Paletot- bzw. Mantelkragen war innen (hochgeschlagen) von Farbe des Waffenrockes, außen von der Abzeichenfarbe.

Bei den Regimentern mit schwarzer Abzeichenfarbe waren der Mützenbesatzstreifen, die Kragenpatten und der Mantelkragen von schwarzem Samt statt von Tuch.

Die Offiziere trugen den Säbel am Unterschnallkoppel mit weißlackierten Trage- und Schleppriemen mit Löwenkopfschnallen.

Die schwarzlackierte Kartusche wurde am silbernem oder goldenem je nach Knopffarbe, Tressenbandolier, das in Waffenrockfarbe unterfüttert war, getragen. Die Offiziere der beiden Garde-Regimenter trugen auf dem Deckel der Kartusche den silbernen Gardestern mit buntemailliertem Mittelschild, die Offiziere der Linien-Regimenter den goldenen gekrönten Namenszug *FWR*.

Zur Gala trugen die Dragoner-Offiziere lange kornblumenblaue Tuchhosen mit Vorstoß und doppelten 4 cm breiten Streifen von der Farbe der Kragenpatten.

Besondere Abzeichen:

Statt des Dragoneradlers wurde beim Dragoner-Regiment Nr. 1 der Grenadieradler am Helm getragen.

Den Offizieren und Wachtmeistern war durch AKO vom 7. Februar 1861 erlaubt, einen kleinen silbernen Adler am Korb des Säbels, wie ihn die Offiziere am Löwenkopfsäbel bereits schon seit 1811 hatten, zu tragen.

Offizieren des Dragoner-Regiments Nr. 2 wurde durch AKO vom 4. Februar 1858 gestattet anstelle des Säbels M 52 einen früher geführten Säbel französischen Modells mit messingnem Korbgefäß und Adlerknopf sowie mit messingnen Schneiderringen anzulegen. Die Portepee-Unteroffiziere erhielten ihn 1861.

Dem gleichen Regiment war 1861 gestattet worden, auf der Mütze über der Kokarde einen kleinen gelbmetallenen Dragoneradler anzulegen.

Die abgerundeten *Schabracken* waren von kornblumenblauem Tuch und hatten einen Randvorstoß und einen Besatzstreifen von Farbe der Kragenabzeichen. Die

Offizierschabracke der beiden Garde-Regimenter hatte in jeder Ecke den silbergestickten Gardestern.

Ulanen

Die Ulanen trugen als Kopfbedeckung die Tschapka, deren Kopfteil aus schwarzlackiertem Leder bestand, darüber befand sich ein verschiedenfarbiger geschweifter Aufsatz mit viereckigem schwarzledernem Deckel. Der Aufsatz war an den vertikalen Kanten mit weißer Schnur von der Beschaffenheit der Fangschnüre besetzt. Am Deckel befand sich an der vorderen linken Kante das schwarzweiße Feldzeichen.

Auf dem Aufsatz an der Vorderseite befand sich bei den Garde-Regimentern der Gardeadler nebst Stern und Devisenband mit der Inschrift „Mit Gott für König und Vaterland". Beim 1. und 3. Garde-Ulanen-Regiment war Adler und Stern von Neusilber, beim 2. Garde-Ulanen-Regiment der Adler von Tombak mit Stern und Devisenband von Neusilber. Die Schuppenketten waren bei allen Garde-Ulanen-Regimentern aus Tombak.

Die Linien-Regimenter trugen folgende Abzeichen: Regiment 1–3: Messingadler mit *FWR* im ovalen Schild und Vaterlandsbandeau.

Regimenter 4, 9, 10, 11 und 12: Messingadler mit *FR* und Vaterlandsbandeau.

Regimenter 5, 6, 7 und 8: Adler aus Neusilber mit *FR* und Vaterlandsbandeau.

Die Schuppenketten waren aus Messing.

Zur Tschapka wurden Fangschnüre aus weißleinener runder Schnur mit Schieber und Quaste, bei Unteroffizieren der Schieber und die Quasten schwarz durchflochten, getragen. Gemäß AKO vom 17. September 1822 konnten die Wachtmeister der Garde-Regimenter statt der für die Unteroffiziere vorgeschriebenen weißleinenen Fangschnüre solche von Silber tragen. Die dadurch entstehenden Mehrkosten hatten die Regimenter aus eigenen Mitteln zu bestreiten.

Der Sitz der Fangschnüre wird in den Abbildungen gezeigt.

Alle Ulanen-Regimenter hatten zur Parade Haarbüsche von hängender Form, für Mannschaften weiß, für Unteroffiziere oben schwarz unten weiß und für die Trompeter ganz in Rot. Die Mütze war von dunkelblauem Grundtuche mit Besatz und Vorstößen in der Kragenfarbe.

Die dunkelblaue Ulanka hatte zwei Reihen von je 6 Knöpfen auf den Brustklappen in Rabattenform. Kragen, die polnischen Ärmelaufschläge, die Vorstöße um die Brustklappen, um die Rockschöße, Taschenleisten, Ärmel und Rückennähte waren für die Regimenter von unterschiedlicher Farbe (s. Aufstellung).

Der eckige Kragen und die polnischen Ärmelaufschläge waren beim 1. und 2. Garde-Ulanen-Regiment ponceaurot, beim 3. Garde-Ulanen-Regiment zitronengelb mit je zwei Litzen auf dem Kragen und einer Litze auf dem Aufsatz. Die Garde-Regimenter 1 und 3 hatten weißleinene, das 2. Garde-Ulanen-Regiment gelbkamelgarne Litzen mit Spiegel in der Knopffarbe.

Die Linien-Regimenter hatten vorn abgerundete Kragen.

Die Epauletten mit messingnen polierten Halbmonden und Schuppen waren zum Anhaken eingerichtet. Die Epauletthalter und -felder waren von farbigem Tuch (s. Aufstellung).

Ulanen-Regiment	Kragen und Ärmel-aufschlag	Ulanka Vorstöße	Epauletthalter Epaulettfelder	Paraderabatte	Knöpfe	Schulter-klappen	Mantel Schulterklappen-vorst.	Kragenpatte	Tschapka Besatztuch
1. Garde-Ulanen-Rgt.	ponceaurot	ponceaurot	weiß	weiß, ringsherum m. rotem Vorstoß	weiß	weiß	–	ponceaurot	weiß
2. Garde-Ulanen-Rgt.	ponceaurot	ponceaurot	ponceaurot	ponceaurot	gelb	ponceaurot	–	ponceaurot	ponceaurot
3. Garde-Ulanen-Rgt.	zitronengelb	zitronengelb	zitronengelb	zitronengelb	weiß	zitronengelb	–	zitronengelb	zitronengelb
Westpr. Ulanen-Rgt. Nr. 1	ponceaurot	ponceaurot	weiß	ponceaurot	gelb	dunkelblau	weiß	ponceaurot	weiß
Schles. Ulanen-Rgt. Nr. 2	ponceaurot	ponceaurot	ponceaurot	ponceaurot	gelb	dunkelblau	ponceaurot	ponceaurot	ponceaurot
1. Brandenb. Ulanen-Rgt. (Kaiser v. Rußland) Nr. 3	ponceaurot	ponceaurot	zitronengelb	ponceaurot	gelb	dunkelblau	zitronengelb	ponceaurot	zitronengelb
1. Pomm. Ulanen-Rgt. Nr. 4	ponceaurot	ponceaurot	hellblau	ponceaurot	gelb	dunkelblau	hellblau	ponceaurot	hellblau
Westf. Ulanen-Rgt. Nr. 5	ponceaurot	ponceaurot	weiß	ponceaurot	weiß	dunkelblau	weiß	ponceaurot	weiß
Thür. Ulanen-Rgt. Nr. 6	ponceaurot	ponceaurot	ponceaurot	ponceaurot	weiß	dunkelblau	ponceaurot	ponceaurot	ponceaurot
Rhein. Ulanen-Rgt. Nr. 7	ponceaurot	ponceaurot	zitronengelb	ponceaurot	weiß	dunkelblau	zitronengelb	ponceaurot	zitronengelb
Ostpr. Ulanen-Rgt. Nr. 8	ponceaurot	ponceaurot	hellblau	ponceaurot	weiß	dunkelblau	hellblau	ponceaurot	hellblau
2. Pomm. Ulanen-Rgt. Nr. 9	weiß	weiß	weiß	weiß	gelb	dunkelblau	weiß	weiß	weiß
Posensches Ulanen-Rgt. Nr. 10	karmoisinrot	karmoisinrot	karmoisinrot	karmoisinrot	gelb	dunkelblau	karmoisinrot	karmoisinrot	karmoisinrot
2. Brandenbg. Ulanen-Rgt. Nr. 11	zitronengelb	zitronengelb	zitronengelb	zitronengelb	gelb	dunkelblau	zitronengelb	zitronengelb	zitronengelb
Litth. Ulanen-Rgt. Nr. 12	hellblau	hellblau	hellblau	hellblau	gelb	dunkelblau	hellblau	hellblau	hellblau

Zur Ulanka gehörte eine Leibbinde, auch Passgürtel genannt, aus dunkelblauem Tuche mit Streifen von Kragenfarbe eingefaßt, desgleichen die dunkelblaue Stoffschließe. Der Paßgürtel war mit blauer Leinwand gefüttert und innen mit Leder besetzt.

Zur Parade trugen alle Ulanen-Regimenter eine farbige Brustrabatte aufgeknöpft.

Die Schwalbennester waren von Kragenfarbe und mit Unteroffiziertressen besetzt.

Die langen Reithosen hatten ponceaurote Vorstöße, beim Regiment Nr. 10 waren diese aber karmesinrot. Weißes Lederbandolier mit Messingbeschlägen und schwarzer Kartusche; darauf trugen die drei Garde-Regimenter den messingnen Gardestern, die Linie hatte keinen Deckelbeschlag.

Schmales weißledernes Unterschnallkoppel mit dergleichen Trage- und Schleppriemen und mit messingnem Hakenschloß.

Lanzen wurden nur von den Mannschaften geführt. Die Lanzenflagge war halb von weißer Leinwand, halb von schwarzem Merino.

Säbel M 52, lt. AKO vom 1. März 1860 durften Offiziere und Wachtmeister beim 1. Ulanen-Regiment französische Bügelsäbel tragen.

Offiziere

Tschapka wie Mannschaften aber der viereckige Deckel war auch von farbigem Tuch bezogen und der Rand mit goldener oder silberner Tresse besetzt. Die Fangschnüre waren schwarz-silbern und die hängenden Haarbüsche waren oben weiß und unten schwarz.

Bei den Garde-Regimentern trugen die Offiziere auf jeder Kragenseite zwei und auf jedem Ärmelaufschlag eine gestickte silberne oder goldene Litze je nach Knopffarbe. Der Passgürtel wurde von den Offizieren nicht getragen.

Die Epauletten hatten silberne oder goldene Halbmonde je nach Knopffarbe, Epaulett- und Passantenfutter rot, die Epaulettfelder verschiedenfarbig wie bei den Mannschaften (s. Aufstellung).

Die langen Reithosen wie bei den Mannschaften.

Mantel- bzw. Paletotkragen war innen blau, außen wie Überrockkragen, beim Ulanen-Regiment 12 mit weißem Vorstoß. Goldenes oder silbernes Tressenbandolier mit dunkelblauem Tuch gefüttert und vorgestoßen. Die schwarzlederne Kartusche hatte auf dem Deckel bei den Linien-Regimentern den vergoldeten Namenszug mit Krone, bei den Garde-Regimentern den silbernen emaillierten Gardestern. Unterschnallkoppel aus weißlackiertem Leder mit Trage- und Schleppriemen. Zur Gala lange dunkelblaue Hosen mit Vorstoß und 4 cm breiten Streifen zu beiden Seiten des Vorstoßes in Kragenfarbe. Beim 1. Garde-Ulanen-Regiment waren diese Streifen aber weiß.

Die Schabracken waren dunkelblau und hatten Besatz von Kragenfarbe. Bei den Offizieren der Garde-Regimenter saß in allen 4 Ecken der gestickte silberne Gardestern.

Besonderes:

Die Offiziere des Ulanen-Regiments Nr. 3 trugen um den oberen Kopfteil der Tschapka eine 4 cm breite goldene gemusterte Tresse, die hintere Klappe der Tschapka war mit schmaler goldener Tresse besetzt. Beim 1. Brandenburgischen Ulanen-Regiment (Kaiser von Rußland) Nr. 3 wurde der Namenszug des Chefs,

Tschapkas: 1. Offz. Ul.-Rgt. 3 (Auszeichnungsborte vom 4. 2. 1862), 2. Ulanen-Rgt. 9, 3. Garde-Ulanen-Rgt. 2, Fangschnüre: 4. Offiziere, 5. Gemeine, 6. Unteroffiziere, 7. Wachtmeister, Mannschaftsepauletts für: 8. 1. Garde-Ulan-Rgt. (mit Abzeichen für Militärreitschule) 9. 2. Garde-Ulan-Rgt. (mit Abz. für Kapitulanten), 10. Ulan.-Rgt. 3, 11. Ulan.-Rgt. 4 (mit Abzeichen für Einjährige). Kragen für: 12. Garde-Ulan.-Rgt. 1, 13. Gefreite der Ulan.-Rgtr., Mantelachselklappen: 14. Ulan.-Rgt. 3, 15. Garde-Ulan-Rgt. 1, 16. Ärmelaufschlag eines Unteroffiziers.

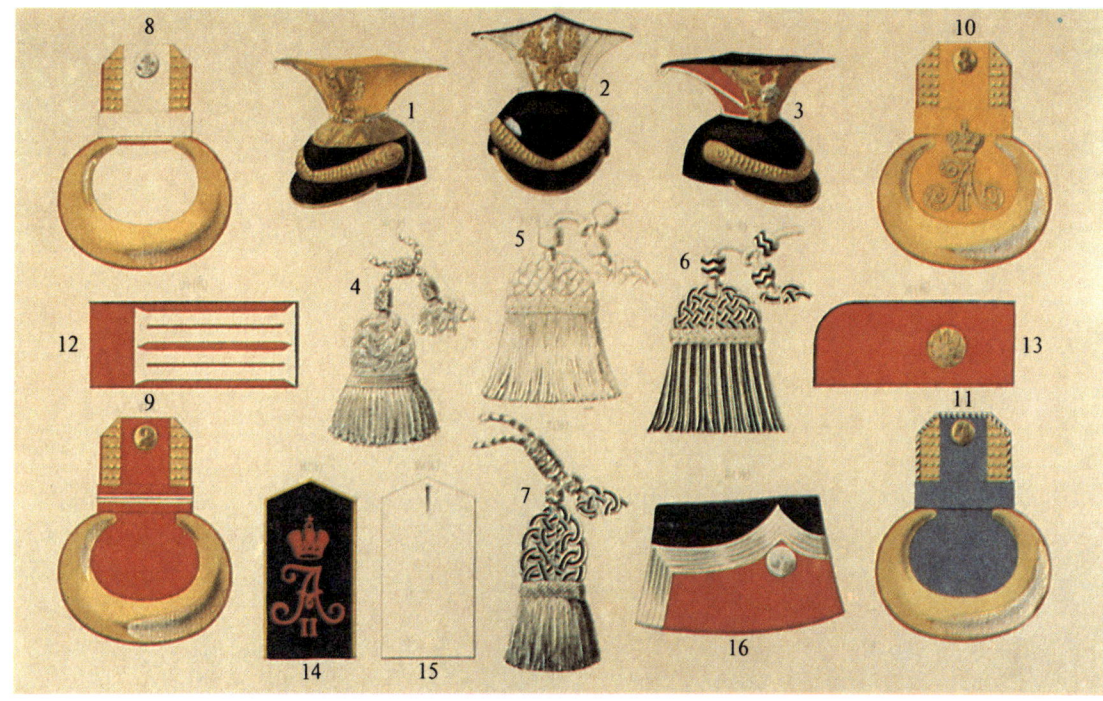

Kaiser Nikolaus I., auf den Epaulettfeldern in Messing, auf den Schulterklappen in roter Wolle getragen. Die Offiziere trugen den Namenszug in Gold auf den Epaulettfeldern.

Die Tschapka wurde zum Feld- und gewöhnlichem Dienst mit einem Überzug von schwarzer Wachsleinwand versehen.

Trugen die Offiziere die blauen Galahosen und die Rabatten aufgeknöpft, so wurden die Fangschnüre abgekappt und unter dem rechten Arm hindurch über die Brust zum obersten Rabattenknopfe auf der linken Brustseite geführt und dort angeknöpft.

Husaren

Die Husarenmütze mit aufklappbarem Vorder- und Hinterschirm war mit Seehundfell bezogen. Der Kopfteil war mit einem farbigen Tuchbeutel, dem Kolpak, bezogen, dieser hing an der linken Seite herab. Am oberen Rand der Mütze saß in der Mitte das schwarz-weiße National.

Die Schuppenketten waren beim Garde-Husaren-Regiment von Tombak, bei allen Linien-Regimentern aus Messing. Beim Garde-Husaren-Regiment saß vorn

der Gardestern von Messing mit dem Vaterlandsbandeau. An der rechten Seite wurden bei den Garde-Husaren noch weißgarnene Kordons getragen, deren Spiegel, Schieber und Quasten bei den Unteroffizieren schwarzdurchflochten waren.

Beide Leib-Husaren-Regimenter hatten den zinnernen Totenkopf mit dem neusilbernen Vaterlandsbandeau als Zierrat. Bei den Regimentern Nr. 3, 5, 8, 11 und 12 wurde ein neusilbernes, bei den Regimentern Nr. 4, 6, 9 und 10 ein messingnes Vaterlandsbandeau getragen.

Das Regiment Nr. 7 trug den messingnen Namenszug *FWR* mit Krone und Vaterlandsbandeau.

Alle Regimenter trugen Fangschnüre aus weißleinener Rundschnur mit Schieber und Knebel; bei den Unteroffizieren war der Schieber und Knebel schwarzdurchflochten. Wachtmeister hatten beim Garde-Husaren-Regiment silberne schwarzdurchflochtene Fangschnüre und Kordons, die aber, wie bei den Garde-Ulanen auf eigene Kosten des Regiments angeschafft werden mußten.

Zur Parade trugen die Husaren weiße Haarbüsche, Unteroffiziere weiße mit oben schwarzer Füllung, Trompeter rote mit weißer Füllung.

Die Anbringungsart der Fangschnüre sowie der Sitz der Haarbüsche geht aus den Abbildungen hervor.

Die Feldmütze war – mit einigen Ausnahmen – von Attilatuch und hatte verschie-

Tafel XIX   Von links: Major vom 2. Garde-Ulan-Rgt. (Hof-Cour-Anzug), Oberst der Garde-Husaren (desgl.), Sec.-Leutnant (Adjutant) Hus.-Rgt. Nr. 4, Sec.-Leutnant vom 2. Leib-Hus.-Rgt. Nr. 2 (Hofball-Anzug), Sec.-Leutnant Ulan-Rgt. Nr. 12 (Hof-Cour-Anzug), Offiziere der Hus.-Rgtr. 5 und 11 sowie des 3. Garde-Ulan-Rgts. (Hofball-Anzug).

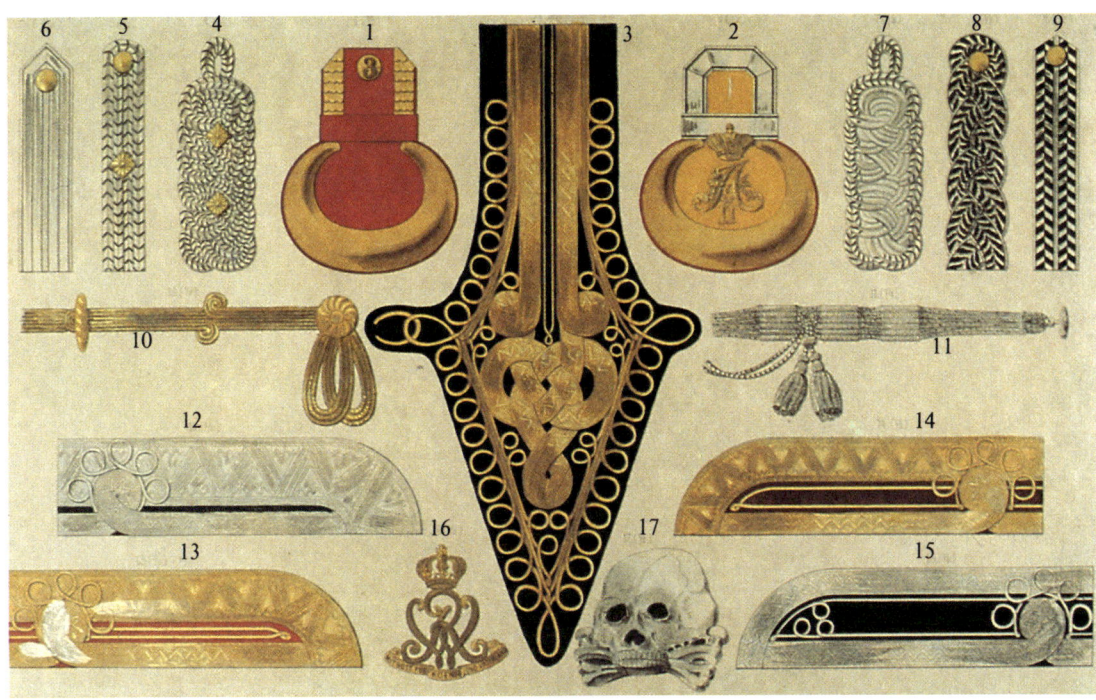

Epauletts für: 1. Mannschaft (hier Ulan.-Rgt. 10), 2. Offiziere (hier Ulan.-Rgt. 3), 3. Besatz eines schöitaschierten Gala-Bein-kleides für Husarenoffiziere. Achselschnüre für Husarenoffiziere: 4. Oberst, 5. Premierleutnant, 6. Leutnant z. D., 7. Major z. D., 8. Major a. D., 9. Leutnant a. D., 10. Schnurbesatz des Attila eines Hus.-Offz., 11. Offizierschärpe für Husaren 1862. Kragen: 12. Regimentschefs (hier Hus.-Rgt. 11), 13. Regiments-Komman-deure (hier Garde-Husaren), 14. Stabsoffiziere (hier Hus.-Rgt. 4), 15. Rittmeister und Leutnants (hier Hus.-Rgt. 1), 16. Na-menszug für Hus. 7, 17. Totenkopf der Leibhusaren.

denfarbigen Besatzstreifen; der Besatzstreifen und Deckelvorstoß war in Schnur-farbe (s. Aufstellung).

Statt des Waffenrockes trugen die Husaren einen Attila mit 5 Reihen wollener Brustschnüre und vorn abgerundetem Stehkragen. Der Kragen und die Ärmel-aufschläge waren von Attilafarbe. Der Kragen war oben, vorn und unten, der Attila vorn herunter und um die Schöße sowie die Rückennähte mit wollenen Schnüren besetzt.

Die Ärmelaufschläge waren mit wollenen Schnüren in Form eines ungarischen Knotens verziert. Am Ende der Brustschnüre saßen Rosetten in Schnurfarbe. Der Attila wurde durch Knebel in Schnurfarbe geschlossen. Statt der Schulterklappen trugen die Husaren doppelte Schulterschnüre in der gleichen Farbe wie die sonstige Verschnürung.

Das Garde-Husaren-Regiment hatte zusätzlich am Kragen und den Ärmelauf-schlägen eine gelbkamelgarne Borte mit rotem Spiegel, die wie die Unteroffiziertres-sen angebracht war.

Die Unteroffiziertresse war für das Garde-Regiment und die Linien-Regimenter vom gleichen Muster. Bei der Garde saß die Tresse über der Borte am Kragen und Aufschlag.

Zum Attila gehörte die Husarenschärpe, deren Sitz und Form die Abbildungen zeigen. Farbe der Schärpe ist in der Aufstellung aufgeführt.

Die Schwalbennester waren von Attilafarbe und hatten Besatz von Unteroffizier-tresse.

Die langen grauen Reithosen hatten ponceaurote, beim Regiment Nr. 5 krapprote und beim Regiment Nr. 10 pompadourrote Vorstöße.

Das Säbelkoppel aus schwarzem Leder war mit drei Ringen zur Befestigung der Säbeltasche versehen und hatte den Trage- und Schleppriemen aus gleichem Mate-rial.

Säbeltasche. Alle Husaren-Regimenter waren mit einer Säbeltasche von Leder mit ledernem Deckel ausgerüstet. Bei den Garde-Husaren war der Deckel mit ponceau-rotem Tuch bezogen und mit einer gelben Borte eingefaßt, darauf saß der Königliche Namenszug *FWR* mit Krone aus gelber Borte. Bei den Linien-Husaren-Regimentern war die Tasche ganz aus schwarzem Leder und hatte auf dem Deckel den Königlichen Namenszug von Neusilber oder Messing je nach Schnurfarbe.

Weißledernes Bandolier mit schwarzer Kartusche; auf dem Deckel saß bei der Garde der messingne Gardestern und bei den beiden Leib-Husaren-Regimentern der versilberte Gardestern, die anderen Regimenter hatten keine Deckelverzierung.

Die Husaren trugen den Kavalleriesäbel M 52.

Faustriemen für Mannschaften ganz aus schwarzem Leder; Unteroffiziere schwarzlederner Riemen und Schieber daran Kranz und Quast von schwarz-weißer Wolle. Kapitulanten: Schwarzlederner Riemen mit Quast, Kranz und Eichel von

Tafel XXI Von links: Husar vom 1. Leib-Hus.-Rgt. Nr. 1, Hus.-Rgt. 6, Trompeter vom Garde-Hus.-Rgt., Sec.-Leutnant
vom Rgt. Nr, 12 (in Interimsattila), Offz. vom Rgt. Nr. 3, Oberst der Garde-Husaren als Kommandeur einer Kavalleriebrigade

Tafel XXII

Feldmützen: 1. Hus.-Rgt. 3, 2. Hus.-Rgt. 4; Achselschnüre für 3. Kapitulanten, 4. Abkommandierte zur Militärreitschule, 5. Einjährig-Freiwillige; Faustriemen für: 6. Unteroffiziere, 7. Husaren; Ärmelaufschläge für: 8. Offizier Hus.-Rgt. 7, 9. Unteroffizier Hus.-Rgt. 5; Kragen eines: 10. Husaren des Garde-Hus.-Rgts., 11. Husaren des 11. Rgts.; Säbeltaschen für: 12. Offz. der Garde-Hus., 13. Offz. Rgt. 6, 14. Offz. Rgt. 9, 15. der Husaren der Linien-Rgtr.

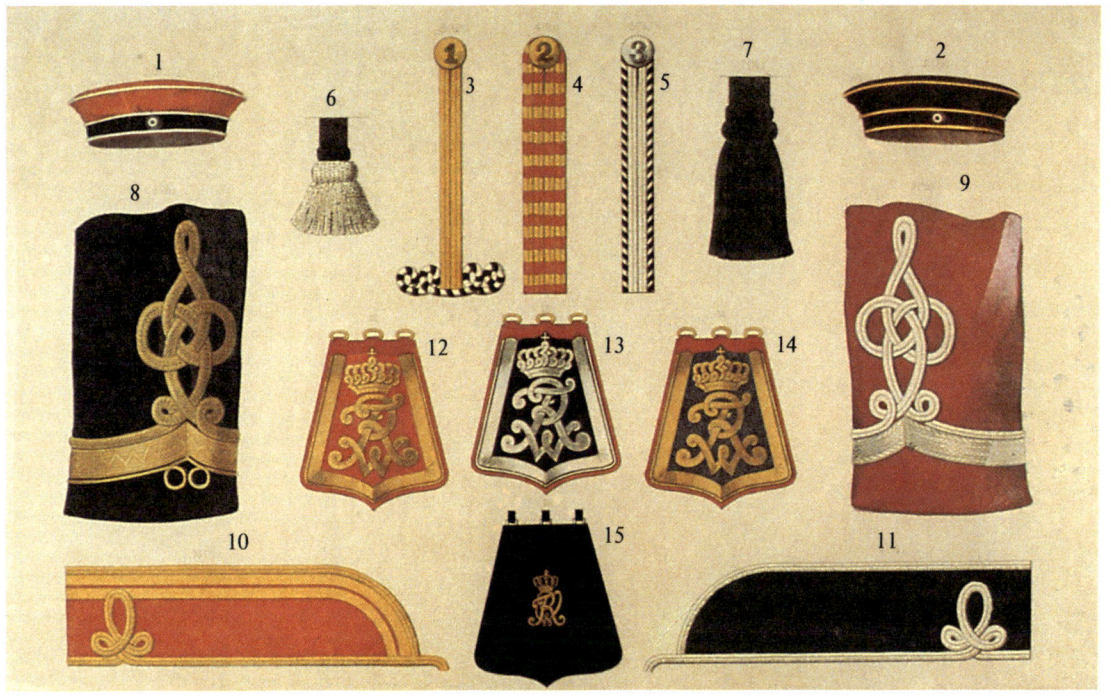

Husaren-Regiment	Feldmütze Grundtuch	Besatzstreifen	Vorstoß um Mützendeckel u. oben u. unten am Besatzstreifen	Attila Grundtuch	Schnurbesatz	Schärpe Grund	Knoten und Peitsche	Kolpak	Mantel Kragenpatten	Schulterklappen	Sattelüberdecke Grundfarbe	Besatz	Plattschnur
Garde-Husaren-Rgt.	dunkelblau	ponceaurot	gelb	ponceaurot	gelb	gelb	rot	ponceaurot	ponceaurot	ponceaurot	dunkelblau	ponceaurot	gelb
1. Leib-Hus.-Rgt. Nr. 1	schwarz	ponceaurot	weiß	schwarz	weiß	rot	weiß	ponceaurot	ponceaurot	schwarz	schwarz	ponceaurot	weiß
2. Leib-Hus.-Rgt. Nr. 2	schwarz	schwarz	weiß	schwarz	weiß	schwarz	weiß	weiß	schwarz	schwarz	schwarz	schwarz	weiß
Brandenbg. Hus.-Rgt. (Zietensche H.) Nr. 3	ponceaurot	dunkelblau	weiß	ponceaurot	weiß	rot	weiß	ponceaurot	ponceaurot	dunkelblau	dunkelblau	ponceaurot	weiß
1. Schles.-Hus.-Rgt. Nr. 4	braun	braun	gelb	braun	gelb	gelb	weiß	gelb	gelb	braun	braun	goldgelb	gelb
Pomm.-Hus.-Rgt. (Blüschersche H.) Nr. 5	krapprot	schwarz	weiß	krapprot	weiß	rot	weiß	krapprot	krapprot	krapprot	krapprot	schwarz	weiß
2. Schles.-Hus.-Rgt. Nr. 6	dunkelgrün	ponceaurot	gelb	dunkelgrün	gelb	rot	gelb	ponceaurot	ponceaurot	dunkelgrün	dunkelgrün	ponceaurot	gelb
Königs-Hus.-Rgt. (1. Rhein.) Nr. 7	russischblau	ponceaurot	gelb	russischblau	gelb	rot	gelb	ponceaurot	ponceaurot	russischblau	russischblau	ponceaurot	gelb
1. Westf.-Hus.-Rgt. Nr. 8	dunkelblau	hellblau	weiß	dunkelblau	weiß	hellblau	weiß	hellblau	hellblau	dunkelblau	dunkelblau	hellblau	weiß
2. Rhein.-Hus.-Rgt. Nr. 9	kornblumenblau	kornblumenblau	gelb	kornblumenblau	gelb	kornblumenblau	gelb	kornblumenblau	kornblumenblau	kornblumenblau	kornblumenblau	kornblumenblau	gelb
Magdebg.-Hus.-Rgt. Nr. 10	dunkelgrün	pompadourrot	gelb	dunkelgrün	gelb	rot	gelb	pompadourrot	pompadourrot	dunkelgrün	dunkelgrün	pompadourrot	gelb
2. Westf.-Hus.-Rgt. Nr. 11	dunkelgrün	ponceaurot	weiß	dunkelgrün	weiß	rot	weiß	ponceaurot	ponceaurot	dunkelgrün	dunkelgrün	ponceaurot	weiß
Thür.-Hus.-Rgt. Nr. 12	kornblumenblau	kornblumenblau	weiß	kornblumenblau	weiß	kornblumenblau	weiß	weiß	kornblumenblau	kornblumenblau	kornblumenblau	kornblumenblau	weiß

Tafel XXIII

Von links: Husar in Mütze (Rgt. 5), Husar in Rückansicht (Rgt. 9), Offizier in Parade (Rgt. 7),
Husar (Rgt. 8), Trompeter in Parade (Rgt. 12), Unteroffizier in Parade (Rgt. 10).

Tafel XXIV

1. Flügelmütze für Offiziere der Landwehr-Husaren; Schärpen der Husaren-Rgtr.: 2. Nr. 1, 3 und 11, 3. Hus. 4. Schabracken der Husaren-Rgtr.: 4. Offz. des (Leib.)-Hus.-Rgts. 2, 5. Nr. 4, 6. Nr. 5, 7. Nr. 6, 8. Nr. 8, 9. Nr. 9, 10. Nr. 11; Mantelschulterklappen: 11. Hus. 3 (Abz. für Kapitulanten), 12. Hus. 5 (Abz. für Militärreitschule).

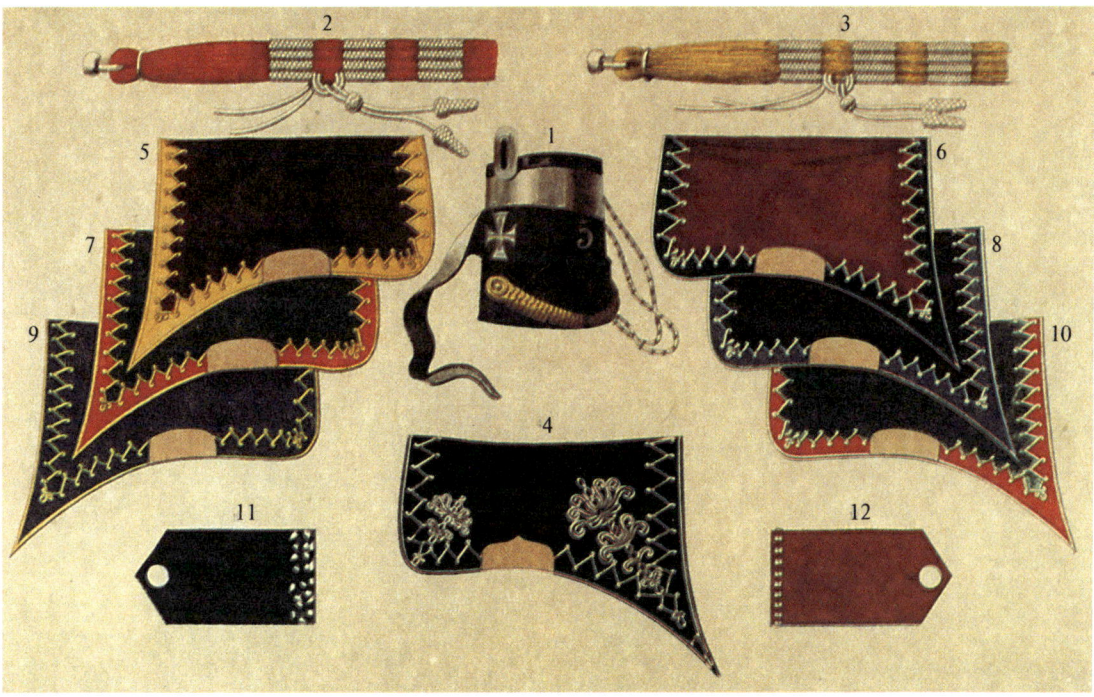

schwarz-weißer Wolle; über der Eichel saß ein runder Knopf von verschiedenfarbiger Wolle: 1. Eskadron weiß, 2. rot, 3. gelb, 4. hellblau.

Offiziere

Die Pelzmütze war aus Otterfell mit dem schwarz-silbernen National sowie dem Kolpak in Farben wie bei den Mannschaften. Der Gardestern hatte emaillierten Mittelschild, die anderen Dekorationen wie bei den Mannschaften gold oder silbern je nach Schnurfarbe. Die Schuppenketten waren vergoldet.

Fangschnüre aus silberner schwarzdurchwirkter Schnur mit Schieber und Knebel; bei den Garde-Husaren war auch der Kordon aus silberner Schnur.

Zur Parade trugen die Offiziere der Garde-Husaren, der beiden Leib-Husaren-Regimenter sowie des Husaren-Regiments 7 einen weißen Reiherbusch mit schwarzer Straußenfedermanschette in einer silbernen Hülse. Die Linien-Husaren-Regimenter hatten einen weißen Geierbusch mit schwarzer Wurzel.

Die Mütze hatte die gleichen Farben wie die der Mannschaften.

Der Attila war in Farbe und Schnitt wie der der Mannschaften, hatte aber den Schnurbesatz aus goldener oder silberner Kettschnur. Der Kragen war mit goldener oder silberner gemusterter Tresse oben, vorn und unten besetzt, so daß noch ein Streifen von der Kragenfarbe sichtbar blieb. Zwischen dem Tressenbesatz befand sich noch eine Verschnürung (s. Abbildung).

Der obere Tressenbesatz am Kragen hatte folgende Breite: Beim Regiments-Chef 3,5 cm, beim Regiments-Kommandeur 3 cm, bei den Stabs-Offizieren 2,5 cm und bei den Rittmeistern und Subaltern-Offizieren 1,3 cm.

Die untere Kragentresse war für alle Offiziere 1,3 cm breit.

Auf den Ärmelaufschlägen saß unter dem ungarischen Knoten bei Rittmeistern und Subaltern-Offizieren die 1,3 cm breite Tresse, bei den anderen Offizieren zusätzlich die entsprechende Tresse darüber.

Beim Attila der Garde-Husaren befanden sich im Vorderschoß schräg eingeschnittene mit Schnur besetzte Taschen.

Da die Husaren-Offiziere keine Epauletten trugen, wurden die Offiziers-Dienstgrade durch Schulterschnüre folgendermaßen kenntlich gemacht:

Für Rittmeister und Subaltern-Offiziere silberne schwarzdurchwirkte Schnüre, vierfach nebeneinander gelegt, darauf für den Rittmeister zwei goldene Sterne, Premier-Leutnant ein goldener Stern.

Für Stabs-Offiziere geflochtene silberne schwarzdurchwirkte Schnüre, darauf für den Oberst zwei goldene Sterne und für den Oberst-Leutnant ein goldener Stern.

Generale mit Husaren-Uniform trugen die silberne Achselraupe auf beiden Schultern nebst goldenen Sternen je nach Rang.

Die Offizierschärpe war in Form der Mannschaftsschärpen aber aus silberner mit schwarzer Seide durchwirkter Schnur. Diese Schärpe wurde nur zum Attila getragen.

97

Adjutanten trugen die Husarenschärpe zusätzlich zur gewöhnlichen Adjutantenschärpe.

Interims-Attila. Statt des Überrockes trugen die Husaren-Offiziere einen Interims-Attila in Form und Farbe des Attilas. Statt des Stehkragens hatte dieser aber einen Umlegekragen. Am Kragen und an den Ärmelaufschlägen befand sich kein Tressenbesatz, statt der Kettschnur war der Interims-Attila mit einem vierkantigen schwarz-weißen kamelgarnen Schnurbesatz besetzt. Am Kragen lief dieser vorn und unten herum, an den Ärmeln bildete er nur eine einfache Schleife. Beim Garde-Husaren-Regiment war der Besatz aus schwarz-silberner Schnur und die Grundfarbe des Attilas dunkelblau. Auch die Offiziere des Husaren-Regiments Nr. 3 trugen dunkelblauen Interims-Attila. Die Dienstgradabzeichen waren die gleichen wie beim Attila. Reithosen wie die Mannschaften.

Das Säbelkoppel war aus schwarzlackiertem Leder mit Löwenkopfschnallen, sonst wie bei der Mannschaft. Säbel M 52.

Säbeltaschen

Für alle Regimenter aus rotem Leder mit farbigem Tuchbezug:

Garde-Husaren-Regiment ponceaurot; Regiment Nr. 1 ponceaurot; Regiment Nr. 2 schwarz; Regiment Nr. 3 ponceaurot; Regiment Nr. 4 braun; Regiment Nr. 5 schwarz; Regiment Nr. 6 ponceaurot; Regiment Nr. 7 ponceaurot; Regiment Nr. 8 dunkelblau; Regiment Nr. 9 kornblumenblau; Regiment Nr. 10 hellblau; Regiment Nr. 11 dunkelgrün; Regiment Nr. 12 kornblumenblau.

Der Tressenbesatz und der Königliche Namenszug waren von Schnurfarbe.

Das Bandolier war aus Silbertresse für alle Regimenter mit Tuch in der Attilafarbe unterlegt.

Kartusche aus schwarzlackiertem Leder mit dem vergoldeten Königlichen Namenszug und der Krone; beim Garde-Husaren-Regiment, 1. und 2. Leib-Husaren-Regiment silbern emaillierter Gardestern.

Der Mantel- bzw. Paletotkragen war außen von Farbe der Mannschaftskragenpatten, innen von der Farbe der Schulterklappen mit einem Vorstoß von Schnurfarbe. Beim Regiment 1 innen, beim Regiment 2 auch außen von schwarzem Samt.

Galahosen mit reichem Schnurbesatz aus goldener oder silberner Schnur und Tresse (s. Abbildung).

Die Grundfarbe war bei den Gardehusaren, Nr. 3 und 8 dunkelblau, bei Nr. 1, 2 und 5 schwarz, Nr. 4, 9 und 12 kornblumenblau, Nr. 6, 7 und 11 ponceaurot und Nr. 10 pompadourrot.

Dazu wurden hohe schwarze Stiefel mit Quasten und Tresse in Schnurfarbe am oberen Rand getragen.

Schabraken. Vorn abgerundet, hinten in einer Spitze auslaufend mit gezacktem von Schnur gesäumten Besatzstreifen besetzt (s. Tabelle).

Offizier-Schabracken waren in der Form wie bei den Mannschaften, aber mit silberner oder goldener Schnur besetzt und in allen vier Ecken zusätzlich silberner oder goldener Schnurbesatz.

Die Offiziere des Garde-Husaren-Regiments hatten den äußeren Rand des Besatzstreifens mit 3 cm breiter goldener Tresse eingefaßt und auf dem Schnurbesatz in den Ecken den gestickten silbernen Gardestern.

Besonderes:

Die 1. und 2. Leib-Husaren trugen auf der Feld- und Dienstmütze über der Kokarde den Totenkopf.

2. Leib-Husaren-Regiment: Die Wachtmeister um den Schnurbesatz auf der Brust einen rabattenförmigen Tressenbesatz aus Unteroffizierstresse.

5. Husaren-Regiment: Die Offiziere hatten lt. AKO vom 22. Februar 1861 silberne Frangen als Brustbesatz längs der Brustverschnürung auf dem Attila erhalten (s. Abbildung).

Die Garde-Husaren und 1. und 2. Leib-Husaren hatten auf dem Säbelgefäß an der Vorderseite den silbernen Gardestern.

Generale als Regiments-Chef trugen lt. AKO vom 24. Februar 1857 zur Gala Pelze von Attilafarbe (Garde-Husaren und Husaren-Regiment 3 dunkelblau) mit Pelzbesatz aus Kamtschatka-Biberfell.

Portepee-Fähnriche der Husaren trugen den gleichen Interims-Attila wie die Offiziere. Der Schnurbesatz war aber aus weißer oder gelber Wolle. Auf den Schultern wurden die gleichen Schulterschnüre wie beim Attila getragen. Keine Kragen- und Ärmeltressen.

Artillerie

Die Artillerie war nicht in Regimenter, sondern in Brigaden eingeteilt. Es bestanden folgende Artillerie-Brigaden:

Garde-Artillerie-Brigade, Ostpr. Artillerie-Brigade Nr. 1, Pomm. Artillerie-Brigade Nr. 2, Brandenburgische Artillerie-Brigade Nr. 3, Magdeburgische Artillerie-Brigade Nr. 4, Niederschlesische Artillerie-Brigade Nr. 5, Schlesische Artillerie-Brigade Nr. 6, Westfälische Artillerie-Brigade Nr. 7, Rheinische Artillerie-Brigade Nr. 8.

Die Artillerie trug den gleichen Helm wie die Infanterie, aber statt der Spitze eine Aufsatzkugel.

Bei der Garde-Artillerie-Brigade waren alle Helmbeschläge von Tombak einschließlich der Schuppenkette. Auf der Vorderseite saß der Gardeadler mit dem neusilbernen Gardestern und dem Vaterlandsbandeau. Zur Parade wurden weiße, für Trompeter rote Haarbüsche getragen.

Die 4. Kompanie der Festungsabteilung trug über dem Helmadler ein Band mit der Inschrift „Colberg 1807" (s. Abbildung Tafel XXVI/6). Ab 1861 wurde das Band am unteren Teil des Helmadlers angebracht (Tafel XXVI/7).

Bei den Artillerie-Brigaden 1–8 war der Helmbeschlag und die Schuppenkette von Messing. Die Brigaden 1, 3 und 6 trugen den Linienadler mit *FWR*, die anderen Brigaden mit *FR*. Alle mit dem Vaterlandsbandeau.

Bei der 2. Brigade trugen zwei Fußbatterien, die 3. Festungkompanie und die 1. und 2. reitende Batterie, bei der 3. Brigade eine Fußbatterie das gleiche Helmband wie bei der Garde „Colberg 1807". Auch hier wurde der Sitz des Helmbandes 1861 verändert.

Die reitenden Abteilungen trugen zur Parade schwarze, Trompeter rote Haarbüsche.

Tafel XXV Von links: Kanonier einer Fußbatterie, Trompeter im Paradeanzug, Unteroffizier einer Fußbatterie, Pionier im Paradeanzug, Stabsoffizier der reitenden Gardeartillerie in Parade, Trainsoldat mit Tschako, Kanonier der reitenden Gardeartillerie in Parade, Offizier des Ingenieur-Corps in Parade, Offizier des Garde-Trainbataillons in Parade.

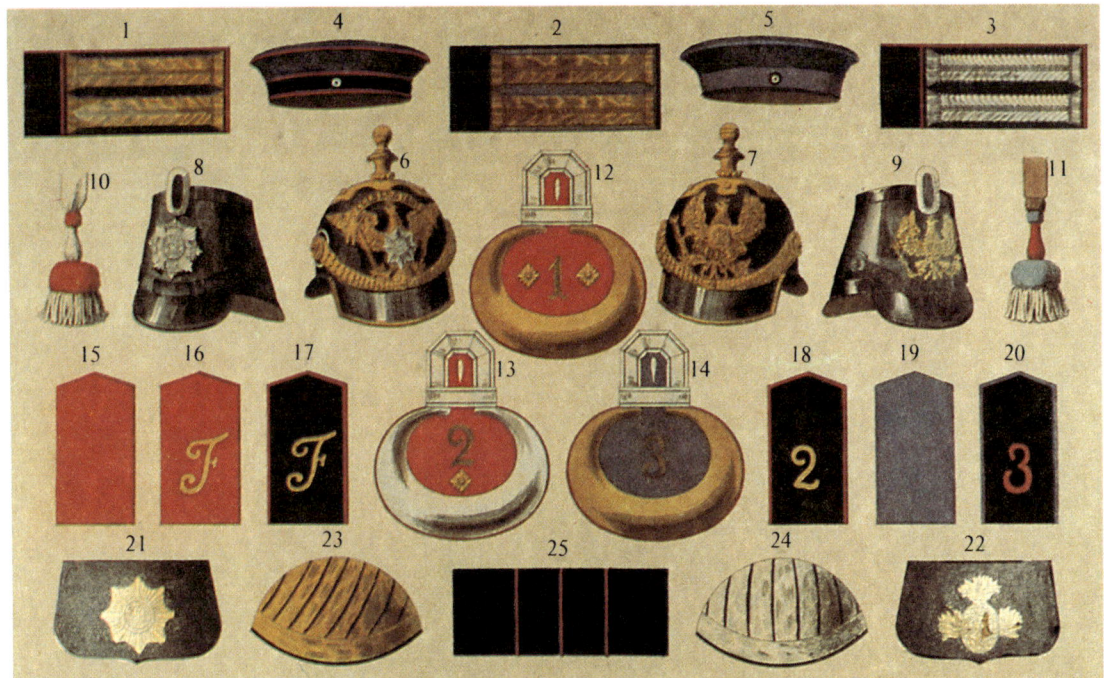

1. Kragen der Offz. der G.-Art., 2. Kragen der Offz. G. Train-Btl., 3. Kragen der Ing.-Offiziere; Feldmützen der: 4. Artillerie, 5. Train, 6. Helm der Garde-Art., 7. Helm der Linien-Art., 8. Tschakos des Garde-Trains, 9. der übrigen Train-Btle.; Säbeltroddel: 10. der Fußartillerie, 11. der berittenen Mannschaften der Fußartillerie (reit. Abt. wie Kavallerie); Epauletten: 12. Ostpr. Art.-Brig. 1 (Hauptmann), 13. Pomm. Pionier-Btl. 2 (Premierleutnant), 14. Train-Btl. 3. AK; Schulterklappen: 15. Garde-Art., 16. Feuerwerker-Abt., 17. Feuerwerker (Mantel), 18. Artill. (Mantel), 19. Train, 20. Train (Mantel); Kartuschen: 21. reitende Garde-Art., 22. reitende Art.; Schwalbennester: 23. Artillerie, 24. Pioniere, 25. Streifen zum Gala-Beinkleid der Offz. der reit. Artillerie. – Abb. 9, 21 und 22, Embleme aus Messing (Farbveränderung)

Die Feldmütze war aus dunkelblauem Tuch mit schwarzem Besatzstreifen. Der Mützendeckel und der Besatzstreifen oben und unten war ponceaurot vorgestoßen.

Der dunkelblaue Waffenrock hatte bei der Garde-Artillerie-Brigade dunkelblauen eckigen, bei den Linien-Brigaden vorn abgerundeten Kragen. Die Kragenpatten waren schwarz mit rotem Vorstoß an der hinteren Kante. Die Garde trug darauf je zwei gelbkamelgarnene Litzen mit schwarzem Spiegel.

Die Garde-Artillerie-Brigade und die reitenden Abteilungen der Linien-Brigaden trugen schwedische schwarze Ärmelaufschläge. Bei der Garde mit zwei gelbkamelgarnenen Litzen mit schwarzem Spiegel besetzt. Die Fuß- und Festungsabteilungen der Linien-Artillerie trugen brandenburgische schwarze Ärmelaufschläge mit dunkelblauer Patte. Kragen, Ärmelaufschläge, Rockvorderteil und die geschweiften Schoßtaschenleisten waren ponceaurot vorgestoßen. Die Knöpfe waren von Tombak. Schulterklappen ponceaurot, darauf bei den Linien-Brigaden die Nummer in gelber Schnur.

Die Unteroffiziertresse war golden, bei der Garde gemustert, bei der Linie glatt.

Schwarze Schwalbennester mit bei der Fuß- und Festungs-Artillerie für Gemeine, bei der Garde gelbkamelgarnene, bei der Linie weißwollener Tresse. Die Stabshornisten und Hauboisten hatten den Besatz aus Unteroffiziertresse. Bei der reitenden Artillerie trugen alle Trompeter die Schwalbennester mit goldener Unteroffiziertresse besetzt.

Bei der Fuß- und Festungsartillerie wurden lange Tuchhosen mit ponceaurotem Vorstoß getragen; die reitenden Abteilungen sowie die fahrenden und berittenen Mannschaften trugen die lange lederbesetzte Reithose mit ponceaurotem Vorstoß.

Die Fuß- und Festungs-Artillerie trugen die Mäntel der Fußtruppen, die reitenden Abteilungen sowie die berittenen und fahrenden Mannschaften der Fußabteilungen die Kavalleriemäntel. Die Kragenpatten waren schwarz. Schulterklappen bei der Garde ponceaurot, bei der Linie dunkelblau mit ponceaurotem Vorstoß und der Brigade-Nummer in gelber Schnur.

Das Koppel war bei der Fuß- und Festungs-Artillerie wie bei der Infanterie von weißem Leder mit Säbeltasche und messingnem Koppelschloß mit neusilbernem Schild, darauf Krone mit der Umschrift „Gott mit uns". Auch die Berittenen und Fahrer dieser Abteilungen trugen dieses Koppel, aber mit Trage- und Schleppriemen und messingnem Haken zum Aufhaken des Säbels.

Bei den reitenden Abteilungen wurde ein weißledernes Säbelkoppel mit messingner Schnalle und weißem Trage- und Schleppriemen sowie messingnem Haken zum Aufhaken des Säbels getragen.

Alle Berittenen und die Fahrer der Artillerie trugen ein weißes Bandolier mit schwarzlederner Kartusche. Auf dem Kartuschdeckel wurde bei der Garde messingner Gardestern, bei der Linie eine messingne dreiflammige Granate mit dem Namenszug *FWR* getragen.

Faustriemen: Bei Brigaden mit 4 Batterien je Fußabteilung war bei der 4. Batterie jeder Abteilung der Schieber und Kranz hellblau.

Die berittenen Mannschaften der Fuß- und Festungs-Abteilungen hatten einen rotjuchtenen Riemen mit Schieber, alles übrige wie bei den Fußmannschaften. Die Unteroffiziere und Obergefreiten trugen die schwarz-weiß wollenen Troddel gleichfalls bei diesen Abteilungen an einem rotjuchtenen Riemen.

Die reitenden Abteilungen hatten Faustriemen wie die Kürassiere.

Die Unberittenen trugen das Faschinenmesser M 49, die Berittenen und die reitenden Abteilungen den Artilleriesäbel n. A. (Bügelsäbel).

Offiziere

Helm wie bei den Mannschaften, bei der Garde aber der Gardestern silbern mit emailliertem Mittelschild.

Mütze mit Besatzstreifen von schwarzem Samt.

Waffenrock wie bei den Mannschaften. Die schwarzen Kragenpatten und Ärmelaufschläge waren aber hier von Samt. Die Offiziere der Garde-Artillerie-Brigade trugen auf den Kragenpatten und schwedischen Ärmelaufschlägen je zwei goldene gestickte Litzen.

Bei den brandenburgischen Ärmelaufschlägen wurde der unterste Knopf der dunkelblauen Patten nicht zugeknöpft.

Epauletten mit goldenem Halbmond und ponceaurotem Feld, darauf die goldene Brigadenummer.

Der Mantelkragen war außen von schwarzem Samt mit ponceaurotem Vorstoß.

Galahosen: Die Artillerie-Offiziere trugen lange Beinkleider von weißem Kasimir wie die Fußtruppen-Offiziere. Die Offiziere der reitenden Abteilungen hatten lange dunkelblaue Hosen mit ponceauroter Biese, die mit schwarzsamtenen 4 cm breiten Doppelstreifen eingefaßt war; diese Streifen waren an den beiden äußeren Seiten ponceaurot vorgestoßen.

Bandolier: Aus dunkelblauem Tuch mit goldener Tresse besetzt. Auf dem schwarzledernen Kartuschdeckel trugen die Offiziere der Garde-Artillerie-Brigade den silbernen Gardestern, bei der Linie den goldenen gekrönten Namenszug *FWR*.

Als Seitenwaffe wurde der Kavallerie-Bügelsäbel (Löwenkopfsäbel) am weißen Lacklederunterschnallkoppel getragen.

Schabracken: Bei der reitenden Artillerie waren die Schabracken von dunkelblauem Tuch mit schwarzem Tuchbesatz, dieser war an beiden Seiten ponceaurot vorgestoßen. Die äußere Kante der Schabracke hatte gleichfalls einen ponceauroten Vorstoß.

Die Offizier-Schabracke war dunkelblau mit 1,5 cm breitem Besatzstreifen von ponceaurotem Tuch, parallel dazu ein 1,5 cm und ein 4 cm breiter schwarzer Streifen; beide waren ponceaurot eingefaßt. Die Offiziere der Garde-Artillerie-Brigade trugen lt. Kr. Min. Mil.-Oek.-Dep. vom 20. September 1860 in allen vier Ecken den silbernen Gardestern.

Die Feuerwerksabteilung setzte sich aus Abkommandierten aller Brigaden zusammen. Diese trugen ihre Uniform weiter, hatten aber auf den Schulterklappen ein *F* in gelber Schnur.

Die Feuerwerker bei den Brigaden unterschieden sich nicht von den Unteroffizieren, die Oberfeuerwerker nicht von den Feldwebeln.

Pioniere

Außer dem Garde-Pionier-Bataillon bestanden noch die Bataillone Nr. 1–8, diese hatten die gleiche landschaftliche Bezeichnung wie die Artillerie-Brigaden (z. B. Ostpreußisches Pionier-Bataillon Nr. 1 usw.).

Helm: Schwarzlackierter Lederhelm wie Infanterie mit Beschlägen aus Neusilber, die Schuppenketten beim Garde-Pionier-Bataillon von Tombak, bei den übrigen Bataillonen aus Messing.

Das Garde-Bataillon trug den Gardeadler mit neusilbernem Stern und dem Vaterlandsbandeau. Die Linien-Bataillone hatten als Helmzier den Linienadler mit dem Brustschild *FWR* beim 1. und 3. Bataillon und *FR* bei den anderen Bataillonen; alle mit dem Vaterlandsbandeau.

Bei der Garde wurden zur Parade schwarze, von den Hornisten rote Haarbüsche getragen.

Die dunkelblaue Mütze hatte ponceauroten Deckelvorstoß mit schwarzem beiderseits rot vorgestoßenem Besatzstreifen.

Waffenrock wie bei der Infanterie dunkelblau mit vorn abgerundetem, bei der Garde eckigem Kragen mit ponceaurotem Vorstoß. Schwarze, hinten rot vorgestoßene Kragenpatten.

Schwarze schwedische Ärmelaufschläge mit ponceaurotem Vorstoß. Die Garde-Pioniere trugen auf den Kragenpatten und Ärmelaufschlägen je zwei weißleinene Litzen mit schwarzen Spiegeln. Alle Bataillone hatten zinnerne Knöpfe.

Rote Schulterklappen mit Bataillonsnummer in gelber Schnur bei der Linie.

Die silberne Unteroffiziertresse war beim Garde-Bataillon gemustert, bei der Linie glatt.

Schwarztuchene Schwalbennester mit weißleinenen Borten besetzt, beim Garde-Bataillon zusätzlich weiße Fragen. Hose wie Infanterie.

Mantel wie Infanterie mit schwarzen Kragenpatten. Die Schulterklappen beim Garde-Bataillon ponceaurot, bei der Linie dunkelblau mit rotem Vorstoß und Nummer von gelber Schnur.

Schwarzledernes Koppel mit Koppelschloß wie Infanterie.

Die Offiziere des Garde-Pionier-Bataillons trugen auf dem Helm den silbernen Gardeadler mit dem Gardestern.

Der Mützenbesatzstreifen aller Pionier-Offiziere war aus schwarzem Samt.

Der dunkelblaue Waffenrock hatte für alle Pionier-Offiziere eckigen und dunkelblauen Kragen, die Kragenpatten und die schwedischen Ärmelaufschläge waren bei den Offizieren von schwarzem Samt. Alle Pionier- und Ingenieur-Offiziere trugen auf den Kragenpatten und den Ärmelaufschlägen je zwei silberne gestickte Kolbenlitzen (wie bei den Generalstabs-Offizieren).

Epauletten mit versilberten Halbmonden, ponceaurotem Feld und bei den Linien-Bataillonen goldener Bataillonsnummer. Mantelkragen wie Artillerie-Offiziere.

Alles andere wie Infanterie-Offiziere.

Train

Bei jedem Armee-Corps bestand ein Train-Bataillon. Als Kopfbedeckung trugen die Unteroffiziere und Mannschaften den Tschako aus schwarzlackiertem Leder mit schwarzledernem Kinnriemen. Schwarz-weißes National. Beim Bataillon des Garde-Corps mit neusilbernem Gardestern und Vaterlandsbandeau, die Linien-Bataillone trugen den Linienadler mit dem Namenszug *FR* und dem Vaterlandsbandeau aus Messing.

Zur Parade trug das Garde-Bataillon weiße, Spielleute rote Haarbüsche.

Die dunkelblaue Mütze hatte hellblauen Besatzstreifen und Deckelvorstoß.

Waffenrock dunkelblau mit dunkelblauem bei der Garde eckigem, Linie vorn abgerundeten Kragen und hellblauen Kragenpatten.

Hellblaue Vorstöße um die dunkelblauen schwedischen Ärmelaufschläge, die geschweiften Schoßtaschenleisten und am Rock vorn herunter. Beim Garde-Bataillon saßen auf den Kragenpatten und Ärmelaufschlägen je zwei weißleinene Litzen mit hellblauen Spiegeln. Die Knöpfe waren von Tombak.

Auf den hellblauen Schulterklappen saß bei der Linie die arabische Armee-Corps-Nummer in roter Schnur.

Die hellblauen Schwalbennester waren bei der Garde mit weißleinener Borte und Frangen, bei der Linie mit weißwollener Borte besetzt, und zwar senkrecht wie bei der Infanterie. Die Hosen waren bei den Unberittenen wie bei der Infanterie, bei den Berittenen wie bei der Kavallerie, das gleiche traf auf den Mantel zu. Dieser hatte hellblaue Kragenpatten, dunkelblaue Schulterklappen mit hellblauem Vorstoß und der arabischen Armee-Corps-Nummer in roter Schnur. Beim Garde-Bataillon wurden hellblaue Schulterklappen getragen.

Seitenwaffen: Für die berittenen Stammannschaften im Frieden (Unteroffiziere und Gefreite) Kavallerie-Bügelsäbel a. A. am schwarzledernen Unterschnallkoppel, dazu für Mannschaften den schwarzledernen Faustriemen wie bei den Husaren.

Weißes Lederbandolier mit messingnen Beschlägen und schwarzlederner Kartusche ohne Deckelverzierung bei der Linie, bei der Garde mit messingnem Gardestern.

Train-Soldaten trugen weder Bandolier noch Kartusche.

Die Offiziere trugen statt des Tschakos den schwarzlackierten Lederhelm mit gelbem Beschlag, Spitze und Linienadler mit *FR*.

Bei der Garde Gardeadler mit neusilbernem Stern und emailliertem Mittelschild.

Waffenrock wie bei den Mannschaften. Beim Bataillon des Garde-Corps saßen auf den Kragenpatten und Ärmelaufschlägen glatte goldene Litzen.

Die Epauletten hatten goldene Halbmonde mit hellblauen Feldern und der Armee-Corps-Nummer.

Als Seitenwaffe wurde der Löwenkopfsäbel bzw. Bügelsäbel oder der Säbel M 52 am schwarzlackierten Unterschnallkoppel getragen.

Goldenes dunkelblau gefüttertes Tressenbandolier. Kartusche bei den Offizieren des Garde-Bataillons mit dem silbernen emaillierten Gardestern, bei der Linie mit dem gekrönten vergoldeten Namenszug *FWR* verziert. Galahosen wie bei der Infanterie.

Die Schabracke war von dunkelblauem Tuch mit hellblauem Besatzstreifen und hellblauer Einfassung. Beim Garde-Bataillon wurde – wie bei der Garde-Artillerie – der silberne Gardestern getragen.

Beamte

Die Militärverwaltung des preußischen Heeres kannte zwei Beamten-Kategorien. Es gab die Militärbeamten und die Zivilbeamten der Militärverwaltung.

Die Militärbeamten waren als Militärpersonen zu betrachten und eingeteilt in obere, im Offiziersrang stehende, sowie untere Militärbeamte.

Außer den Ärzten hatten alle Militärbeamten keinen bestimmten militärischen Rang.

Nach der Klassifikation der zum preußischen Heere und zur Marine gehörenden Militärpersonen von 1862 (M. W. Bl. 1862, Seite 232 nebst Beilage) gehörten zu den oberen Militärbeamten mit Offiziersrang

a) die Auditeure und Militär-Gerichtsaktuare,
b) die Militär-Intendantur-Beamten,
c) die Oberstabsapotheker und der Oberfeldlazarett-Inspektor,
d) die Zahlmeister,
e) die Fortifikations-Sekretäre.

Obere Militärbeamte mit bestimmtem militärischem Rang waren die Militärärzte.

Untere Militärbeamte ohne bestimmten militärischen Rang waren die Zeughaus-Büchsenmacher und die Büchsenmacher bei den Truppenteilen.

Untere Militärbeamte mit bestimmtem militärischem Rang die Unterärzte.

Die Zivilbeamten der Militärverwaltung waren keine Militärpersonen. Bei der Mobilmachung blieben diese in ihrem früheren Wirkungskreis in der Heimat. Sobald sie aber bei der mobilen Armee verwendet wurden, traten sie zu den Militärbeamten über.

Zu den Zivilbeamten der Militärverwaltung gehörten die Beamten der Garnison-, Lazarett-, Magazin-Verwaltung und der Montierungsdepots.

Im Kriege und während des mobilen Zustandes der Truppen kamen noch eine Anzahl Beamter hinzu, so z. B. die oberen Beamten der Feldkriegskasse.

Uniform

Die Kopfbedeckung war für alle oberen Beamten der Infanteriehelm mit dem Linienadler und den Buchstaben *FR*. Alle Beschläge und die Schuppenketten je nach Knopffarbe gold oder silbern.

Gemäß AKO vom 31. Juli 1860 trugen alle im Truppenverbande stehenden Militärbeamten das Vaterlandsbandeau; das waren die Ärzte und die Zahlmeister.

Die Schirmmütze war von dunkelblauem Grundtuch mit gleichfarbigem Besatzstreifen; Deckel und Besatzstreifenvorstöße von Farbe der Waffenrockvorstöße.

Mit AKO vom 30. November 1853 war angeordnet worden, daß alle uniformierten preußischen Beamten damit sie sich, wenn sie den Paletot trugen von den Offizieren unterschieden, auf der Dienstmütze über der Kokarde ein Abzeichen je nach Ressort tragen sollten. Für die Beamten der Militärverwaltung wurde ein kleiner heraldischer Adler in der Form wie ihn die Truppen auf dem Helme trugen festgesetzt.

Tafel XXVII

Von links: Assistenzarzt, Stabsarzt, Generalarzt, Divisions-Auditeur, Intendantur-Sekretär, Zahlmeister, Intendanturrat, Garnison-Verwaltungsbeamter (ohne Mütze) und sitzend Magazin-Verwaltungsbeamter (Proviantamt). (hier aber ponceaurote Hosenbiesen)

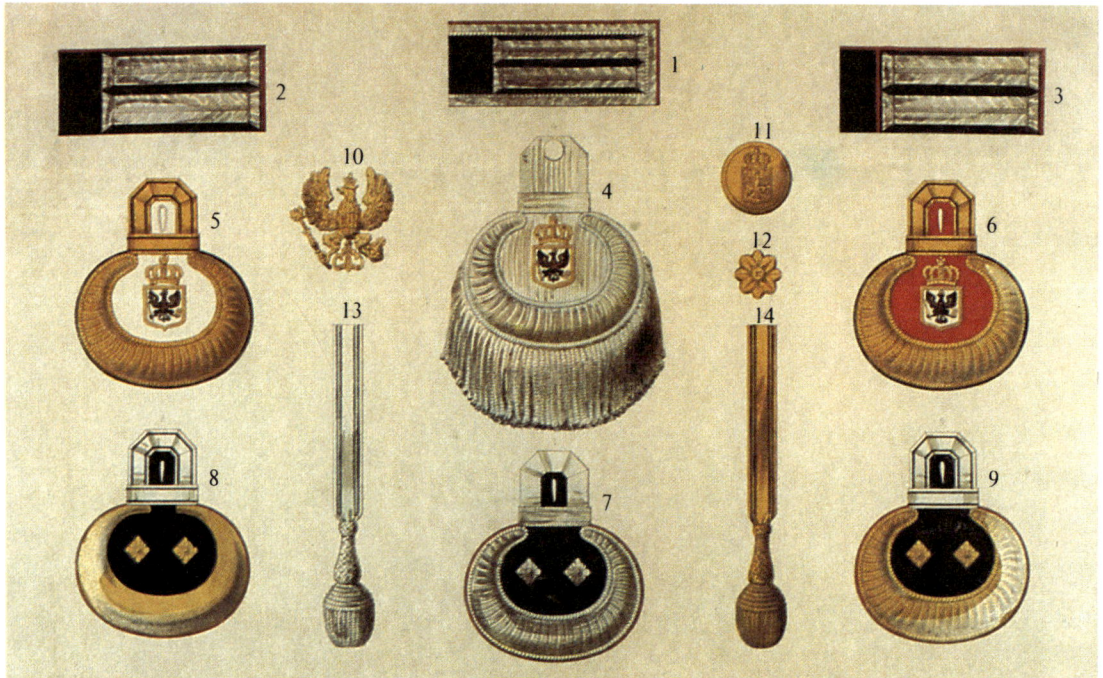

Kragen der Militärintendanten: 1. wirkl. geh. Kriegsrat, 2. Rat und Assessor, 3. eines Auditeurs; Epauletts: 4. Intendanturrat, 5. Beamter der Feldkriegskasse, 6. Montierungsdepot-Beamter, 7. Auditeur, 8. Zeugoffizier (hier Hauptmann), 9. Militärarzt (hier Oberstabsarzt), 10. Mützenadler der Militärbeamten, 11. Waffenrockknopf für Zivilbeamte der Militärverwaltung, 12. Rosette auf Epauletthalter, 13. Portepee der Intendanturbeamten und Auditeure, 14. Portepee der sonstigen Beamten (Ärzte tragen Offiziersportepee).

Für alle Beamten war ein dunkelblauer Waffenrock mit gleichfarbigem Kragen und schwedischen Ärmelaufschlägen vorgeschrieben.

Kragen, die Ärmelaufschläge, sowie die Schoßtaschenleisten und der Rock vorn herunter waren in der Laufbahnfarbe vorgestoßen (s. Tabelle).

Die goldenen oder silbernen Knöpfe waren gewölbt und glatt für die Militärbeamten, die Zivilbeamte der Militärverwaltung trugen flache Knöpfe mit dem Wappenschild.

Die Passanten- und Epaulettschiebertresse war bei den Militärbeamten silbern ohne farbige Streifen; bei den Zivilbeamten der Militärverwaltung war diese Tresse golden und an den Rändern mit dunkelblauer Seide durchzogen. Die Epauletthalbmonde waren bei den Beamten nicht glatt, sondern gepreßt. Zur Kennzeichnung ihres Ranges trugen die Beamten auf den Epaulettfeldern goldene oder silberne Rosetten, nur die Ärzte hatten goldene Sterne. Das auf Tafel XXVIII/7 abgebildete Epaulett eines Auditeurs zeigt im Gegensatz hierzu zwei silberne Sterne. Hier liegt wohl ein Irrtum vor. Eine kriegsministerielle Verordnung, Militärökonomiedepartment vom 18. Juni 1883 verfügte, daß das Militär-Justizpersonal in Zukunft goldene Rosetten statt der lt. AKO vom 16. März 1848 vorgeschriebenen silbernen Rosetten zu tragen hatte. Der Wechsel der Metallfarbe war notwendig geworden, nachdem lt. AKO vom 3. Februar 1870 bestimmt worden war, daß alle Militär- und Zivilbeamten der Militärverwaltung in Zukunft die Rosetten auf den Epauletthaltern tragen sollten.

Auf Tafel XXVIII ist zwar bei Abbildung 12 vermerkt: Rosette auf Epauletthalter; es besteht durchaus die Möglichkeit, daß Beamte, die 1864 am Feldzug teilnahmen, gleichfalls wie die Offiziere die Epauletten abgelegt hatten und die Rosetten auf dem Epauletthalter trugen.

Der schwarze Überrock hatte Vorstöße wie am Waffenrock, keine Stickereien.

Paletot von dunkelgrauem Tuche, Kragen innen dunkelblau, außen von Farbe und Stoff sowie Vorstöße des Waffenrockkragens.

Die dunkelgrauen Beinkleider hatten ponceaurote Vorstöße; bei karmesinroten Rockvorstößen ebenfalls karmesinrot.

Als Seitenwaffe wurde der Infanterie-Offizierdegen getragen, die oberen Militärbeamten trugen hierzu ein silbernes, die Zivilbeamten der Militärverwaltung goldenes Portepee; das Band war bei beiden mit dunkelblauen Seidenstreifen durchzogen. Die Offizier-Schärpe wurde von den Beamten nicht getragen.

Untere Militärbeamte ohne bestimmten militärischen Rang

Die Zeughaus-Büchsenmacher und die Büchsenmacher bei den Truppenteilen trugen keinen Helm, sie hatten nur die Dienstmütze aus schwarz-graumeliertem Tuche mit Besatzstreifen von schwarzem Tuche, Mützendeckel sowie Besatzstreifen auf beiden Seiten ponceaurot vorgestoßen, schwarzlederner Mützenschirm.

Ein Waffenrock wurde gleichfalls nicht getragen, sie besaßen einen schwarz-

Obere-Militär-Beamte ohne bestimmten militärischen Rang

Branche und Charge	Waffenrock			Epauletten				Sonstiges
	Vorstöße	Knöpfe	Epaulett-schieber u. Passanten-tresse	Rosetten	Gepreßte Halb-monde	Felder	Unter-futter	
I. Mil. Intendantur*								* Kragen und Aufschläge aus dunkelblauem Samt
Intendanten als Wirkl. Geh. Kriegsräte**	karmesinrot	silber glatt	silber	1 goldene	silber mit silbernen Frangen	silber	karme-sinrot	** Auf Kragen und Aufschlag je 2 silberne Litzen und silberne Randborte
Intendanten***				1 goldene	mit silbernen Frangen			*** Kragen und Aufschlag mit je 2 silbernen Litzen
Intendantur-Räte***				–				
Intendantur-Assessoren***				1 goldene	silbern			Auf den Epaulettfeldern Wappenschild mit schwarzem Adler
Intendantur-Referendare				–				
Intendantur-Sekretäre				1 goldene				
Intendantur-Sekretäriats-Assistenten				–				
II. Mil. Justiz-Personal.								* Kragen und Aufschlag aus dunkelblauem Samt mit 2 silbernen Litzen und silberne Randborte
General-Auditeur*	ponceaurot	silber glatt	silber	2 silberne	silber mit silbernen Frangen	dkl.-blau	ponceau-rot	
Ober-Auditeure d. Gen. Auditoriats**				1 silberne				** 2 silberne Litzen auf Kragen und Aufschlag
Ober-Auditeure, Korps-Aud., Gouv. Aud. von Berlin**				2 silberne	silbern			
Auditeure**				1 silberne				
Mil. Ger. Aktuarien				–				
III. Zahlmeister								
Zahlmeister I. Kl.	weiß	silber glatt	silber	1 goldene	silbern	weiß	dkl.-blau	Auf den Epaulettfeldern Wappenschild mit schwarzem Adler
Zahlmeister II. Kl.				–				
IV. Fortifikations-Beamte								* Kragen und Aufschlag aus schwarzem Samt
Fort.-Sekretäre*	ponceaurot	silber glatt	silber	–	silbern	ponceau-rot	ponceau-rot	Auf dem Epaulettfeld Wappenschild mit schwarzem Adler

graumelierten Überrock mit zwei Reihen gelber flacher Knöpfe und schwarzem Kragen. Kragen, Ärmelaufschläge und die Schoßtaschenleisten waren ponceaurot vorgestoßen. Beinkleider von graumeliertem Tuch mit ponceaurotem Vorstoß.

Infanterie- oder Kavalleriemäntel mit Kragen von schwarz-graumeliertem Tuche ja nach Truppenteil.

Schulterklappen wurden weder zum Überrock noch zum Mantel getragen.

Die Büchsenmacher der Fußtruppen trugen das Seitengewehr der Infanterie mit einer Säbeltroddel von gelber Seide, beim Überrock durch den Schlitz gesteckt, die der Truppen zu Pferde den Kavallerie-Bügelsäbel mit Faustriemen von schwarzem Leder mit gelber Seide am schwarzen Unterschnallkoppel.

Branche und Charge	Waffenrock			Epauletten				Sonstiges
	Vorstöße	Knöpfe	Epaulett-schieber u. Passanten-tresse	Rosetten	Gepreßte Halbmonde	Felder	Unter-futter	
I. Feld-Kriegskassen-Personal Kriegs-Zahlm. einer Korps-Kasse Kassierer u. Buchhalter	weiß	gold m. Wappenschild	golden mit 2 dunkelblauen Streifen	1 goldene –	golden	weiß	dklblau	Auf den Epaulettfeldern Wappenschild mit schwarzem Adler
II. Bekleidungs-Depot-Personal Rendant Kontrolleur	ponceaurot	gold m. Wappenschild	golden mit 2 dunkelblauen Streifen	1 silberne –	golden	ponceaurot	dklblau	Auf den Epaulettfeldern Wappenschild mit schwarzem Adler
III. Magazin-Personal Proviantmeister u. Magazin-Rendant Kontrolleure u. Assistenten	gelb	gold m. Wappenschild	golden mit 2 dunkelblauen Streifen	1 silberne –	golden	gelb	dklblau	Auf den Epaulettfeldern Wappenschild mit schwarzem Adler
IV. Garnisonverw. Pers. Direktor u. Ober-Inspektor Inspektor, Kontrolleure, Kasernen-Inspektoren	hellblau	gold m. Wappenschild	golden mit 2 dunkelblauen Streifen	1 silberne –	golden	hellblau	dklblau	Auf den Epaulettfeldern Wappenschild mit schwarzem Adler
V. Mil. pharm. Personal Ober-Stabs-Apotheker b. Medizinal-Stabe der Armee	kornblumenblau	gold m. Wappenschild	golden mit 2 dunkelblauen Streifen	1 silberne	golden	kornblumenblau	dklblau	2 goldene Litzen auf Kragen und Aufschlägen
VI. Lazarett-Ökonomie-Personal Ober-Laz.-Insp. b. Medizinal-Stabe d. Armee*	kornblumenblau	gold m. Wappenschild	golden mit 2 dunkelblauen Streifen		golden	kornblumenblau	dklblau	* Auf Kragen und Aufschlägen 2 goldene Litzen
Ober-Laz.-Inspektor Laz.-Insp., Laz. Rendant				1 silberne 1 silberne –				Auf den Epaulettfeldern Wappenschild mit schwarzem Adler

Ärzte

Die Ärzte waren obere Militärbeamte mit einem bestimmten militärischen Rang:

a) Der Generalstabsarzt der Armee mit dem Range eines Obersten,
b) die Corps-General-Ärzte mit dem Rang eines Majors,
c) die Oberstabsärzte mit dem Range eines Hauptmanns,
d) die Stabsärzte mit dem Range eines Premierleutnants,
e) die Oberärzte und die Assistenzärzte mit dem Range eines Sekonde-Leutnants.

Die Ärzte trugen den Helm wie die anderen oberen Beamten der Militärverwaltung aber mit dem Vaterlandsbandeau. Beschläge und Schuppenketten gelb.

Die dunkelblaue Mütze mit gleichfarbigem Besatzstreifen war am Mützendeckel und am Besatzstreifen ponceaurot vorgestoßen und hatte über der Kokarde den kleinen heraldischen Adler.

Der dunkelblaue Waffenrock hatte dunkelblauen eckigen Kragen sowie dunkelblaue schwedische Ärmelaufschläge. Beim General-Stabsarzt waren Kragen und Aufschläge von dunkelblauem Samt.

Kragen, Aufschläge, Schoßtaschenleisten und der Rock vorn herunter war mit ponceauroten Tuchvorstößen versehen. Goldene Knöpfe. Die Passanten- und Epauletthaltertresse war wie bei den Offizieren silbern mit schwarzen Streifen durchzogen.

Die Epauletten hatten goldene gepreßte Halbmonde und dunkelblaue Tuchfelder. Zur näheren Unterscheidung der einzelnen Dienstgrade wurden auf dem Epaulettfeld goldene Sterne wie bei den Offizieren getragen, auch Litzen auf Kragen und Aufschlag waren bei den einzelnen Rängen unterschiedlich. Es trugen:

Generalstabsarzt Epauletten mit goldenen Frangen und zwei goldenen Sternen. Kragen und Ärmelaufschläge von dunkelblauem Samt mit je zwei glatten goldenen gestickten Litzen besetzt und mit goldener Stickerei eingefaßt.

Generalarzt Epauletten mit goldenen Frangen ohne Sterne, Kragen und Ärmelaufschläge mit je zwei glatten goldenen gestickten Litzen besetzt.

Oberstabsarzt Epauletten mit zwei goldenen Sternen, und je zwei glatten goldenen gestickten Litzen auf Kragen und Ärmelaufschlägen.

Stabsarzt Epauletten mit einem goldenen Stern, auf dem Kragen eine glatte goldene gestickte Litze. Ärmelaufschläge ohne Litzen.

Oberarzt Epauletten ohne Sterne, eine glatte goldene gestickte Litze am Kragen, Aufschläge ohne Litzen.

Assistenzarzt Epauletten wie Oberarzt aber am Kragen und an den Ärmelaufschlägen keine Litzen.

Alles andere wie bei den übrigen oberen Militärbeamten mit Ausnahme des Portepees. Die Militärärzte trugen das Offizierportepee.

Mit AKO vom 25. Juli 1865 konnte Militärärzten ein höherer Rang als der in ihrer Stellung übliche verliehen werden.

Generalärzte mit dem Range eines Obersten oder Oberstleutnants, Oberstabsärzte mit dem Range eines Majors und die Stabsärzte mit dem Range eines Hauptmann. Sie trugen dazu die ihrem neuen Range zustehenden Epauletten, die Stabsärzte die Uniform der Oberstabsärzte.

Untere Militärbeamte mit bestimmtem militärischem Rang waren die Unterärzte, diese rangierten vor den Unteroffizieren ohne Portepee und hinter den Portepee-Fähnrichen.

Die Unterärzte trugen die gleiche Uniform wie die Assistenzärzte nur mit dkbl. Achselklappen, die mit goldener Tresse eingefaßt waren; am Degen trugen sie das Portepee der Zivilbeamten der Militärverwaltung.

Roßärzte

Trotz der großen Bedeutung des Pferdes für die damalige Kriegsführung, war das tierärztliche Personal in Preußen recht stiefmütterlich behandelt worden. Die Roßärzte gingen aus den Kurschmieden hervor. Schmieden und Hufbeschlag rangierte in der Vorstellung der militärischen Führung an erster Stelle.

Auf Grund dieser Einstellung waren die Roßärzte nur als Soldaten im Unteroffizierrang eingestuft. Erst am 1. April 1910 wurde das Veterinär-Offizier-Korps, nachdem die Roßärzte zwischenzeitlich Mil. Beamte waren, errichtet.

Gemäß der Klassifikation von 1862 waren die Oberroßärzte und die Roßärzte

Unteroffiziere mit Portepee, der Kurschmied, lt. AKO vom 9. Januar 1863 Unterroßarzt, Unteroffizier ohne Portepee.

Mit AKO vom 9. Januar 1863 wurde die Uniform der Roßärzte wie folgt festgesetzt:

Ein dunkelblauer Überrock mit gelben Knöpfen, schwarzem rotpaspeliertem Tuchkragen und schwarztuchenen Achselklappen.

Ein Helm mit abgerundeter Spitze und heraldischem Adler mit dem Namenszuge *FR*.

Eine dunkelblaue Mütze mit schwarztuchenem Rande und roter Paspelierung.

Ein Paletot mit schwarzem, rotpaspeliertem Kragen und schwarzen Achselklappen.

Als Abzeichen erhalten die Stabs-Roßärzte die goldene Tresse um die Achselklappe; die Roßärzte tragen wie die Stabs-Roßärzte den Offiziersäbel mit dem silbernen Portepee.

Das Kriegsministerium bemerkte bei Veröffentlichung dieser AKO, daß die entsprechenden Vorschriften des Bekleidungsreglements der Artillerie bezüglich des Helmes und der Mütze zur Geltung kommen sollten.

Danach bedeutete abgerundete Spitze beim Helm die Aufsatzkugel.

Zur Uniform gehörten weiterhin graumelierte Tuchbeinkleider mit ponceauroter Biese und der Offizier-Paletot mit schwarzem ponceaurot vorgestoßenem Kragen sowie schwarzen Schulterklappen wie am Überrock.

Stabs-Roßärzte und Roßärzte trugen den Offiziersäbel mit dem silbernen Offizierportepee. Die Unter-Roßärzte das Seitengewehr ihres Truppenteils mit Unteroffizier-Faustriemen.

Aufgrund der vorstehenden AKO muß die Richtigkeit der Abbildung eines Roßarztes im Waffenrock auf Tafel XXIX angezweifelt werden. Über die Uniformierung der Ober-Roßärzte war in den Verordnungen nichts zu finden.

Krankenträger

Im Mobilmachungsfalle wurde für jedes Armee-Corps eine Krankenträger-Kompanie aufgestellt.

Als Kopfbedeckung diente die dunkelblaue Schirmmütze mit karmesinrotem Besatzstreifen und Deckelvorstoß sowie ledernem Kinnriemen. Über der schwarzweißen Kokarde saß das weißmetallene Landwehrkreuz mit der Inschrift „Mit Gott für König und Vaterland 1813".

Infanterie-Waffenrock mit dunkelblauem Kragen und schwedischen Ärmelaufschlägen. Karmesinrote Kragenpatten und karmesinrote Vorstöße um den Kragen, die Ärmelaufschläge, vorn herunter und an den Schoßtaschenleisten.

Beim Garde-Corps war der Kragen eckig, auf den Kragenpatten zwei weißleinene Litzen mit karmesinrotem Spiegel, desgleichen auf den Ärmelaufschlägen. Die Knöpfe waren zinnern. Karmesinrote Schulterklappen mit bei der Linie gelber Armee-Corps-Nummer.

Die Unteroffiziertresse war bei der Garde silbern und gemustert, bei der Linie silbern und glatt.

Hosen wie Infanterie mit karmesinrotem Vorstoß.

Koppel schwarz mit Koppelschloß wie Infanterie.

Mantel wie Infanterie mit karmesinroten Kragenpatten. Schulterklappen Garde karmesinrot, Linie dunkelblau mit karmesinroten Vorstößen und der gelben Armee-Corps-Nummer.

Lazarettgehilfen

Helm wie Infanterie mit messingnen Beschlägen und Schuppenketten.

Mütze dunkelblau mit dunkelblauem Besatzstreifen; Deckel und Besatzstreifen ponceaurot vorgestoßen.

Dunkelblauer Waffenrock mit gleichfarbigem Kragen und schwedischen Ärmelaufschlägen. Kragen, Ärmelaufschläge, Schoßtaschenleisten und vorn herunter mit ponceauroten Vorstößen versehen. Keine Schulterklappen. Knöpfe von Tombak.

Unteroffizierstresse golden und glatt.

Mantel mit dunkelblauen Kragenpatten, keine Schulterklappen.

Koppel wie bei Infanterie schwarz und Infanterie-Koppelschloß, dazu zwei schwarzlederne Arznei- und Bandagetaschen, bei den Fußtruppen mit Schlaufen zum Aufziehen auf das Koppel, bei den Berittenen in Form von Satteltaschen.

Säbeltroddel wie Infanterie.

Alle übrigen Bekleidungsstücke entsprechend ihrer Truppenteile.

Kadetten

Es bestanden folgende Kadettenanstalten: Berlin mit 4 Kompanien, Potsdam mit 2, Kulm mit 2, Wahlstatt mit 2 und Bensberg mit 2 Kompanien.

Helm wie beim 2. Garde-Regiment zu Fuß mit schwarzem Haarbusch. Nur für die Kadetten der Hauptanstalt in Berlin war dieser vorgeschrieben, bei den anderen Anstalten wurde kein Helm getragen.

Die dunkelblaue Schirmmütze hatte ponceauroten Besatzstreifen und Deckelvorstoß.

Waffenrock wie bei Garde-Infanterie, bei den Provinzial-Anstalten aber vorn nur 6 Knöpfe. Die Hauptanstalt mit eckigem Kragen mit ponceauroten Kragenpatten, auf jeder Patte zwei gelbkamelgarne Litzen mit rotem Spiegel, schwedische rote Ärmelaufschläge mit je zwei gelbkamelgarnenen Litzen mit rotem Spiegel. Die Provinzial-Anstalten hatten abgerundeten Kragen mit nur einer Litze, sonst alles wie bei der Hauptanstalt. Gelbe Knöpfe.

Die Unteroffiziere der Hauptanstalt hatten goldene gemusterte Tresse. Bei den anderen Anstalten trugen sie quer über die Schulterklappen gelbe Litzen mit rotem Spiegel, bei gelben Schulterklappen rote mit gelbem Spiegel.

Gefreite trugen die Adlerknöpfe bei der Hauptanstalt, bei den anderen Anstalten gelb-rot gedrehte Wollschnüre. Die Schulterklappen waren verschiedenfarbig: Berlin = weiß, Potsdam = rot, Kulm = weiß, Wahlstatt = gelb, Bensberg = hellblau.

Hose wie Infanterie.

Mantel wie Infanterie mit den gleichen Schulterklappen wie am Waffenrock.

Seitengewehre wurden nur bei der Hauptanstalt und bei den Provinzial-Anstalten von den Unteroffizieren getragen. Schwarzes Infanterie-Koppel nebst Koppelschloß.

Offiziere

Helm wie Offiziere des 2. Garde-Regiments zu Fuß mit schwarzem Haarbusch.

Waffenrock wie Garde-Infanterie mit roten Kragenpatten und schwedischen Ärmelaufschlägen; auf Kragenpatten und Ärmelaufschlägen eine besondere Stickerei in Gold (s. Abbildung Tafel XXX/9, 10).

Sonst alles wie Infanterie-Offiziere.

Bei den Provinzial-Kadetten-Häusern trug nur der Kommandeur die besondere Uniform; alle anderen Offiziere trugen ihre Truppenuniform weiter.

Unteroffizier-Schulen

Zur Heranbildung eines qualifizierten Unteroffizier-Nachwuchses waren Unteroffizier-Schulen in Potsdam und Jülich errichtet worden. Jede Schule hatte 4 Kompanien.

Es wurde die Bekleidung und Ausrüstung der Infanterie getragen.

Der Helm hatte für die Unteroffiziere den Wappenadler mit neusilbernem Gardestern, für die Mannschaften den Wappenadler mit *FR*, beide mit dem Devisenband mit der Inschrift „Mit Gott für König und Vaterland". Beschläge und Schuppenketten aus Messing.

Der Waffenrock hatte ponceaurote Kragenpatten, Vorstöße und brandenburgische Ärmelaufschläge mit Ärmelpatten von dunkelblauem Tuche. Bei der Unteroffizier-Schule zu Potsdam wurden weiße, bei der Schule zu Jülich ponceaurote Schulterklappen getragen, die Unteroffiziertresse war golden und glatt, die Knöpfe von Tombak. Das Lederzeug war schwarz.

Bei den Säbeltroddeln waren Band und Quast von weißer Wolle, die Eichel durchgängig grün, Kranz und Schieber wie 1. und 4. Kompanie bei den Infanterie-Regimentern.

Am Mantel wurden die gleichen Schulterklappen wie am Waffenrock getragen. Alles andere wie bei der Infanterie. Die Offiziere trugen die Uniform ihres Stammtruppenteils.

Invaliden

Zur Versorgung von halbinvaliden und invaliden Unteroffizieren und Mannschaften bestanden folgende Einrichtungen:

Invalidenhäuser in Berlin und Stolp, sowie eine Garde-Invaliden-Kompanie und 6 Provinzial-Invaliden-Kompanien.

Als Kopfbedeckung diente eine dunkelblaue Schirmmütze mit Besatzstreifen und Deckelvorstoß von ponceaurotem Tuche.

Tafel XXIX   Von links: Kadett, Landwehrmann, Garde-Landwehrmann, Büchsenmacher, Landwehr-Ulan (Ldw.-Ul.-Rgt. Nr. 6, Uniform bis 1857),
Roßarzt, Lazarettgehilfe, Unteroffizier der Krankenträger (in Mütze mit Landwehrkreuz),
Invalide des Berliner Invalidenhauses.

Statt des Waffenrockes wurde eine dunkelblaue Litewka mit dunkelblauem vorn abgerundetem Kragen und glatten dunkelblauen Aufschlägen ohne Schoßtaschenleisten getragen. Auf dem Kragen saßen ponceaurote Kragenpatten, die Ärmelaufschläge hatten außer bei den Invalidenhäusern ponceauroten Vorstoß. Sonst hatte die Litewka keine Vorstöße. Vorn herunter eine Reihe 8 weißer Knöpfe.

Silberne gemusterte Unteroffizierstresse für die Leib- und Grenadier-Kompanien der Invalidenhäuser und der Garde-Invaliden-Kompanie, alle anderen glatte Tresse. Diese wurde nur am Kragen getragen.

Die Schulterklappen der Leib- und Grenadierkompanie der Invalidenhäuser sowie der Garde-Invaliden-Kompanie waren weiß. Die Leib-Kompanien trugen darauf den roten gekrönten Namenszug *FWR*, die Grenadier-Kompanien gleichfalls den Namenszug darüber eine rote Granate.

Die übrigen Kompanien der Invalidenhäuser hatten dunkelblaue Achselklappen mit rotem Vorstoß darauf die Berliner ein B in lateinischer Schreibschrift, die Stolper ein S aus gelber Schnur. Die übrigen Invaliden-Kompanien trugen gleichfalls dunkelblaue Schulterklappen mit ponceaurotem Vorstoß, darauf die arabische Kompanie-Nummer in gelber Schnur.

Die dunkelgraue Tuchhose hatte keinen Vorstoß.

Mantel wie bei Infanterie mit ponceauroten Kragenpatten, weiße Schulterklappen bei der Garde-Invaliden-Kompanie, bei den Invalidenhäusern und den Provinzial-Invaliden-Kompanien dunkelblaue rotvorgestoßene Schulterklappen mit B bzw. S oder den Kompanienummern in gelber Schnur, keine Namenszüge.

Der altpreußische Infanteriesäbel wurde am schwarzen Bandolier über der rechten Schulter getragen. Bandolier und Säbel waren nur für die Unteroffiziere und die zum Wachdienst herangezogenen Mannschaften vorgeschrieben. Die mit Gewehr bewaffneten Mannschaften trugen zusätzlich eine große schwarzlederne Tasche mit schwarzledernem Bandolier über der linken Schulter. Für Unteroffiziere waren kleinere Patronentaschen vorgeschrieben. Die Feldwebel trugen den Infanterie-Offizierdegen gleichfalls am schwarzledernen Bandolier.

Die Spielleute bei den Invalidenhäusern in Berlin und Stolp hatten ponceaurote Schwalbennester mit weißwollenen Borten.

Zeugpersonal

Die Zeugoffiziere trugen die Uniform der Offiziere von der Linien-Fuß-Artillerie, mit schwedischen Ärmelaufschlägen. Epaulettfelder waren von schwarzem Samt. Als Seitenwaffe wurde der Infanterie-Offizierdegen getragen.

Zeug-Feldwebel und Zeug-Sergeanten trugen gleichfalls die Uniform der Fuß-Artillerie mit schwedischen Ärmelaufschlägen, die Unteroffizierstresse war golden und gemustert. Die Zeug-Sergeanten trugen das Infanterie-Seitengewehr mit wollener Troddel.

Landwehr

Die Landwehr trug als allgemeines Abzeichen das weißmetallene Landwehrkreuz mit der Inschrift „Mit Gott für König und Vaterland 1813".

Das Landwehrkreuz wurde an den Feldmützen im schwarzen Mittelfelde der Kokarde getragen.

Als weitere Kopfbedeckung trug die Landwehr-Infanterie Ledertschakos mit schwarzledernem Kinnriemen und als Dekoration ein schwarzes Oval mit weißer Einfassung, darauf bei der Garde-Landwehr der Gardestern aus Tombak mit aufgelegtem neusilbernem Landwehrkreuz, bei der Provinzial-Landwehr das neusilberne Landwehrkreuz.

Die übrigen Bekleidungs- und Ausrüstungsstücke stimmten mit denen des stehenden Heeres überein.

Landwehr-Kavallerie

Die AKO vom 13. Juni 1860 löste ein Großteil der Stämme der Landwehr-Kavallerie-Regimenter auf. Es blieben lediglich bestehen die Stämme für das 7. schwere Landwehr-Reiter-Regiment, für das 2. Landwehr-Dragoner-Regiment, für das 1., 2., 5., 6. und 10. Landwehr-Husaren-Regiment und für das 1., 2., 3., 4. und 8. Landwehr-Ulanen-Regiment. Aber auch diese Stämme wurden später aufgelöst.

Im Mobilmachungsfalle wurden Uniformen der einkleidenden Truppenteile getragen. Auf der Abbildung Tafel XXIX wird ein Landwehr-Ulan vom Landwehr-Ulanen-Regiment Nr. 6 in der bis 1857 vorgeschriebenen Uniform gezeigt.

Offiziere z. D. und a. D.

Uniform der zur Disposition gestellten Offiziere

Mit AKO vom 29. Juni 1859 wurden die Uniformabzeichen der zur Disposition (z. D.) gestellten Offiziere wie folgt festgesetzt:

1. Generale z. D.:

a) zur gestickten Uniform die silbern-schwarze Kantille auf der linken Schulter war mit einer goldenen Kantille verschlungen; auf dem Achselbande wurden die Rangsterne in Gold getragen.

b) Zum Interimsrock und Überrock: Die Epauletten hatten goldene Halbmonde, Passanten und Schiebertresse waren an den Rändern und in der Mitte mit schwarzen Streifen durchzogen.

2. Die übrigen Offiziere z. D. legten in der Regel die Armee-Uniform an. Die Halbmonde der Epauletts waren silbern, Passanten und Epaulettschiebertresse wie zu 1. Soweit den Offizieren die Regiments-Uniform verliehen wurde, trugen sie die Epaulethalbmonde in gewechselter Knopffarbe mit Passanten und Epaulettschiebertresse wie zu 1.

3. Erhielten Husaren-Offiziere z. D. die Regiments-Uniform, trugen sie statt der Achselschnüre ein aus zwei Epauletthaltertressen zusammengesetztes Schulterstück, jede Tresse mit drei schwarzen Streifen durchzogen. Das geflochtene silberne Schulterstück für Stabs-Offiziere hatte nur die äußerste Schnur silber- und schwarzmeliert. Auf Regiments-Chefs und General-Adjutanten fand die vorstehende Verordnung keine Anwendung.

1. Standarte der Garde-Kavallerie, 2. Infanterist mit übergezogener Mantelkappe, 3. Landwehrkreuz, 4. Fahne der Garde-Infanterie, 5. Mantelkappe aus dem Feldzug 1864, 6. Standarte der Linien-Kavallerie, 7. Fahne der Linien-Infanterie (Jäger, Schützen, Artillerie), 8. Fahne der Landwehr-Infanterie, 9. Aufschlag und 10. Kragen vom Waffenrock der Offz. der Kadetten.

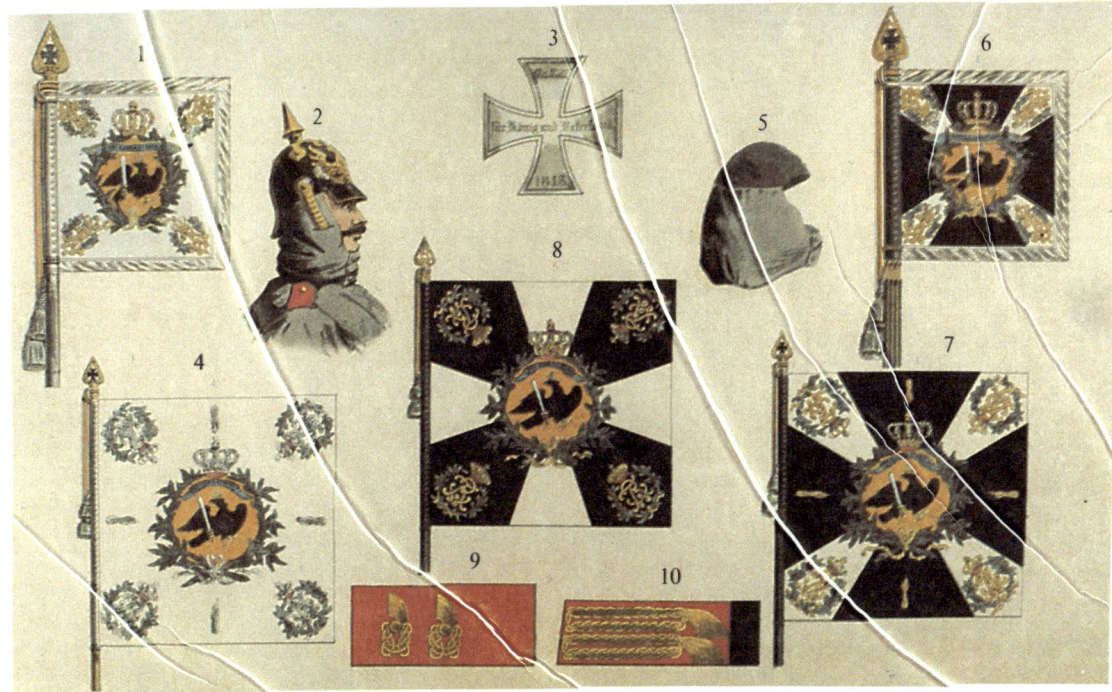

Uniform für verabschiedete Offiziere

Mit AKO vom 3. November 1833 trugen alle Offiziere die silberne Passantentresse schwarzdurchwirkt (geschildert).

Gemäß AKO vom 3. April 1860 hatten die verabschiedeten Generale zur gestickten Uniform die silberne Kantille mit der silbernen schwarzgeschilderten Passantentresse durchwirkt.

Die mit der Regiments-Uniform verabschiedeten Husaren-Offiziere trugen statt der Schulterschnüre lt. K. M., Mil. Oek. Dep. vom 20. April 1850 besondere Schulterabzeichen; die Subaltern-Offiziere und Rittmeister zwei nebeneinanderliegende silbern schwarzgeschilderte Passantentressen, die Stabs-Offiziere aus der vorgenannten Passantentresse geflochtene Schulterstücke, dazu wurden die goldenen Rangsterne getragen.

Lehr-Infanterie-Bataillon

Die zum Lehr-Infanterie-Bataillon abkommandierten Mannschaften und Unteroffiziere aller Infanterie-Regimenter trugen ihre Truppenuniform weiter dazu die besondere Auszeichnungsschnur am Ende der Schulterklappe. Die Offiziere behielten gleichfalls ihre Truppenuniform ohne besondere Abzeichen.

Anzugsarten

Eine allgemein gültige Vorschrift über die Anzugsarten bestand nicht.

Das General-Kommando des Garde-Korps hatte unter dem 24. Januar 1847 eine Zusammenstellung über den Anzug veröffentlicht.

Um einen Überblick über die einzelnen Anzugsarten zu geben, folgt nachstehend ein Auszug aus der Veröffentlichung.

1. Zur großen Parade

a) Generale: In gesticktem Waffenrock mit Schärpe, Ordensbändern, grauen Beinkleidern, Helm mit Federbusch. Große Sattelüberdecken und Parade-Hauptgestelle.

b) Infanterie, Fuß-Artillerie, Pioniere: Waffenrock, Helm (mit Busch), Schärpe, vom 1. Mai bis 1. Oktober die Subaltern-Offiziere excl. Adjutanten in leinenen Beinkleidern, die Offiziere der Infanterie mit Tornister.

c) Kürassiere: a) Zu Pferde. Im Koller mit angelegtem Küraß, Helm (mit Adler), Schärpe, Kartusche und Pallasch mit Bandolier und Koppel, Stulphandschuhe, graue Beinkleider, resp. diejenigen Regimenter, den dieselbe zu tragen Allerhöchsten Ortes gestattet ist, in Reiterbekleidung, d. h. weiße Hosen mit hohen

Stiefeln, wie solche vom Regiment Gardes du Corps getragen wird. *b) Zu Fuß:* Koller, Helm (mit Adler), Schärpe, Kartusche und Pallasch mit silbernem resp. goldenem Bandolier und Koppel, Stulphandschuhe, graue Beinkleider resp. Reiterbekleidung.

d) Husaren: Attila, dekorierter Pelzmütze, Kartusche, graue Beinkleider, Husaren-Schärpe.

e) Dragoner und reitende Artillerie und Train: Waffenrock, Helm mit Busch, Schärpe, Kartusche, graue Beinkleider.

f) Ulanen: Ulanka mit Rabatten, dekorierter Tschapka mit Busch, Schärpe, Kartusche, graue Beinkleider.

2. Zur Kirchen- (in Berlin Sonnabend-) Parade

erscheint alles wie zur großen Parade zu Fuß, jedoch die Generale ohne Ordensbänder, die Infanterie ohne Tornister.

3. Zur Parade des Sonntags

erscheint alles, wie zur Kirchenparade. Wenn bei schlechtem Wetter die Wache ohne Haarbusch aufzieht, erscheinen die Generale im Interimsrock ohne Schärpe, die Offiziere im Waffenrock, Koller, Ulanka oder Attila ohne Schärpe.

Ziehen die Wachen im Winter bei einer Kälte von 10 Grad und darüber in Mänteln auf, so erscheinen die Offiziere auch sonntags im Anzuge wie auf der Parade an Wochentagen, oder, wenn es befohlen wird, in Paletots resp. Mänteln.

4. Zur Parade an Wochentagen erscheinen

a) Die Generale: Im Interims-Waffenrock ohne Schärpe, vom 16. November bis 15. April im Überrock.

b) Die Infanterie, Artillerie, Pioniere: Im Waffenrock, Helm ohne Busch, ohne Schärpe, vom 1. Mai bis 1. Oktober die unberittenen Offiziere in leinenen Hosen.

c) Die Dragoner und Train: Im Waffenrock, Helm ohne Busch.

d) Die Kürassiere: In den Sommermonaten im blauen Rock mit der Kollertresse, in den Wintermonaten vom 16. November bis 15. April im Überrock, Helm.

e) Die Husaren: Im Attila ohne Schärpe, Pelzmütze.

f) Die Ulanen: In den Sommermonaten in der Ulanka ohne Rabatten, vom 16. November bis 15. April im Überrock, überzogenem Tschapka.

5. Dienst- und Exerzier-Anzug

a) Generale: Im Interimsrock mit Schärpe, Helm.

b) Stabs-Offiziere nebst Adjutanten: Waffenrock mit Schärpe, Helm, Interims-Schabracke.

c) Infanterie, Fuß-Artillerie, Pioniere: Waffenrock, Helm; bei Spezial-Besichtigungen mit Schärpe.

d) Kürassiere: Helm, Koller oder blauer Rock, Reiterbekleidung, Kartusche und Schärpe, Schabracke.

e) Husaren: Pelzmütze, Attila, Kartusche, Schärpe, Schabracke.

f) Dragoner, reitende Artillerie und Train: Helm, Waffenrock, Kartusche, Schärpe, Schabracke.

g) Ulanen: Ulanka ohne Rabatten, überzogenem Tschapka, Schärpe, Kartusche, Schabrake.

6. Außer Dienst

An Sonn- und Festtagen sollen die Offiziere, welche in Berlin die frequentesten Promenaden in den Mittagsstunden besuchen, nicht in Mütze, sondern in Helm, resp. abgekappter Tschapka (auch zum Überrock) und Husaren-Mützen, erscheinen. Ebenso findet es Se. Majestät nicht angemessen, wenn Offiziere dem öffentlichen Gottesdienste mit der Mütze beiwohnen.

Insofern nicht etwas anderes angeordnet ist, können vom 1. Mai bis 1. Oktober in und außer Dienst von den Ulanen und den Offizieren die Rabatten aufgeknöpft getragen werden, vom 1. Oktober bis 1. Mai müssen dieselben hingegen außer den für Offiziere bezeichneten Fällen stets übergeschlagen sein. Es kann bei den Ulanen zwar Fälle geben, in welchem Tschapkas ohne Überzug und ohne Busch zu übergeschlagenen Rabatten getragen werden dürfen (namentlich in kleinen Gesellschaften, auf Promenaden, in welchem letzteren Falle der abgekappte Tschapka ohne Fangschnur auch zum Überrock aufgesetzt werden darf) wogegen der umgekehrte Fall nie eintreten kann.

Die Offiziere tragen den Haarbusch nur zur Kartusche und Schärpe, also nicht auf Bällen und die Ulanen tragen ihn niemals ohne die Ulanen-Schärpe.

Den Offizieren des Garde-Korps ist es gestattet, den Überrock außer Dienst zu tragen.

7. Gewöhnlicher Gesellschafts-Anzug

a) Generale: Interims-Waffenrock mit grauen Beinkleidern, Helm ohne Busch.

b) Infanterie, Artillerie, Pioniere, Dragoner und Train: Waffenrock mit grauen Beinkleidern, Helm ohne Busch.

c) Kürassiere: Blauer Waffenrock, Helm (ohne Adler), graue Beinkleider, kleiner Degen.

d) Husaren: Attila, graue Beinkleider, nicht dekorierte Pelzmütze.

e) Ulanen: Ulanka mit oder ohne Rabatten, abgezogener Tschapka ohne Busch, graue Beinkleider.

Im Sommer können auch von den nicht berittenen Offizieren statt der grauen leinene Beinkleider getragen werden.

In Gesellschaft werden die wirklichen Ordens-Dekorationen angelegt.

8. Zu Hof-Gesellschaften

1. Zu großen Hof-Couren

a) Generale: Gestickter Waffenrock, weiße Pantalons, Ordensbänder, Helm mit Federbusch und Schärpe.

b) Die Offiziere der Infanterie, Fuß-Artillerie und Pioniere: Waffenrock, weiße Pantalons, Helm (mit Busch), Schärpe.

c) Die Offiziere der Kürassiere: Regiment Gardes du Corps und Garde-Kürassiere: rote Waffenröcke (K.-O. v. 22. Oktober 1856 und 4. Februar 1862), weiße Beinkleider und hohe Stiefeln; die Offiziere der übrigen Kürassier-Regimenter: Koller, weiße Beinkleider mit hohen Stiefeln, oder denen diese Reiterbekleidung nicht verliehen, mit weißen Pantalons mit der Kollertresse (K.-O. vom 4. Februar 1862), sämtlich mit Helm (mit Adler), Schärpe, Kartusche am silbernen resp. goldenen Bandolier, Pallasch am silbernen resp. goldenen Koppel und mit kurzen, ledernen Handschuhen.

d) Die Offiziere der Husaren: Attila mit Husaren-Schärpe, schoittaschierte Beinkleider, dekorierter Pelzmütze mit Busch, Kartusche, (Adjutanten mit Adjutantenschärpe).

e) Die Offiziere der Dragoner und reitenden Artillerie: Waffenrock mit hellblauen resp. dunkelblauen Pantalons (K.-O. vom 23. Januar 1862), Helm mit Busch, Schärpe, Kartusche.

f) Die Offiziere der Ulanen: Ulanka mit Rabatten, blauen Beinkleidern, dekoriertem Tschapka mit Busch, Schärpe, Kartusche.

g) Die Offiziere des Train: Waffenrock, weiße Pantalons, Helm (mit Busch), Schärpe, Kartusche.

2. Zu großen Hofbällen

a) Generale: Gestickter Waffenrock, weiße Pantalons, Ordensbänder, Helm (mit Busch).

b) Die Offiziere der Infanterie, Fuß-Artillerie, Pioniere: Waffenrock, weiße Pantalons, Helm (mit Busch).

c) Die Offiziere des Gardes du Corps und Garde-Kürassier-Regiments: Rote Waffenröcke, lange, weiße Pantalons mit der Kollertresse, Helm (mit Adler), kurze Handschuhe, kleiner Degen.

d) Die Offiziere der Kürassier-Regimenter: Koller, lange, weiße Pantalons mit der Kollertresse, Helm, kurze Handschuhe, kleiner Degen.

e) Husaren: Attila mit Husarenschärpe, schoittaschierte Beinkleider, dekorierte Pelzmütze (mit Busch), Säbeltasche.

f) Dragoner, reitende Artillerie: Waffenrock, hellblaue resp. dunkelblaue Pantalons, Helm (mit Busch).

g) Ulanen: Ulanka mit Rabatten, blaue Beinkleider, dekorierter Tschapka.

h) Train: Waffenrock, weiße Beinkleider, Helm (mit Busch).

Die Vermehrungen nach 1866 und das Heer des Norddeutschen Bundes

Der preußische Waffenerfolg im Kriege 1866 führte zur Erweiterung des Staatsgebietes durch die Einbeziehung von Schleswig-Holstein, Hannover, Kurhessen, Nassau und der Stadt Frankfurt am Main, aber auch zur Schaffung des Norddeutschen Bundes aus allen, nördlich der Mainlinie gelegenen Bundesstaaten. Für die Streitkräfte des Bundes wurden die gleichen Dienstpflichten und Normen wie in Preußen vorgeschrieben, sowie eine für alle Truppenteile durchgehende Numerierung innerhalb ihrer Waffengattungen eingeführt. Damit sollten die Truppen des Norddeutschen Bundes in nun 27 Divisionen mit den Sachsen und Hessen etatmäßig 312500 Mann und 73000 Truppenpferde zählen. In der preußischen Armee entstanden bereits Ende 1866 drei neue Armeekorps (IX., X. und XI.), in welche auch die Truppen der durch Militärkonventionen angeschlossenen kleinen Bundesstaaten

eingereiht wurden. Die sächsische Armee bildete ein eigenes, das XII. Armeekorps, das großherzoglich hessische Kontingent die 25. Division, die dem neuen XI. Armeekorps zugeteilt war.

Im einzelnen entstanden, zum Teil aus den Stämmen ehemaliger kurhessischer und nassauischer Regimenter, 16 neue Infanterieregimenter mit den Nummern 73 bis 88, drei Jägerbataillone (Nr. 9, 10 und 11), 16 Kavallerieregimenter (Dragoner Nr. 9 bis 16, Husaren Nr. 13 bis 16 und Ulanen Nr. 13 bis 16), 3 Feldartillerieregimenter (Nr. 9 bis 11), eine Festungsartillerie-Abteilung (Nr. 9) 3 Pionierbataillone (Nr. 9 bis 11) und 3 Trainbataillone (Nr. 9 bis 11). Durch Aufnahme der kleinen Kontingente kamen 8 Infanterieregimenter hinzu: Nr. 89 und 90 (beide Mecklenburg), Nr. 91 (Oldenburg), Nr. 92 (Braunschweig), Nr. 93 (Anhalt) und Nr. 94 bis 96 (Thüringische Fürstentümer). Dazu traten das Mecklenburgische Jägerbataillon (Nr. 14), die Dragonerregimenter Nr. 17 und 18 (Mecklenburg), Nr. 19 (Oldenburg) sowie die braunschweigischen Husaren (Nr. 17) und 7 weitere Batterien.

Die neuen preußischen Truppenteile entstanden aus überzählig errichteten Kompanien der alten Regimenter. So stellten die 4 Infanterieregimenter einer Division ein neues Regiment zusammen. Dabei wurden die abgegebenen Kompanien voll mit Offizieren und Unteroffizieren und ⅔ der Mannschaften versehen und dann mit Rekruten aufgefüllt. Gleichfalls wurden die bestehen gebliebenen Stämme der kurhessischen und nassauischen Truppen verwandt. Die hannoverschen Truppen waren aufgelöst worden. So kamen die Ende 1866 neu einberufenen Wehrpflichtigen dort gleich in preußische Truppenteile. Auch die Kavallerie vermehrte sich auf die alte, schon bewährte Art. Jedes Regiment verstärkte sich mit Hilfe seiner Ersatzschwadron auf 5 Schwadronen und gab dann eine davon ab, so daß aus den Abgaben von 4 Regimentern jeweils ein neues formiert wurde. Alle Regimenter mußten aber sofort wieder eine Ersatzschwadron bilden, so daß sie wieder 5 Schwadronen hatten. Bei einer Mobilmachung sollten stets nur 4 Schwadronen ausrücken, damit diese Feldschwadronen unbrauchbare Pferde bei der zurückbleibenden Schwadron schneller tauschen konnten.

Jedem der neuen Armeekorps wurden auch einige alte Regimenter zugewiesen, während dafür einige neue in alte Armeekorps traten. Die Infanterie des IX. Armeekorps erhielt weiße Schulterklappen und gelbe Ärmelpattenvorstöße, die des X. weiße Schulterklappen mit hellblauen Pattenvorstößen, die des XI. rote Schulterklappen mit gelben Pattenvorstößen.

Die sächsischen Infanterieregimenter im XII. Armeekorps erhielten die Nummern 100 bis 108, während die großherzoglich hessischen zunächst ohne Numerierung blieben. An Kavallerie brachte Sachsen noch 4 Reiterregimenter und 2 Ulanenregimenter (Nr. 17 und 18), die Hessen 2 Dragonerregimenter hinzu.

Die Uniformen und Abzeichen der neugeschaffenen Truppenteile blieben bei der Erweiterung zum Reichsheer im Jahre 1871 unverändert, so sind sie bei dessen Beschreibung angegeben und zu finden.

Preußische Truppen

| Dragoner | Landwehr-Infanterie | Pionier | Reitende Artillerie |
| Kürassier | Husar | Ulan | | Jäger | Musketier der Linien-Inf. |

Süddeutsche Truppen

Württemberger — Bayern
Reiter — Artillerist — Chevauleger
Artillerist — Infanterist — Infanterist — Kürassier

Regimentsstandarte des Leib-Kür-Rgt.1

III. Das Heer des Reiches

Zusammenstellung und Text: Georg Ortenburg
Farbbilder: G. Arnould/R. Knötel: Das deutsche Heer und die Marine-Militärtypen, Berlin 1891–1894

Nach der Reichsgründung 1871 wuchsen auch die Streitkräfte der einzelnen Bundesstaaten zu einem Reichsheer zusammen. Zwar bestanden relativ unabhängig voneinander verschiedene Armeen, wie die königlich preußische, die königlich sächsische, die königlich württembergische und die königlich bayerische, daneben als gemeinsame Einrichtung die Kaiserliche Marine, doch unterstanden sie, bis auf die Bayern, die erst mit Kriegsausbruch dazutraten, schon im Frieden den Befehlen des Kaisers. Die Organisation, die Bewaffnung und die Ausbildung sollte aber bei allen den preußischen Normen angepaßt werden, wie auch die Uniformen und die Ausrüstung. Bei der Uniformierung behielten aber viele Kontingente in Abzeichen und Äußerlichkeiten eine gewisse Eigenständigkeit. Dadurch unterschieden sich die Truppen des Reiches von denen ausländischer Staaten, bei denen der Weg zur Vereinheitlichung viel früher und auch konsequenter beschritten worden war.

Schon in den letzten Lebensjahren des alten Kaisers (Wilhelm I.) waren von vielen Seiten im Publikum Wünsche zur bildlichen Darstellung des Reichsheeres laut geworden. So erschienen kurz nach dem Regierungsantritt seines Enkels, des Kaisers Wilhelm II. in den Jahren 1889 bis 1891 zwei Werke, die diese Wünsche Wirklichkeit werden ließen. Das erste war ein reines Uniformwerk, das detailliert Uniformen und deren Einzelheiten durch Bild und Text in möglichster Vollständigkeit zu erfassen suchte. Die Verfasser, die Maler Krickel und der Archivar Lange gaben dem mit Holzschnitten erläuterten Text 45 Farbtafeln bei, auf denen alle Anzugsarten zu erkennen waren. Das zweite, hier vorliegende Werk versuchte das gleiche Thema dem Publikum auf eine andere Weise nahe zu bringen. Unter Verzicht auf eine bis ins einzelne gehende Uniformkunde, sollte die Vorstellung in lebendigen Szenen aus dem militärischen Alltag geschehen. Der Maler war in erster Linie Georg Arnould, in Einzelfällen der damals bekannt werdende Richard Knötel. Der Titel lautete: Das deutsche Heer und die Marine – Militairtypen –. Damit wurde, neben den Landstreitkräften auch die Marine berücksichtigt. Mit Recht kann man sagen, daß den Künstlern ihre Aufgabe wohl gelungen ist. Die Genre-Szenen sprechen den Beschauer an, die naturalistisch-naive Malweise berührt das Gefühl und läßt auch noch die Details deutlich erkennen. So wurde auf 60 Blatt in Großfolio im damals üblichen Chromolithographieverfahren ein Überblick über das Soldatenleben gegeben, der für uns heute lebende Menschen nicht nur von nostalgischem Interesse ist, sondern gut auch die Dienst- und Lebensumstände erkennen läßt.

Der Aufbau des Reichsheeres

Das neue Reich war eine Erweiterung des Norddeutschen Bundes, also ein Bundesstaat, in dem der jeweilige König von Preußen den Titel „Deutscher Kaiser" führte und damit das Reich nach außen völkerrechtlich vertrat. Zur Erklärung eines Krieges benötigte er aber die Zustimmung des Bundesrates. Gesetzgebende Organe waren Bundesrat und Reichstag, die Regierungsgeschäfte leitete der vom Kaiser ernannte Reichskanzler, der auch den Vorsitz im Bundesrat führte. Die Gesetzesvorlagen wurden nach Zustimmung im Bundesrat zur Abstimmung in den Reichstag gebracht. Danach erließ sie der Kaiser im „Namen des Reiches", nachdem sie der Kanzler gegengezeichnet hatte.

Über das Kriegswesen waren die Grundbestimmungen fast unverändert in die Reichsverfassung übernommen worden. Die gesamte Landmacht des Reiches sollte schon im Frieden ein einheitliches Heer bilden. Daher führten die Regimenter fortlaufende Nummern und für die Bekleidung wurden Grundfarben und Schnitte der preußischen Armee maßgebend. Das Reichsheer setzte sich als Bundesheer aus folgenden Bestandteilen zusammen:

1. der königlich preußischen Armee mit den eingeschlossenen Kontingenten, die teilweise noch Benennungen, wie „großherzoglich hessisch" oder „großherzoglich mecklenburgisch" führten,

2. der königlich sächsischen Armee, die das XII., später auch XIX. Armeekorps bildete,

3. der königlich württembergischen Armee, die das XIII. Armeekorps formierte und

4. der königliche Bayerischen Armee, welche zunächst 2, dann 3 eigene Armeekorps stellte (I. bis III. bayerisches).

Der Kaiser hatte dafür zu sorgen, daß innerhalb des Heeres alle Truppenteile vollzählig und kriegstüchtig und Organisation, Bewaffnung und Ausbildung einheitlich waren. Dazu konnte er die Verteilung und die Garnisonen der Truppen bestimmen. Alle deutschen Truppen waren durch Fahneneid verpflichtet, den Befehlen des Kaisers unbedingten Gehorsam zu leisten; dem Landesherrn leisteten sie das Treuegelöbnis. Die Bestimmungen über die Wehrpflicht und das Ersatzwesen waren einheitlich in der „Wehrordnung" und der „Heerordnung" von 1888 zusammengefaßt. Der Kaiser konnte aber keine Offiziere der nichtpreußischen Kontingente ernennen oder versetzen. Das war in den Militärkonventionen geregelt, die auch noch andere Verschiedenheiten in den Äußerlichkeiten wie Wortlaut der Eidesleistung, Benennung der Truppenteile, Abzeichen, Kokarden und Schärpen enthielten. Sachsen und Württemberg behielten eigene Kriegsministerien, benutzten aber sonst die gemeinsamen Einrichtungen wie Kriegsakademie, Schieß- und Reitanstalten. Viele Besonderheiten besaß die Konvention mit Bayern. Der bayerische König behielt die Militärhoheit, die Truppen traten erst im Kriegsfall unter den Befehl des Kaisers. Die Armee hatte eigene Verwaltung und Etat, eigenen Generalstab und Schulen. In ihrer Formation, Bewaffnung und Ausbildung hielten sich die Truppen an die preußischen Normen, führten aber eigene Numerierung und Benennung. Das Reichsland Elsaß-Lothringen stand als Gesamtbesitz des Reiches direkt unter dem Kaiser. Die dort stehenden Truppen waren preußische, sächsische oder bayerische

Kaiser Friedrich (III.) (1888)

Diese Verstärkungen waren nur durch Gesetze möglich, die für eine bestimmte Zeit (anfangs 7 Jahre) galten. Weil der Militärhaushalt aber jährlich festgesetzt wurde, gab es deswegen erbitterte Parteienkämpfe. Der Widerstand gegen die Finanzierung, das Bewilligungsrecht wurde als politisches Kampfmittel benutzt und führte zu einem verhängnisvollen Zurückbleiben. Dazu traten die über Gebühr hohen Mittel für den Flottenausbau. Erst nach der Einführung der 3jährigen Dienstzeit in Frankreich kam es wegen der gefahrdrohenden Lage zu der Wehrvorlage vom Frühjahr 1913, die das Heer einschließlich der Offiziere, Beamten und Unteroffiziere auf 663 000 Köpfe bringen sollte. Es war aber zu spät, die Versäumnisse in der Rüstung gegenüber den Nachbarn nachzuholen.

Das Friedensheer stellte nur den „präsenten" Teil des Gesamtheeres dar, das ja außerdem alle Beurlaubten umfaßte. Durch eine Mobilmachung konnte es auf Kriegsstärke gebracht werden, zusätzlich entstanden aus Reservisten und Landwehrleuten neue Reserve-Divisionen und Etappentruppen. Daneben bildete die Landwehr als 2. Aufgebot das Besatzungsheer für den Dienst in den Festungen und der Heimat.

Bei der Festsetzung der Wehrpflicht waren 12 Jahrgänge für die Feldarmee vorgesehen worden. Als aber Frankreich 20 Jahrgänge dafür bestimmte, kam es auch in Deutschland durch Gesetz vom 11. Februar 1888 zur Einführung der 19jährigen Dienstpflicht. Davon waren 3 Jahre im aktiven Dienst, 4 Jahre in der Reserve, 5 Jahre in der Landwehr 1. Aufgebots und der Rest bei der nun wieder eingeführten Landwehr 2. Aufgebots abzuleisten. Dann kam der Übertritt zum Landsturm, zu dem bis zum 45. Lebensjahr auch alle nicht zum Dienst herangezogenen Männer, die Ersatzreserve, rechneten. Die Ersatzreserve sollte bei einer Mobilmachung auch zur Ergänzung des Heeres dienen können. Während der Reservistenzeit war man zu zwei 8wöchigen Übungen verpflichtet.

Um mehr Rekruten einstellen zu können, hatte man schon seit 1868 eine Reihe von Leuten nach noch nicht 2jähriger Dienstzeit als „Königsurlauber" aus dem aktiven Dienst entlassen. Das war bis 1892 so weit gesteigert worden, daß die 3jährige Dienstzeit praktisch nicht mehr bestand und nur wenige das 3. Jahr abdienen mußten. Weil es aber hierzu keine gesetzlichen Vorschriften gab, waren diese Beurlaubungen Anlaß zu Mißmut und Härten. So setzte man durch Gesetz ab 1893 die aktive Dienstzeit auf 2 Jahre herab. Nur die Mannschaften der Kavallerie und reitenden Artillerie blieben wegen ihres schwieriger zu erlernenden Dienstes 3 Jahre.

Die Haupteinteilung des Heeres geschah in Armeekorps, von denen mehrere zu einer Armeeinspektion gehörten. An der Spitze eines Armeekorps stand der Kommandierende General, der dem Kaiser selbst verantwortlich war. Er regelte in seinem Bereich mit den Zivilbehörden das Ersatzwesen, die Mobilmachung und Sicherheitsmaßnahmen und mußte deshalb auch politisch und staatrechtlich unterrichtet sein.

Zu einem Armeekorps gehörten in der Regel 2 Divisionen. Jede bestand aus 2 oder 3 Infanteriebrigaden zu je 2 Regimentern, einer Kavalleriebrigade und einer Feldartilleriebrigade und war somit die kleinste aus gemischten Waffen bestehende Einheit. Daneben gehörten zu einem Armeekorps noch Fußartillerie, ein Pionierbataillon und ein Trainbataillon. Jedes Infanterieregiment besaß 3 Bataillone zu je 4 Kompanien, die durch das ganze Regiment durchgezählt waren. Die Kompanie wurde in

Regimenter, nur die Gendarmerie war kaiserlich. Die aus dem Reichsland eingestellten Rekruten wurden in preußische Truppenteile eingestellt und leisteten, weil sie keinen Landesherrn hatten, nur dem Kaiser den Treueid.

Nach der Verfassung sollte die Friedensstärke des Reichsheeres 1% der Bevölkerung betragen. Die Bevölkerung stieg aber von 42 Millionen 1871 auf 67 Millionen 1913. So mußte, erzwungen durch die mehrfachen Rüstungserhöhungen Frankreichs seit 1874, auch die ursprüngliche Stärke angehoben und dazu der organisatorische Rahmen erweitert werden. Zusätzlich verlangten die technischen Fortschritte die Aufstellung besonderer Einheiten wie Verkehrstruppen, Luftschiffer, Flieger und andere.

Daher stieg von 1874 bis 1905 die Zahl der Einberufenen von 400 000 auf 506 000.

3 Züge, diese wieder in Halbzüge und Sektionen geteilt. Das Regiment führte ein Oberst, das Bataillon ein Major, die Kompanie ein Hauptmann. Der Zug wurde von einem Leutnant und die Sektion von einem Unteroffizier befehligt.

Die kleinste taktische und organisatorische Einheit, gleichsam die Grundlage der Heeresorganisation, war die Kompanie (Schwadron, Batterie). Ihr Chef ordnete den Dienstbetrieb in allen Bereichen selbständig an und war für ihre Ausbildung und die Ordnung verantwortlich. Wenn deshalb der Hauptmann als Vater der Kompanie galt, war der Feldwebel, der „Spieß" als sein wichtigster Gehilfe für den inneren Dienst die „Kompaniemutter".

Durch die Militärkonventionen bei der Reichsgründung wurde die preußische Armee um die badischen und hessischen Truppen vermehrt. So entstanden 2 neue Armeekorps, das XIV. aus badischen Truppen mit Zuweisung von preußischen Teilen und das XV. Korps aus preußischen Regimentern, dem braunschweigischen Infanterieregiment (Nr. 92), sächsischen, württembergischen und bayerischen Truppenteilen. Durch die Heeresvermehrungen 1881, 1887, 1890 und von 1897 bis 1913 bildeten sich weitere Verbände, die 1890 das XVI. und XVII. Korps, 1899 das XVIII. Korps und das XIX. (sächs.) Korps formierten. Bayern stellte 1900 sein III. Korps auf, den Abschluß bildeten 1912 das XX. und XXI. Armeekorps. Für diese neuen Verbände waren nach und nach weitere Regimenter entstanden, so daß das ganze Reichsheer einschließlich Bayerns kurz vor Ausbruch des Weltkrieges 217 Infanterieregimenter, 18 Jägerbataillone, 110 Kavallerieregimenter, 100 Feldartillerieregimenter und 19 Regimenter der Fußartillerie zählte. Daneben gab es neben 35 Pionierbataillonen Maschinengewehrabteilungen, Eisenbahn-, Telegrafen-, Luftschiffer-, Flieger- und Kraftfahrtruppen sowie Trainformationen. Bei der Reiterei waren als neue Gattung die Jäger zu Pferde hinzugekommen. Ursprünglich entstanden seit 1895 besondere Meldereiterabteilungen, die die Reiterei von diesem speziellen Dienst entlasten sollten. 1901 gab man diese Absicht auf und errichtete daraus neue Regimenter.

Waffen und Taktik zwischen den Kriegen

Im Kriege 1870/71 hatte sich die 25 Jahre jüngere Konstruktion des französischen Chassepots-Gewehrs deutlich überlegen gezeigt, die eigenen Entwicklungen waren noch nicht zum Abschluß gekommen. So wurden zunächst die vorhandenen Zündnadelwaffen nach dem Vorschlag von Werkmeister Beck mit einer neuen Abdichtung versehen. Erst ab 1873 kam das neue Infanteriegewehr M 71 mit dem bewährten Kolbenverschluß nach dem System Mauser zur Truppe. Darin war das Kaliber auf 11 mm verkleinert und statt des Bajonetts ein aufpflanzbares Seitengewehr eingeführt. Die entscheidende Neuheit war die Metallpatrone, welche die empfindliche Zündnadel überflüssig machte. Die Zündpille saß nun im Patronenboden, zur Zündung genügte ein stabiler Schlagbolzen.

Die Kriegsgefahr mit Frankreich brachte die beschleunigte Einführung des Gewehrs M 71/84. Um für bestimmte Fälle die Feuergeschwindigkeit steigern zu können, wurde die bisherige Waffe als Mehrladegewehr gebaut. Im Vorderschaft

Kaiser Wilhelm II. (1888–1918)

konnten 8 Patronen untergebracht werden, die hintereinander in einem Röhrchen steckten. Damit keine Selbstentzündung stattfand, wurden die Geschoßspitzen abgeflacht. Die Waffe hatte aber Vordergewicht und der dünnwandige Schaft erhitzte sich stark beim Schießen.

Nachdem wieder Frankreich mit dem neuartigen Lebel-Gewehr vorangegangen war, mußte auch Deutschland ein modernes Gewehr mit der Kaliberverkleinerung auf 7,9 mm einführen. Es war das Gewehr 88, das mit dem nun rauchschwachen Blättchenpulver eine weit größere Rasanz besaß und die Visierentfernungen auf 2000 m brachte. Die Mehrladeeinrichtung saß im Mittelschaft unter dem Verschluß. Für die großen Schußentfernungen reichten jedoch die bisherigen Schießstände und Exerzierplätze nicht mehr aus, die Ausbildung der Truppe mußte immer mehr in das

Gelände verlegt werden. Das führte zum Erwerb und zur Einrichtung von Truppen- übungsplätzen, von denen schließlich fast jedes Armeekorps einen besaß und die zum Teil noch heute bestehen. Die Jahresleistung der Gewehrfabriken betrug 1890 schon 600 000 Gewehre, ein Zeichen für die stark gestiegenen industriellen Möglichkeiten. Ab 1899 wurde nach und nach das verbesserte Gewehr 98 eingeführt. Es behielt das bisherige Kaliber bei und sollte fast 50 Jahre lang die Hauptbewaffnung der deut- schen Infanterie bilden. Das ab 1903 eingeführte neue S-Geschoß mit schlanker Spitze und verbessertem Pulver konnte die Anfangsgeschwindigkeit des Geschosses und damit die Leistung nochmals steigern.

Schon ab 1880 fanden Versuche mit mehrläufigen Maschinengewehren statt. Sie befriedigten aber nicht, vor allem wegen des rauchstarken Pulvers. Erst als Maxim ein einläufiges Maschinengewehr konstruierte, bei dem der Rückstoß den Lademe- chanismus selbsttätig arbeiten ließ, wurde es für den Feldkrieg interessant. So kam es ab 1898 zu Versuchen in der Truppe. Das rauchschwache Pulver gestattete nun auch ein Weiterbeobachten während des Schießens. So wurden ab 1901 die ersten Maschi- nengewehrabteilungen aufgestellt, nach den guten Erfahrungen in den Kämpfen in Südwestafrika und im russisch-japanischen Krieg auch Maschinengewehrkompanien bei den Infanterieregimentern. Dafür wurde das leichtere Maschinengewehr 08 vorgesehen, welches schon eine Feuergeschwindigkeit von 400 bis 500 Schuß in der Minute erreichen konnte.

Auch das Geschützmaterial änderte sich. Seit 1874 erhielt die gesamte Feldartille- rie die neue 8,8 cm Kanone C 73. Nur die reitenden Batterien hatten noch das kleinere Kaliber 7,85 cm, bis sie auch nach 1890 die erleichterten 8,8 cm Rohre bekamen, so daß es nur noch ein Kaliber gab. Die Lafette bestand schon ganz aus Stahl und der Rohrbau beruhte bereits auf wissenschaftlicher Grundlage. Mit dem neuen Werkstoff Stahl konstruierte man mit einem Mindestmaß an Wandstärke die Rohre. Neue, bessere und langsamer abbrennende Pulversorten trieben das Geschoß auf der ganzen Rohrlänge und vergrößerten so die Leistung. Mit der Einführung des rauchschwachen Pulvers wandelten sich auch die technischen und taktischen Grund- lagen, der Fortfall des Rauches ermöglichte gezieltes Schnellfeuer. Die Pulversorten waren nun sehr verschieden. Schießbaumwolle diente als Treibmittel für Kanonen, dynamithaltige Pulver für Steilfeuergeschütze und Geschoßfüllungen.

1897 begann die Einführung einer neuen Feldkanone C 96, bei der das Rohr aus Kruppschem Nickelstahl bestand und nur noch ein Kaliber von 7,7 cm besaß. Die Kartuschen erhielten Metallhülsen und der Rücklauf der Kanone wurde durch Sporn und Seilbremse gehemmt. Trotzdem war bei dieser Schnelladekanone nach je- dem Schuß ein Nachrichten nötig. Von 1905 bis 1908 kamen die Feldkanonen 96 neuer Art auf. Bei ihnen war das Geschoß und die Kartuschhülse schon zu einer Patrone vereint, die Geschütze hatten Schutzschilde gegen Infanteriefeuer und waren nun grau und nicht mehr blau gestrichen. Die wichtigste Neuerung war die Rohrrücklaufbremse, die den Rücklauf der Lafette aufhob und dadurch das Ge- schütz in Schußposition hielt. Das Nachrichten entfiel, das Schnellfeuergeschütz war eingeführt.

Nach den Erfahrungen bei der Bekämpfung von Verschanzungen in Feldbefesti- gungen erhielt die Feldartillerie die 10,5 cm-Feldhaubitzen 98, die dann nach 1909 ebenfalls Rohrrücklaufbremsen bekamen. Dazu kam später die schwere Feldhau- bitze mit 15 cm Kaliber. Der Bau von schweren Belagerungssteilfeuergeschützen

durch die Firmen Krupp und Ehrhardt machte große Fortschritte, wobei sich der Unterschied zwischen Mörser und Haubitze langsam verwischte.

Die nach 1880 aufkommenden brisanten Sprengladungen erhöhten die Wirkung der schweren Geschütze in ungeahnter Weise.

Die Heeresleitung, der Transport und die Versorgung der immer stärker anschwel- lenden Heere bediente sich aller Möglichkeiten der sich rasch entwickelnden Tech- nik. So entstand 1899 eine Inspektion der Verkehrstruppen, die Eisenbahnen, Telegrafen und Luftschiffe umfaßte. Nach Erfindung des drahtlosen Funkverkehrs gab es sofort Versuche, diese Verfahren nutzbar zu machen. Die ersten Versuche mit Benzinmotoren von Daimler und Benz führten seit 1892 die Eisenbahntruppen durch. Ab 1899 kam es zu Versuchseinsätzen von Kraftwagen und Motorrädern für den Nachrichtendienst. Nach englischem Muster bildete auch der Deutsche Automo- bilclub ein freiwilliges Automobilkorps, in dem sich die Mitglieder verpflichteten, sich bei Bedarf zur Verfügung zu stellen. Seit 1907 machte man Versuche mit Lastkraftwagen. Dazu bestand eine eigene Abteilung, die zu einem Bataillon erwei- tert wurde.

Schon seit 1884 versuchte man durch Aufstellung einer kleinen Abteilung auch den Luftballon zur Beobachtung einzusetzen. Zunächst gab es kugelförmige Fesselbal- lons, seit 1896 setzte sich aber der von Major v. Parseval erfundene Drachenballon durch. Diese zylindrischen, mit dem leicht brennbaren Wasserstoffgas gefüllten Gummihüllen wurden an einem Ende von einem raupenartig umgreifenden Steuer- sack in stabiler Lage gehalten.

Mit dem Benzinmotor kam auch in der Luftfahrt die Periode der lenkbaren Luftfahrzeuge, der Luftschiffe. Bei ihnen setzte sich das vom Grafen Zeppelin konstruierte Gerüstluftschiff durch. Man knüpfte daran große Erwartungen als strategisches Aufklärungsmittel und zeigte es auch bei den Manövern. Deshalb wandte man sich in Deutschland erst spät dem Flugzeug zu. In Frankreich hatte man hiermit schon größere Erfahrungen, so daß man sich auch in Deutschland damit beschäftigen mußte. Mittlerweile waren auch die bis dahin sehr anfälligen Motoren stark verbessert worden. So wurden seit 1910 die ersten Offiziere in Döberitz geschult und schon im folgenden Jahr im Kaisermanöver eingesetzt. Die ersten Flugzeuge waren Rumpler-Tauben und Albatros-Doppeldecker. Die guten Erfahrungen bei der Aufklärung führten zur schnellen Erweiterung der Fliegertruppe und Entwicklung neuer Maschinen. Man verlangte 1913, daß diese im Inland hergestellt sein müssen, eine Geschwindigkeit von mindestens 90 km/h erreichten, 200 kg Nutzlast trugen und in 15 Minuten auf 800 m Höhe steigen konnten. Bis 1914 hatte man den französischen Vorsprung eingeholt, so daß die Fliegertruppe einschließlich der Schulflugzeuge 550 Maschinen besaß.

Nur langsam paßten sich die Vorschriften für die Ausbildung der verbesserten Bewaffnung und den Kriegserfahrungen an. Im Bereich wirksamen Feuers durften keine Kolonnen mehr auftreten, der Angriff erfolgte durch sprungweises Vorgehen in Schützenlinien, wie er sich im Kriege schon von selbst herausgebildet hatte. Man rechnete nicht mehr allein mit dem Einzelschuß, sondern schon mit der Geschoß- garbe. So fanden gefechtsmäßige Schießübungen statt, der Truppe wurden Spaten nachgeführt.

Erst 1887 erschien eine neue Felddienstordnung, die in ihren Grundzügen bis zum 1. Weltkrieg galt. In ihr wurde entschiedenes Gewicht auf eine gründliche Ausbil-

Schützengefechtsform der 90er Jahre

dung gelegt, der Offizier sollte durch Haltung und persönliche Entscheidungsfreudigkeit der Truppe ein Beispiel geben. In das Bewußtsein des Soldaten sollte der Grundsatz verankert werden, daß Unterlassen und Versäumnisse ihn schwerer belasten als ein möglicher Fehlgriff in der Wahl der Mittel. Im gleichen Jahr erhielt die Truppe ein neues Infanteriegepäck, der Mantel wurde nun um den Tornister gerollt. Überall wurde das Lederzeug geschwärzt, nur die Garde und die Grenadiere behielten für den Friedensdienst Weiß. Ab 1892 erhielt die Truppe tragbare Zeltausrüstung für das Biwak.

Die Ausbildung der Infanterie stellte das Exerzierreglement von 1888 auf eine neue Grundlage. Alle Übungen sollten einfach und auf den Krieg berechnet sein. Die Gewehrgriffe wurden vereinfacht, die 3gliedrige Aufstellung und die veralteten Formen des Bataillonsexerzierens aufgegeben. Die Hauptkampfform wurde der Schützenschwarm. Weil diese neue Vorschrift für das Gefecht nur Rahmengrundsätze gab, ließ sie dem jeweiligen Führer weitgehende Freiheit. Deshalb brauchte sie auch nach der Einführung des Gewehrs mit rauchschwachem Pulver nicht geändert zu werden. Um aber die blanken Helmbeschlagteile im Gelände zu verdecken, bekamen die Truppen schilffarbene Helmüberzüge.

Die Erfahrungen des Burenkrieges und des russisch-japanischen Krieges führten zu Änderungen in den Vorschriften von 1906. Nun begannen sich die Schützen beim Vorgehen in dünnen Linien zu entwickeln, die erst nach und nach zu voller Feuerkraft aufgefüllt wurden. Das Maschinengewehr war schon eingeplant, der Angriff auf befestigte Stellungen und in der Nacht wurde geübt. Dazu entstanden Scheinwerfer-

züge bei den Pionieren, die auch wieder im Sappen- und Minenkampf ausgebildet wurden. Ab 1907 kam die neue, feldgraue Kriegsbekleidung in die Kleiderkammern der Truppe und wurde zu den Manövern ausgegeben. Um noch größere Marschleistungen zu ermöglichen, wurden ab 1908 die Feldeinheiten mit fahrbaren Feldküchen, den „Gulaschkanonen", ausgestattet.

Auch jetzt kam der Streit der Meinungen, ob die Reiterei angesichts der modernen Schußwaffen noch Schlachtenkavallerie sein könne, nicht ganz zur Ruhe. So führten nicht allein die Ulanen, sondern die gesamte Kavallerie seit 1890 die Lanze. Die Kürassiere legten im Felddienst den Küraß ab und alle Reiter bekamen den Karabiner. Karabiner und Degen waren seit 1895 am Sattel befestigt, damit der Reiter schneller das Feuergefecht aufnehmen konnte. Dadurch war der Weg zu einer Einheitskavallerie beschritten, wenn auch beim Pferdeersatz und der Uniformierung traditionelle Unterschiede fortbestanden. In der Ausbildung traten gleichwertig neben die Schulreiterei das Geländereiten und der Aufklärungsdienst.

Die Bekleidungsrichtlinien

Die Beschaffung der Uniformen war durch die Bekleidungsordnung festgelegt. Abgesehen von einer Kontrolle, ließ man der Truppe freie Hand. Dadurch kamen ihr auch selbst die Vorteile einer guten und wirtschaftlichen Verwaltung zugute, ihr Interesse war geweckt. Der herausgewirtschaftete Vorteil stand der Truppe in zusätzlichen guten Garnituren zur Verfügung. Weil nur der Regimentskommandeur und der Zahlmeister verantwortlich waren, schützte dieses System vor Korruption und machte die Verwaltung klein aber beweglich.

Die Bekleidungsausrüstung bestand aus 4 vollständigen Garnituren für jeden Soldaten und Unteroffizier. Die 1. Garnitur war die neueste, lag auf der Kammer und wurde nur bei besonderen Gelegenheiten auf Befehl ausgegeben. Die 2. Garnitur war der Ausgangsanzug, den der Soldat nur an Sonn- und Feiertagen von der Kammer empfing. Die 3. Garnison hatte der Mann stets in seinem Besitz, sie war die Werktagsausgehgarnitur. Die 4. wurde zum täglichen Dienst getragen. Dazu traten ab 1907 die feldgrauen Kriegsgarnituren auf der Kammer. Daneben waren 2 Drillichanzüge da, von denen einer ständig im Gebrauch war. Zu den 4 blauen Uniformen konnten durch Ersparnisse weitere treten, denn Truppenschneider sorgten für die Ausbesserung. Dadurch wurden die 2. bis 4. Garnituren aufgewertet, weil nun 5. oder gar 6. entstanden, die anstelle der 4. Garnitur getragen wurden, wenn die Regiments-Bekleidungskommission zustimmte. Doch das äußere Ansehen das Soldaten durfte dabei nicht geschmälert werden. Zusätzlich konnte sich jeder Soldat auf eigene Kosten eine Extrauniform aus feinerem Stoff anschaffen. Das taten aber nur die Längerdienenden oder Einjährig-Freiwilligen.

Die Preise und die Tragedauer eines jeden Kleidungsstückes waren genau festgelegt. So kostete der gewöhnliche Infanteriehelm aus Leder 10,42 Mark, ein Gardes du Corps-Helm aus Tombak 23,62 Mark und der auf diesen anstatt der Spitze aufschraubbare Paradeadler 14 Mark. Preis und Material beeinflußten die Tragezeit. Der lederne Helm mußte 8 Jahre, der Metallhelm 20 Jahre und der Paradeadler, weil er nur ganz selten aufgeschraubt wurde, gar 96 Jahre getragen werden.

Uniformstücke, die der Staat nicht bezahlt hatte, also außeretatmäßig waren, gehörten der Truppe. Sie konnte solche Stücke entweder als Geschenk ihres Chefs erhalten oder selbst anschaffen. Daher standen ihr auch die Vorteile zur Verfügung. So hatte der Attila der Husaren wie auch Waffenröcke und Ulankas eine Tragezeit von 2 Jahren. Bei den Leibgardehusaren war die Tragezeit aber doppelt so lang, weil sie als einziges Regiment vom Staat im Winter Pelze erhielten, die dann natürlich auch doppelte Tragezeit hatten. So war dieses Regiment durch doppelte Bekleidung nicht besser, aber auch nicht schlechter gestellt als andere. Hatten Husaren die Pelze aber geschenkt erhalten, die sie dann auch aus eigenen Mitteln instandhielten, blieb dieses unberücksichtigt, der Vorteil kam ihnen selbst zugute.

Unteroffiziere und Mannschaften trugen stets Uniform, das Ziviltragen war nur in seltenen Fällen erlaubt. In der Öffentlichkeit erschienen geschlossene Abteilungen zu Paraden, bei der Ablösung der Garnisonwachen und beim Kirchgang, einzelne Soldaten als Posten oder beim Ausgang. Dafür waren folgende Anzugsarten vorgesehen:

Zum *Paradeanzug* gehörten Helm oder Tschako, bei bestimmten Truppenteilen mit aufgesetztem Haarbusch, der Waffenrock mit Orden, Ehrenzeichen und Schützenschnur, lange Tuchhose oder weiße Leinenhose, Koppel mit Seitengewehr und Patronentaschen, Gewehr sowie Tornister mit Kochgeschirr und gerolltem Mantel. Im Winter wurde der Mantel angezogen und dann die Tuchhosen in den Stiefeln getragen. Für den Kirchgang an hohen Feiertagen fehlten Gewehr, Patronentaschen und Tornister, zum Mantel gehörte dann die lange Tuchhose.

Der *Ordonnanzanzug* bestand aus Helm oder Tschako, Waffenrock mit Ehrenzeichen und Schützenschnur, langer Tuchhose oder weißer Leinenhose sowie Koppel mit Seitengewehr. Im Winter wurde der Mantel angezogen.

Der *Wachtanzug* setzte sich aus Helm (Tschako), Waffenrock mit Ehrenzeichen und Schützenschnur, nach Jahreszeit langer Tuchhose oder weißer Leinenhose, Koppel mit Seitengewehr, Patronentaschen und Gewehr zusammen. Zum An- und Abmarsch gehörten zusätzlich Tornister mit Kochgeschirr und gerolltem Mantel.

Der *Ausgehanzug* bestand aus Schirmmütze, Waffenrock mit Ehrenzeichen und Schützenschnur, langer Tuchhose oder weißer Leinenhose, Koppel mit Seitengewehr, im Winter wurde der Mantel angelegt. Dabei waren auch für die Mannschaften weiße Lederhandschuhe, eigene Bekleidungsstücke sowie ein Koppel aus Lackleder gestattet.

Im inneren Dienst wurden Mützen, Drillichanzüge doch auch die ab 1892 allgemein eingeführten Litewken getragen.

Für die Offiziere, Sanitäts- und Veterinäroffiziere und Beamte galten besondere Bekleidungsvorschriften. Sie mußten sich ihre Ausrüstung selbst anschaffen. Allein dadurch war vielen der Eintritt in hochfeudale Regimenter nicht möglich, weil sie die Kosten der Ausrüstung einschließlich des notwendigen Privatpferdes nicht aufbrachten. Wenn bei ihnen der Paradeanzug als die höchste Form des Dienstanzuges galt, war es für den Gesellschaftsanzug die Gala. Diese wurde nur auf besonderen Befehl bei Hoffestlichkeiten angelegt und sonst nur zur eigenen Hochzeit gestattet. Besondere Gala besaßen die Gardes du Corps und die Gardekürassiere. Sonst nahm man die Paradeuniform und trug dazu die lange Hose. Nur die Husaren machten eine

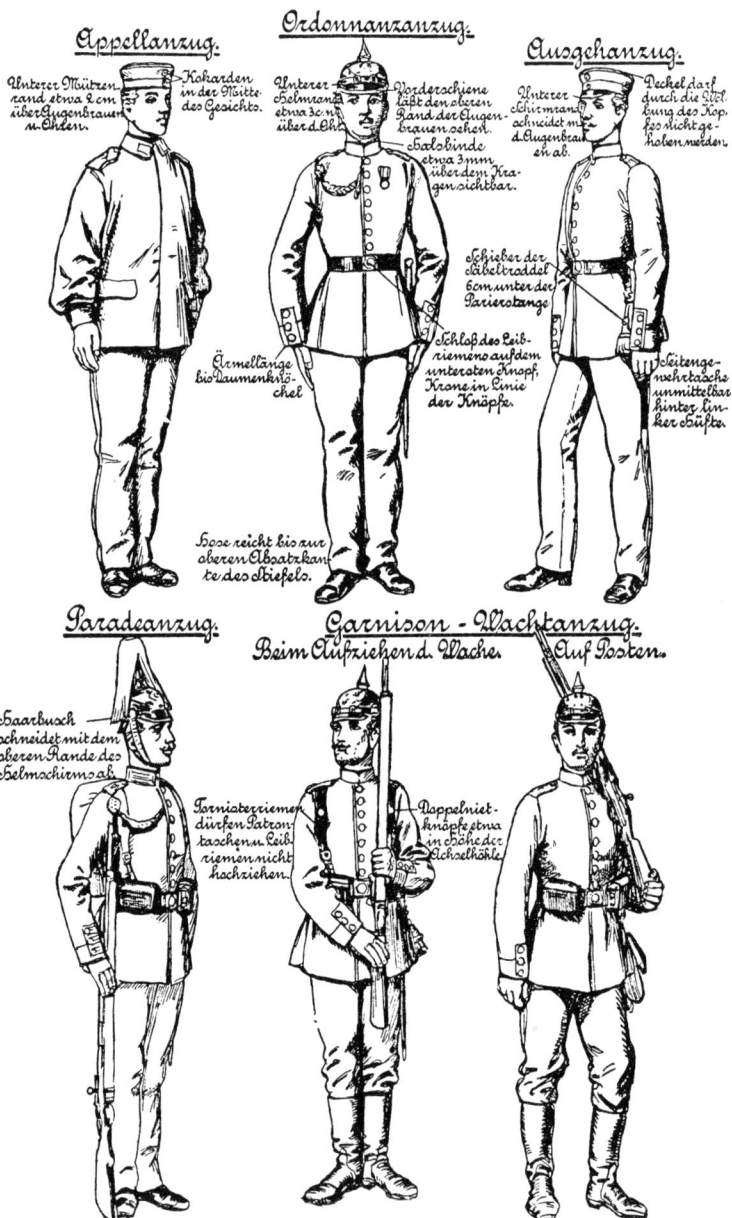

Anzugsarten preußischer Infanterie um 1912

Ausnahme, weil sie selbst zum Tanz in Stiefeln erschienen. Bei Hofbällen trugen die Tänzer keine Schärpen, doch die Seitenwaffe war umgeschnallt, der Helm in der rechten Hand. Erst wenn der Tanz begann, durfte Helm und Waffe abgelegt werden. Die verschiedenen Anzugsarten der Offiziere sind bereits auf S. 109 beschrieben worden.

Allgemeines

Für die Bekleidung des Reichsheeres wurden Grundfarben und Schnitt der preußischen Armee maßgebend. Dabei blieb aber den Kontingentsherren überlassen, die äußeren Abzeichen zu bestimmen. Dazu gehörten die Kokarden, die Schärpen, Feldbinden und Portepees der Offiziere, die Art der Helmbeschläge, Festlegung der Lanzenflaggen, Einjährigenschnüre und Unteroffiziertroddeln, die Beibehaltung bestimmter Uniformmerkmale und vor allem der besonderen Feldzeichen. Jeder Soldat trug an Mütze und Helm die Kokarde seines Bundeslandes. Die Reichskokarde Schwarz-Weiß-Rot besaßen zunächst nur „kaiserliche" Truppen wie die Marine, die Schutztruppen in den Kolonien und die Gendarmerie im Reichsland Elsaß-Lothringen. Alle anderen erhielten sie als gemeinsames Abzeichen erst am 22. März 1897. Sie kam an der Mütze über die Landeskokarde, am Helm an die rechte Seite, während die bis dahin dort sitzende Landeskokarde an die linke wechselte. Damit war die Zugehörigkeit eines jeden Soldaten eindeutig angezeigt. Dienten aber Angehörige anderer Bundesstaaten in preußischen Regimentern, trugen sie bis 1897 meist rechts die preußische Kokarde, links die ihres Heimatlandes. Das Farbbild zeigt das Aussehen der verschiedenen Kokarden und Feldzeichen.

Farben der Mützen-Kokarden.

Deutsch. Reich. — Preußen. — Bayern. — Sachsen. — Württemb. — Baden. — Hessen.

Mecklenb. — Oldenb. — S.-Weimar. — Braunschw. — Anhalt. — Sächs. Herzogt. — Lippe.

Schaumb.-Lippe. — Waldeck. — Schwarzburg-Sondersh. Rudolstadt. — Reuß. — Bremen. — Lübeck u. Hamburg.

Ein großer Teil der Uniform- und Ausrüstungsstücke entsprach noch den bereits in der preußischen Armee früher getragenen und bereits beschriebenen Teilen, so daß sich eine Wiederholung erübrigt. So sollen an dieser Stelle nur die allgemeinen

Preußische Gardefahne neuer Art. — Sächsische Fahne. — Württembergische Fahne.

Preußische Linienfahne. — Badische Fahne. — Hessische Fahne.

Bayrische Fahne. — Mecklenburgische Fahne. — Oldenburgische Fahne.

Neueinführungen, Veränderungen und Kontingentseigentümlichkeiten angesprochen werden. Auf Besonderheiten einzelner Truppenteile wird bei Behandlung der Waffengattungen eingegangen, auf Veränderungen der Ausrüstung bei der Beschreibung der einzelnen Tafeln hingewiesen.

Die kennzeichnenden Kleidungsstücke des deutschen Heeres wurden der bei der preußischen Infanterie eingeführte Helm, volkstümlich auch „Pickelhaube" genannt, sowie der dunkelblaue Waffenrock. Der Helm veränderte im Laufe der Zeit seine Höhe. Das gegenüber dem Ausgangsmodell 1842 bereits niedrigere Muster 1860 erfuhr 1867 eine weitere Verkleinerung. Statt des bisherigen eckigen Augenschirms und des Messingkreuzes unter der Spitze, erhielt er nun einen abgerundeten Vorderschirm und eine durch Splinte gehaltene Scheibe. Die letzte Form 1891/97 ersetzte bei der Linie die Schuppenketten durch einen Kinnriemen, die Garde und die Grenadiere behielten aber ihre Schuppenketten. Offizierhelme zeigten eine Reihe von Besonderheiten. In Preußen wurden am Helm Adler verschiedener Form mit dem Devisenband „Mit Gott für König und Vaterland", in anderen Bundesstaaten entweder eigene Zierrate oder, auf dem preußischen Adler aufgelegt, entsprechende Wappensterne getragen, das Devisenband ersetzte dann „König" durch „Fürst". Bis zur Einführung der Reichskokarde saßen die Landeskokarden an der rechten Helmseite, sie wechselten dann nach links. Dienten aber Angehörige anderer Bundesstaaten in preußischen Regimentern, so trugen sie bis 1897 meist rechts die preußische Kokarde, links die ihres Heimatlandes. Bei Garderegimentern, den Grenadieren und einigen wenigen anderen Truppenteilen wurden zur Parade auf den Helm Haarbüsche gesetzt, bei den ersten beiden Bataillonen der Garderegimenter weiß, den Gardefüsilieren und anderen schwarz, den Spielleuten und Hoboisten stets rot. Diese Haarbüsche reichten bis zur oberen Schirmnaht.

Im Wesentlichen unverändert blieben die Waffenröcke der preußischen Infanterie. Bayern übernahm zwar auch den Schnitt, behielt aber seine traditionell helle blaue Farbe bei. Der Kragen war nun ringsum rot und bei den Linienregimentern

Preußen, Helmadler.

4. Gardeadler,
5. Grenadieradler 1860 (Garde-Gren. 1–4),
6. Heraldischer Adler 1860 für Gren. 1–12
7. Heraldischer Adler für die Linie 1860,
8. Heraldischer Adler mit Wappenstern.

Helme und Zierate der Bundesstaaten.

9. Mecklenburg-Schwerin, Offizierhelm 1895/97. 10. Mecklenburg-Strelitz, Mannschaftshelm 1868.
11. Baden, Helmzierat. 12. Preußen, Offizierhelm Garde mit hochgewölbtem Stern.
13. Hessen, Helmzierat. 14. Hessen, Mannschaftshelm mit Haarbusch Regt. 116 1898.
15. Württemberg, Helmzierat. 16. Württemberg, Offizierhelm 1871/97. 17. Sachsen, Helmzierat.
18. Bayern, Offizierhelm 1914. 19. Bayern, Helmzierat. 20. Sachsen, Mannschaftshelm 1891.

Waffenröcke. 1. Preußen, 2. Württemberg bis 1892, 3. Sachsen

vorn abgerundet, bei der Garde aber eckig. In Württemberg blieb bis zum Jahre 1892 der Waffenrock zweireihig, in Sachsen zeigte er untenherum einen roten Vorstoß, hinten gerade Schoßtaschenleisten mit nur zwei Knöpfen, Ärmelaufschläge von deutscher Form und durchweg dunkelblaue Schulterklappen. Die einzelnen Regimenter unterschieden sich durch Kragen, Form der Ärmelaufschläge und ihre Schulterklappen. Die Ärmelaufschläge konnten in brandenburgischer Art mit Vorstoß (1), ohne Vorstoß (2), in schwedischer (3), französischer (4) oder deutscher Form (5) sein, auf ihnen sowie dem Kragen saßen bei der Garde oder den eigens damit ausgezeichneten Regimentern zusätzlich Borten oder Litzen. Die Farbe der Schulterklappen in der bereits überlieferten Reihenfolge: weiß = 1, rot =2, gelb =3 und hellblau =4 gaben entweder das Regiment oder, im Zusammenhang mit dem Ärmelpattenvorstoß, das entsprechende Armeekorps an. Nähere Angaben finden sich bei der Behandlung der Infanterie.

Seit 1870 waren die Hosen sehr dunkel, fast schwarz mit einem roten Vorstoß, im Sommer wurden weißleinene getragen. Der 1867 eingeführte, fast schwarze Mantel hatte dunkelblaue Schulterklappen mit Vorstoß in der Farbe der Schulterklappen des

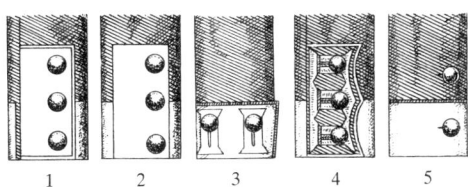

Waffenrocks sowie einer roten Nummer oder Namenszeichen. Ab 1894 gab es die Mäntel aus hellgrauem Tuch mit farbigen Kragenpatten, daran Schulterklappen wie am Waffenrock.

Als neues Bekleidungsstück wurde ab 1893 eine blusenartige Litewka mit verdeckter Knopfleiste eingeführt. Sie war zunächst dunkelblau und besaß einen Klappkragen mit roter Patte. Daran kamen als Rangabzeichen auf den linken Oberarm Winkel aus Borte oder Tresse, bald darauf aber die des Waffenrocks, nur die etatmäßigen Feldwebel behielten daran ihre drei Tressenwinkel. Um 1900 gab es geänderte Muster, ab 1903 wurden sie aus mantelgrauem Stoff gefertigt, in Bayern blieb das dort übliche hellere Blau. Die Litewka gehörte zum sogenannten Appellanzug.

Für den Feldzug von 1866 erhielten die Offiziere als Rangabzeichen Feldachselstücke, die dann 1888 noch mal abgeändert wurden. Die bisherigen Epauletten wurden für den Parade- und Gesellschaftsanzug beibehalten. Die erste Art der Feldachselstücke bestand für Leutnants und Hauptleute aus breiter, an den Rändern schwarz durchgezogener Silbertresse, für die Stabsoffiziere aus geflochtener, schwarz durchgezogener Silberkantschnur, bei allen Futter und Vorstoß in der Farbe der Epaulettfelder. Darauf führten Leutnants und Majore keinen, Oberleutnants und Oberstleutnants einen und Hauptleute und Obersten zwei Rangsterne. Nach dem Krieg wurden diese Abzeichen für den kleinen Dienst und am Überrock beibehalten. Doch 1888 erhielten Leutnants und Hauptleute solche aus vier nebeneinandergelegten schwarzdurchzogenen Silberplattschnüren. Bei Offizieren anderer Kontingente waren die Silberschnüre mit den entsprechenden Landesfarben durchzogen.

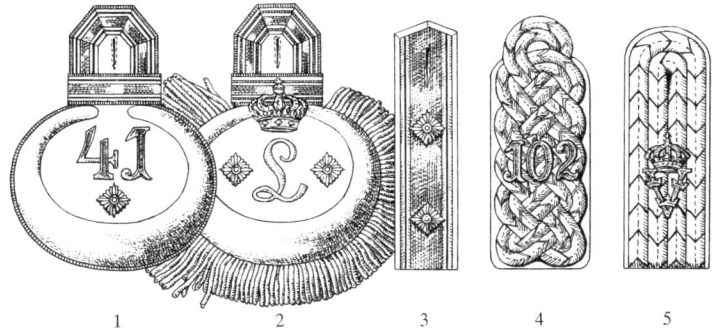

Epauletts u. Achselstücke. 1. Epaulett Premier-(Ober-)Leutnant, 2. Epaulett Oberst, 10. bayer. Inf.-Rgt., 3. Feldachselstück 1866 Hauptmann, Garde-Rgt. z. F., 4. Achselstück Major, sächs. Inf.-Rgt. 102, 5. Achselstück 1888, Leutnant Füs.-Rgt. 34 ab 1908.

Die Dienstgradabzeichen der Unteroffiziere bestanden aus meist goldenen Tressen am Kragen und um die Ärmelaufschläge, am Mantel aus einer weißen mit schwarzem oder anderem Mittelstreifen versehenen Borte quer über das hintere Ende der Kragenpatten, etatmäßige Feldwebel ab 1895 zwei solcher Borten, und einer besonderen Unteroffiziertroddel in den Landesfarben am Seitengewehr. Die Tressen der Garde waren gemustert, die der Linie glatt. Sergeanten und Feldwebel sowie die seit 1874 bei aktiven Truppen vorhandenen Vice-Feldwebel trugen beidseitig des Kragens dazu je einen großen Wappenkopf, alle Feldwebel führten das Offizierseitengewehr mit Portepee am Mannschaftskoppel und an der Kopfbedeckung die Offizierkokarde. Erst 1899 bekamen die etatmäßigen Feldwebel ihre zweite Tresse über den Ärmelaufschlag. Der Gefreite war an dem an beiden Seiten des Kragens sitzenden kleinen Wappenknopf kenntlich.

Kragenabzeichen

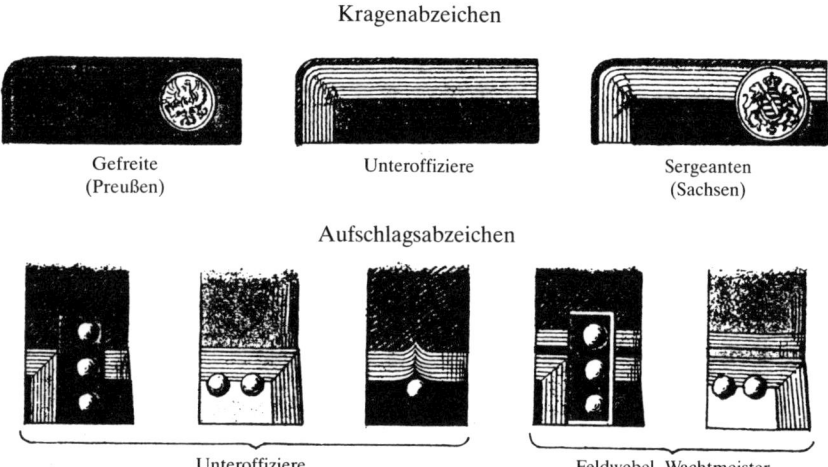

Gefreite (Preußen)   Unteroffiziere   Sergeanten (Sachsen)

Aufschlagsabzeichen

Unteroffiziere   Feldwebel, Wachtmeister

Spielleute und Hoboisten trugen wie bereits vorher an ihrem Waffenrock Schwalbennester aus rotem Tuch, das bei Spielleuten mit weißer Borte, bei Hoboisten und Regiments- sowie Bataillonstambouren mit Unteroffiziertresse besetzt war, bei letzteren daran mit langen Fransen. Die preußischen Einjährig-Freiwilligen waren an einer schwarz-weiß-gedrehten Schnur um ihre Schulterklappen kenntlich, die der anderen Kontingente in gleicher Art, doch zeigte sich ihre Wollschnur in den betreffenden Landesfarben. Im Jahre 1898 erhielten die Fahnenträger auf den rechten Oberarm ein gelbgesticktes Abzeichen, auf der Brust einen metallenen Ringkragen, beide mit gekreuzten Fahnen verziert, darüber eine Krone, darunter die königliche Namensinitiale. Dazu legten sie ein besonderes Seitengewehr mit dem Korb des Offizierdegens an.

Mit dem Jahre 1894 änderte sich die Form der Schießauszeichnungen. Anstelle der bisherigen Borten und Wappenknöpfe traten schwarz-weiß-rot gemusterte, geflochtene Schützenschnüre. Sie bestanden in den ersten 3 Klassen aus Wolle mit daranhängenden wollenen Eicheln (bis 2), in der 4. bis 10. Klasse aus Silberfäden mit daransitzender Rosette, darauf für die 5. bis 10. Klasse ein von Eichenlaub umranktes, mit Krone und Namensinitiale des Kaisers versehenes Medaillon. Die 6. Klasse erhielt daran eine, die 7. zwei und die 8. drei silberne Eicheln, die 9. und 10. Klasse goldene Schieber mit ein oder zwei goldenen Eicheln. Diese Schützenschnur war das erste gemeinsame Abzeichen des Reichsheeres.

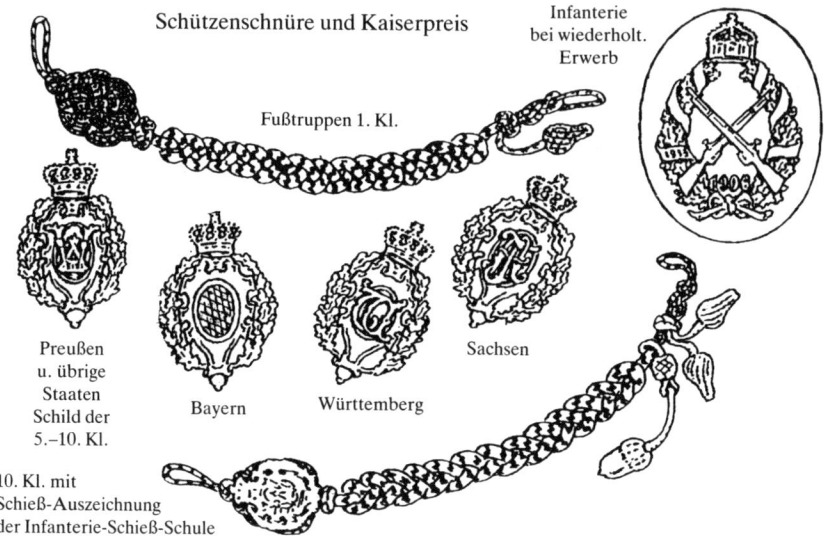

Schützenschnüre und Kaiserpreis   Infanterie bei wiederholt. Erwerb

Fußtruppen 1. Kl.

Preußen u. übrige Staaten Schild der 5.–10. Kl.   Bayern   Württemberg   Sachsen

10. Kl. mit Schieß-Auszeichnung der Infanterie-Schieß-Schule

Bei den Offizieren wich das Uniformtuch durch helleren oder dunkleren Ton von dem der Mannschaften ab, die Helme hatten vergoldete Beschläge, die Kokarde silberne oder vergoldete Ringe. Der Überrock wurde stets beibehalten, der Paletot bestand seit 1893 aus sehr hellem grauen Tuch mit farbigem Kragen. Die ursprünglich von Offizieren allein getragene Schärpe aus Silberfadengeflecht mit Durchzügen in den entsprechenden Landesfarben wurde 1896 beim Dienstanzug durch eine aus gleichem Material gefertigte Feldbinde abgelöst, die sich durch ein rundes Schloß in Knopffarbe schließen ließ. Auch die Portepees bestanden aus Silbergespinst mit einer Füllung in den Landesfarben. Mit dem Jahre 1889 trat dann anstelle des alten Offizierdegens und Füsiliersäbels ein gemeinsamer Infanterie-Offizierdegen, in dessen vergoldetem Korb der heraldische Adler oder die entsprechenden Landeswappen kamen.

Bereits in den 70er Jahren übernahmen alle anderen Kontingente die preußische Ausrüstung und Bewaffnung. Der Tornister wurde 1887 durch einen mit neuem Tragegerüst ersetzt, der gerollte Mantel um die vier Seiten des Tornisters, ab 1889 aber nur um drei gelegt. Das Kochgeschirr war auf der Klappe befestigt. Die Patronentaschen wurden mit Hilfe von Schlaufen über das Koppel geschoben, eine hintere Tasche nahm die Reservemunition auf. Ab 1889 begann der wasserdichte braune Brotbeutel den bisherigen weißleinenen zu ersetzen, ab 1893 kamen dann nach und nach die neuen Feldflaschen mit dem Filzüberzug.

Mit dem Jahre 1895 tauchte das kleinere Tornistermodell auf. Dabei fiel die hintere Reservepatronentasche fort. Die braune Zeltbahn der 1892 eingeführten tragbaren Zeltausrüstung wurde über den Mantel auf den Tornister geschnallt, alle Kochgeschirre geschwärzt.

Die Generale

Die Uniform der preußischen Generale entsprach dem bereits (s. S. 63) beschriebenen Muster, doch erhielten ab 1864 Generale in Kommandostellen der Artillerie, ab 1889 dann auch alle anderen Artilleristen an ihren Helm die Kugel anstelle der Spitze. Der „große" Waffenrock besaß noch zunächst die überlieferte Eichenlaubstickerei an Kragen, Aufschlägen und Schoßtaschenleisten, an der rechten Schulter das goldene Achselband mit den silbernen Gradabzeichen und an der linken die silberne Kantille, von der ein Strang schwarz durchzogen war. Zum Interimswaffenrock ohne Stickerei gehörten Epauletten mit silbernen Feldern und Halbmonden, steifen silbernen Kantillen, rotem Futter und Vorstoß. Darauf saßen im silbernen Epaulettfeld beim Generalleutnant ein, beim General zwei, beim Generaloberst drei goldene Gradsterne, beim Generalfeldmarschall zwei gekreuzte Marschallstäbe. Ihre Feldachselstücke waren in vier Bögen geflochten aus zwei Strähnen goldener Rundschnur, zwischen denen eine silbern-schwarze Kantschnur lief, darauf silberne Rangsterne. Mit dem Jahre 1900 wurde der Rockkragen eckig, darauf sowie auf die Aufschläge kamen die altpreußische „Stickerei", die noch heute Generale tragen. Als 1909 auch der „große Rock" fortfiel, blieb allein, auch zur Parade, der Interimsrock. So fielen Schultergeflecht und Kantillen fort, auch zur Parade gehörten nun die Epauletten, unter der rechten war das Achselband befestigt. Die Hosen hatten breite rote Streifen beiderseits der Biesen, nach 1888 gehörten zum Dienst hohe Stiefel. Überrock und Paletot folgten dem üblichen Wandel, nur zeichnete sie ein rotes Brustfutter und Vorstöße aus.

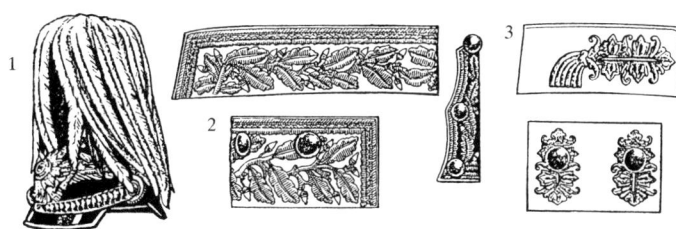

Preußische Generale: 1. Helm, 2. Kragen-, Aufschlag- und Schoßleistenstickerei bis 1900, 3. Kragen- und Aufschlagstickerei ab 1900.

Waren Generale ehrenhalber Regimentschefs oder standen sie á la suite eines Truppenteils, durften sie bei passender Gelegenheit auch dessen Uniform anlegen. Darüber sowie über die Generale außer Dienst und zum Dienst kann auf Seite 65 nachgelesen werden.

Die Uniform der sächsischen Generale glich weitgehend der preußischen, doch trug ihr Helm ein anderes Emblem, die gekehlte Helmspitze saß auf einem Teller und der Vorderschirm war abgerundet. Zur Parade kam auf den Helm ein weißer Federbusch. Auch in Württemberg besaß der Helm ein eigenes Emblem und erhielt zur Parade einen Busch aus außen weißen, innen roten und schwarzen Hahnenfe-

dern. Der Paradewaffenrock war zunächst noch zweireihig, trug an Kragen, Aufschlägen und Schoßtaschenleisten goldene Eichenlaubstickerei, auf jeder Schulter ein goldenes Geflecht, an der rechten daran eine goldene Fangschnur. Ein einreihiger Rock kam 1892. Auch die württembergischen Generale erhielten 1900 die neue preußische Stickerei, ihr bisheriger Interimsrock wurde ab 1910 auch zur Parade getragen. Waren Generale, die innerhalb des hessischen Kontingents Dienststellungen besaßen, auch Staatsangehörige, trugen sie eine eigene, wenn auch der preußischen ähnliche Uniform. An ihrem Helm saß als Emblem der hessische Löwe im Lorbeer- und Eichenkranz mit aufgelegtem Stern des Ludwigordens, der weiße Paradebusch hatte innen rote Federn. Einen größeren Unterschied zeigten die Uniformen der mecklenburgischen Generale. Sie trugen dort Silber, wo in Preußen Gold saß. Auch ihre Helme hatten silberne Beschläge und Embleme mit dem Stern des Ordens der Wendischen Krone, der Paradebusch war außen weiß, innen hellblau. Am Paradewaffenrock preußischen Schnitts erschienen Kragen und Aufschläge karminrot und trugen silberne Randborten mit reicher stilisierter Eichenlaubstickerei. Die geschweiften Ärmelpatten waren dunkelblau und hatten ebenfalls silberne Randborte und Eichenlaubstickerei. Auch Knöpfe, Achselgeflecht, Fangschnur und Kantille waren silbern. Mit dem Jahre 1900 änderte sich am neuen Waffenrock die Form der Silberstickerei an Kragen und den nun schwedischen Ärmelaufschlägen, die Abzeichenfarbe und Vorstöße wurden ponceaurot. Die Schärpe blieb golden mit zwei eingewebten Streifen, der obere blau, der untere rot, die Quasten daran mit goldenen Deckfransen und blau-karminroter Füllung.

Helmdekorationen sächsischer (1), württembergischer (2), hessischer (3), mecklenburgischer (4) Generale. 5. Kragen- und Aufschlagstickerei mecklenburgischer Generale ab 1900.

Generalität, Preußen 1914

von links: General im Paletot; General im Paradeanzug zu Pferde; General im Dienstanzug, Überrock; General in Litewka.

Abweichend erschienen zunächst die bayerischen Generale durch ihren, noch bis zum Jahre 1912 getragenen überlieferten Filzhut. Daran saß auf der bayerischen Kokarde eine silberne Sternschleife, zwischen 1897 und 1912 noch zusätzlich die Reichskokarde. Zum Hut gehörte ein außen weißer, innen blauer Hahnenfederbusch, der auch bei entsprechender Gelegenheit auf den dann getragenen Helm kam. Ursprünglich war die Stickerei am Waffenrock je nach Dienstgrad verschieden. Ab 1873 wurde sie aber an Kragen und Ärmelaufschlägen einheitlich, wie auch das auf der rechten Schulter getragene Achselgeflecht mit Schnüren, auf der linken die Raupe. Ihr Dienstwaffenrock erhielt ab 1901 eine eigene Silberstickerei. Die Epauletten besaßen preußische Form, doch mit blau statt schwarzen Durchzügen wie auch die Feldbinden und Schärpen, letztere aber mit anderer Quastenform.

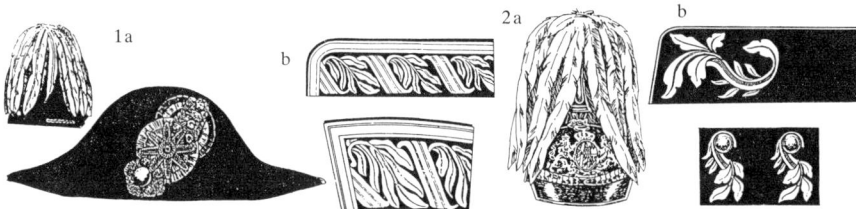

1.a) Generalshut 1897–1902 links mit Federbusch
1.b) Kragen- und Aufschlagstickerei 1873–1901

2.a) Helm ab 1902
2.b) Kragen- und Aufschlagstickerei ab 1901

General- und Flügeladjutanten, Generalstab und Kriegsministerium

Die Uniform der preußischen Generaladjutanten entsprach der der Generale, doch hatte der Waffenrock eckige Kragen, daran und an den schwedischen Aufschlägen goldene Kolbenstickerei, dazu goldene Achselbänder und Fangschnur. Flügeladjutanten trugen die Uniform der Infanterieoffiziere, am Waffenrock mit silbernen Knöpfen aber bei eckigem Kragen und schwedischen Aufschlägen silberne Kolbenlitzen, dazu silberne Achselbänder und Fangschnüre. Auch die Epaulettfelder waren silbern, die Feldachselstücke hatten weiße Unterlage. Sie legten die Generalshose an, ihr Helm glich dem der Generale, doch mit silbernen Beschlägen und weißem Haarbusch. Sowohl Generaladjutanten wie Flügeladjutanten hatten auf den Epaulettfeldern und Feldachselstücken die vergoldete königliche Namensinitiale.

In den einzelnen Bundesstaaten waren die dortigen General- und Flügeladjutanten in ähnlicher Weise mit geringen Abweichungen von der Generaluniform ausgestattet. In Bayern besaßen die Generaladjutanten noch bis 1912 den Filzhut.

Für die Offiziere des Generalstabs und des Kriegsministeriums war als Abzeichenfarbe das Karminrot charakteristisch, vor allem fielen ihre breiten Hosenstreifen in

KH. RAECK frei nach Knötel d. J.

1. Flügeladjutant als „Point" bei Abnahme einer Parade. Im Hintergrund die Gruppe der abnehmenden Generale. Es paradiert gerade das dem X. Armeekorps zugehörige Infanterie-Regiment Nr. 73 vorbei.

2. Der Stabschef eines Armeekorps in Felduniform. Er trägt den Überrock mit darübergelegter Schärpe. Hinter ihm hält zu Pferd ein weiterer Generalstabsoffizier mit der Adjutantenschärpe. Das Rot der Abzeichen müßte deutlich mehr karmin sein.

3. Der 1. Zug der Leibgendarmerie in der seit 1889 getragenen Uniform. Vorn ein Wachtmeister mit aufgeschraubtem Paradeadler, hinten mit Helm in üblicher Form.

4. Der 2. Zug der Leibgendarmerie in der beschriebenen Galauniform

dieser Farbe auf. Ihr Helm glich in der Form dem der Generale, am Waffenrock saßen auf eckigem Kragen und schwedischen Ärmelaufschlägen Kolbenlitzen. Diese waren wie auch die Knöpfe und Beschläge beim Generalstab silbern, dem Kriegsministerium golden. Alle Offiziere der Truppengeneralstäbe außer dem betreffendem Chef trugen die Adjutantenschärpe von der rechten Schulter zur linken Hüfte. In Bayern war das Karminrot deutlich dunkler gehalten und das Mittelschild des Helmbeschlags nicht emailliert.

Gen.stab — Kriegsmin.

Leibgendarmerie und Schloßgardekompanie

Für den unmittelbaren Dienst beim Monarchen und die Beaufsichtigung der königlichen Gärten und Schlösser, sowie dem Versehen des Wachtdienstes bei besonderen Anlässen gab es besondere Formationen. Es waren die Leibgendarmerie, dessen 1. Zug bereits bestand und dessen Uniform auch beschrieben wurde, und die Schloßgarde-Kompanie (s. S. 69). Für die Leibgendarmerie war der dunkelgrüne Waffenrock mit kornblumblauen Kragen und polnischen Aufschlägen kennzeichnend, zu dem ein Kürassierhelm aufgesetzt wurde. Alle Gendarmen mußten Sergeanten sein und trugen das Offizierportepee. Im Jahre 1873 erhielten sie zum Dienst beim Kaiser und zu Paraden rechts ein weißes, schwarz-silbern durchzogenes Achselband. 1889 brachte dann einschneidende Änderungen: die bisherigen Leute wurden der 1. Zug, verloren ihre Epauletten sowie blaue Hosenstreifen und erhielten dafür kornblumblaue Schulterklappen mit Namenszug. Der neuerrichtete 2. Zug, auch „Leibgarde Ihrer Majestät der Kaiserin" genannt, erhielt eine weiße Uniform, die der des Kürassier-Regiments Nr. 2 Königin ähnelte, dazu das Achselband des ersten Zuges. Beide Züge bekamen auf den Helm, ähnlich den Gardes du Corps, zur Parade einen aufschraubbaren Adler, doch mit hochgestellten Flügeln. Die Galawache des 2. Zuges besaß eine besondere Uniform mit Hut und Rock im altpreußischen Schnitt mit Rabatten, auf denen je 6 weiße Schleifen mit Quasten saßen. Dazu gehörten hohe altpreußische Kürassierstiefel und ein Pallasch.

Die Schloßgardekompanie trug im täglichen Dienst einen Ordonnanzanzug mit Helm, daneben einen Gala-Waffenrock ab 1861. Beide wurden bereits beschrieben. An Änderungen erfolgte 1896 die Einführung der neuen Grenadiermütze in der Art des Füsilierbataillons des 1. Garde-Regiments zu Fuß und im Jahre 1909 die neue Uniform in starkem Anklang an die friderizianische Zeit. Ab 1904 wurden die nur zu besonderem Anlaß aufgesetzten Perücken zum Galawachtanzug stets aufgesetzt, zur Gala gehörte schon immer der altpreußische Infanteriesäbel.

In Württemberg und Hessen bestanden ähnliche Formationen, in Bayern die bekannte Leibgarde der Hartschiere.

5. Die Schloßgardekompanie, Mitte und rechts in Galawaffenrock und alter Grenadiermütze, im Hintergrund im Ordonnanzanzug, ganz links ein Flügeladjutant.

Die Infanterie

Den größten Teil des Reichsheeres bildete die Infanterie. Ihre wichtigsten Beklei-
dungs- und Ausrüstungsstücke wurden bereits beschrieben. Nun sollen – unterteilt
nach den Armeekorps – die Abzeichen und Besonderheiten folgen. Es handelt sich
dabei um Helmbeschläge unterschiedlichster Art, wie verschiedene Adlerformen,
Wappen und Ordenssterne, um die Farbe der Schulterklappen mit den darauf
angebrachten Nummern und Namenszügen, Form der Ärmelaufschläge sowie die
Vorstoßfarben an den drei Außenkanten der Ärmelpatten sowie die Litzen an
Kragen und Ärmelaufschlägen. Dadurch ergibt sich gleichzeitig eine Gliederungs-
übersicht des Reichsheeres.

Die Waffenröcke aller mit Litzen ausgezeichneter Regimenter besaßen einen
eckigen Kragen. Die Nummernbezeichnungen oder Namenszüge auf den Schulter-
klappen waren rot, nur bei roter Schulterklappe gelb. Die 12 ältesten preußischen
Linienregimenter hießen Grenadiere und trugen zur Parade schwarze Haarbüsche.
Als weitere Auszeichnungen erhielten sie ab 1897 einen besonderen Helmadler
(Gardeadler ohne Stern) und nach und nach zum Teil Litzen und Namenszüge.

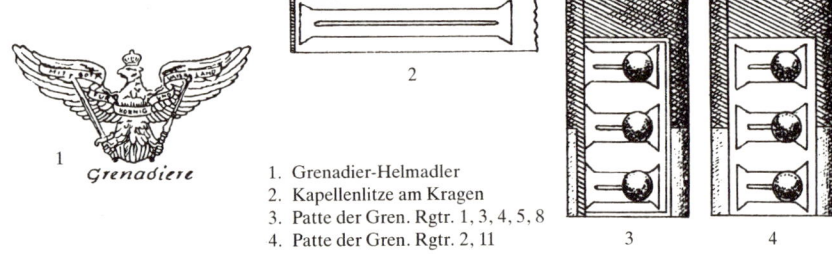

1. Grenadier-Helmadler
2. Kapellenlitze am Kragen
3. Patte der Gren. Rgtr. 1, 3, 4, 5, 8
4. Patte der Gren. Rgtr. 2, 11

Offiziere der mit Litzen ausgestatteten Regimenter trugen Stickereien, deren Formen von ihren überlieferten Stammregimentern übernommen oder die Kapellenlitzen waren. Nach der Reichsgründung wurden noch viele neue Regimenter aufgestellt, andere bei Neubildung eines Armeekorps versetzt. Daher stehen die Jahres-
zahlen der Aufstellung, Verlegung oder einer sonstigen Veränderung in Klammern
hinter der Regimentsbezeichnung. Die Aufstellung zeigt den Stand von 1914.

Beim Gardekorps besaß der Helm einen fliegenden preußischen Adler mit dem
Stern des Schwarzen Adler Ordens als Zierrat. Zu ihm gehörten flache Schuppenket-
ten und zur Parade ein Haarbusch, der sich nach der Farbe des Lederzeugs (weiß oder
schwarz) richtete, bei Spielleuten oder Hoboisten aber immer rot war. Die übliche
Farbreihenfolge: weiß = 1, rot = 2, gelb = 3 und hellblau = 4 ist gut an den
Schulterklappen der Garderegimenter zu sehen.

6. Parade des 1. Garderegiments zu Fuß in Potsdam. Bereits 1824 erhielt das Regiment (Füsiliere erst 1843) eine Garnitur Grenadiermützen. Im Jahre 1894 wurden
diese Mützen dem 1. Garde-Grenadierregiment weitergegeben, das Regiment erhielt eine neue Garnitur nach dem Muster des friderizianischen Bataillons Garde.

Garde

Das Gardekorps (am Helm allgemein der Gardeadler)

Regiment	Schulter-klappe	Kragen und Ärmelaufschlag	Knöpfe	Besonderes	
1. Garde-Rgt. zu Fuß	weiß	mit Litzen, schwedische Form Mann	weiß	beim *1. G. R. z. F.* Schuppenketten weiß, ab 1893 für I. Btl. und Stab Semper talis-Band	Grenadiermützen zur Parade, ab 1894 eine neue Garnitur.
2. Garde-Rgt. zu Fuß	rot		gelb		
3. Garde-Rgt. zu Fuß	gelb		gelb		
4. Garde-Rgt. zu Fuß	hellblau		gelb		
Garde-Füsilier Rgt.	gelb	Offz.	weiß		
Garde-Gren. Rgt. Nr. 1 Kaiser Alexander	weiß	Aufschlag brandenburg. Form, Patte dunkelblau, Litzen ab 1874 (weiß) Mann	gelb	beim *1. G. Gren. Rgt.* 1894 die Gren.-Mützen vom 1. Garde-Rgt. über-nommen, zur Parade getragen	
Garde-Gren. Rgt. Nr. 2 Kaiser Franz	rot		gelb		
Garde-Gren. Rgt. Nr. 3 Königin Elisabeth	gelb	Offz.	gelb		
Garde-Gren. Rgt. Nr. 4 Königin Augusta	hell-blau	Patte	gelb		

Regiment	Schulter-klappe	Kragen und Ärmelaufschlag	Knöpfe	Besonderes
5. Garde-Rgt. zu Fuß (ab 1897)	weiß	einf. spitze Litzen mit Spiegel Aufschlag wie Garde-Grenadiere	weiß	weiße Litzen
Garde-Gren. Rgt. Nr. 5 (ab 1897)	weiß		gelb	gelbe Litzen

Die Linienregimenter sind innerhalb ihrer Armeekorps nach der Nummer aufgeführt, die in der Regel auch auf der Schulterklappe zu sehen war. Besaßen sie oder erhielten sie im Laufe der Zeit Namenszüge, so sind diese sowie andere Besonderheiten hinter der Regimentsbezeichnung aufgeführt.

I. Armeekorps   Schulterklappe: weiß, Ärmelpattenvorstoß: weiß

Gren. Rgt. Kronprinz Nr. 1

ab 1888

ab 1897

Litzen ab 1900

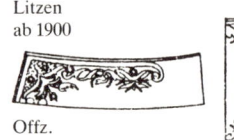
Offz.

Gren. Rgt. König Friedrich Wilhelm I. Nr. 3

ab 1889

Litzen ab 1901

Offz.

Gren. Rgt. König Friedrich der Große, Nr. 4

ab 1889

Litzen ab 1911

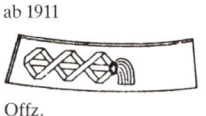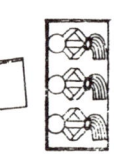
Offz.

7. Auf der Schreibstube beim Garde-Grenadier-Regiment Königin Elisabeth, Nr. 3. Im Vordergrund links der „Spieß", also etatmäßige Feldwebel im Paradeanzug mit Haarbusch und ein Vicefeldwebel. Im Hintergrund ein Gefreiter im Ordonnanzanzug und der Schreiber im Drillichrock.

132

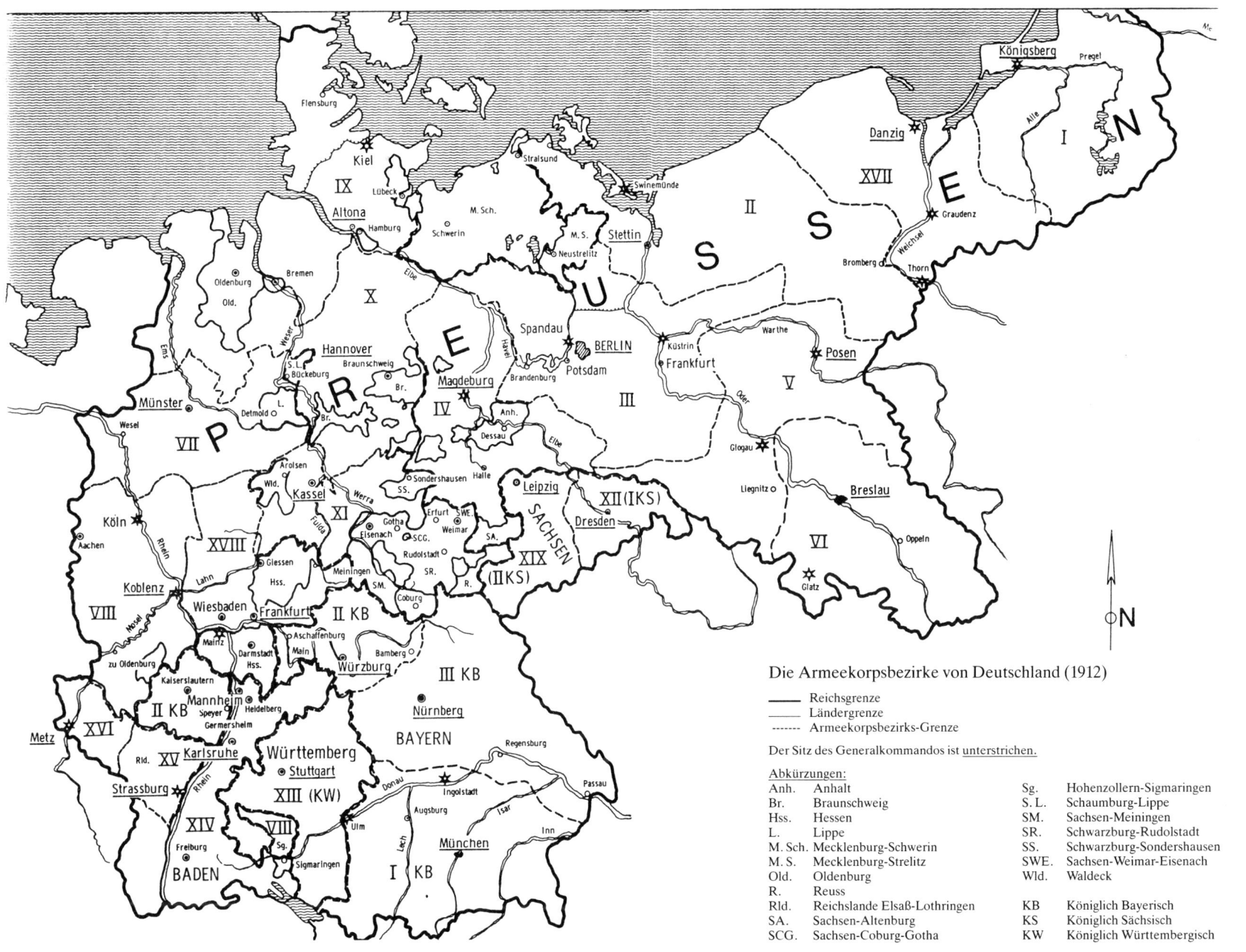

Die Armeekorpsbezirke von Deutschland (1912)

—————— Reichsgrenze

—————— Ländergrenze

-------- Armeekorpsbezirks-Grenze

Der Sitz des Generalkommandos ist <u>unterstrichen.</u>

<u>Abkürzungen:</u>

Anh.	Anhalt	Sg.	Hohenzollern-Sigmaringen
Br.	Braunschweig	S. L.	Schaumburg-Lippe
Hss.	Hessen	SM.	Sachsen-Meiningen
L.	Lippe	SR.	Schwarzburg-Rudolstadt
M. Sch.	Mecklenburg-Schwerin	SS.	Schwarzburg-Sondershausen
M. S.	Mecklenburg-Strelitz	SWE.	Sachsen-Weimar-Eisenach
Old.	Oldenburg	Wld.	Waldeck
R.	Reuss		
Rld.	Reichslande Elsaß-Lothringen	KB	Königlich Bayerisch
SA.	Sachsen-Altenburg	KS	Königlich Sächsisch
SCG.	Sachsen-Coburg-Gotha	KW	Königlich Württembergisch

8. Auf dem Schießstand beim Grenadierregiment Graf Gneisenau, Nr. 9. Es wird gerade mit dem Gewehr 88 „liegend freihändig" bei einer Hauptübung geschossen.

I. Armeekorps (Fortsetzung)

Gren. Rgt. König Friedrich I., Nr. 5 (bis 1890)
Füsilier-Rgt. Graf Roon, Nr. 33
Inf. Rgt. von Boyen, Nr. 41
Inf. Rgt. Herzog Karl v. Mecklenburg-Strelitz, Nr. 43
Inf. Rgt. Graf Dönhoff, Nr. 44
Inf. Rgt. Nr. 45 (von 1871 bis 1890 im XV. AK)
Inf. Rgtr. Nr. 146, 147, 150 und 151 von 1897 bis 1912

II. Armeekorps   Schulterklappe: weiß, kein Ärmelpattenvorstoß

Gren. Rgt. König Friedrich Wilhelm IV., Nr. 2

   Litzen ab 1897

Offz.

Gren. Rgt. Graf Gneisenau (Colbergisches), Nr. 9

Inf. Rgt. Graf Schwerin, Nr. 14
Inf. Rgt. v. Borcke, Nr. 21 (bis 1890)
Füsilier-Rgt. Königin
Victoria von Schweden, Nr. 34

 (ab 1908)

Inf. Rgt. Prinz Moritz v. Anhalt-Dessau, Nr. 42 (von 1871 bis 1890 im XV. AK)
Inf. Rgt. Nr. 49
Inf. Rgt. v. d. Goltz, Nr. 54
Inf. Rgt. Nr. 61 (bis 1890)
Inf. Rgt. ·Nr. 140 (ab 1890)
Inf. Rgt. Nr. 149 (ab 1912)

III. Armeekorps   Schulterklappe: rot, Ärmelpattenvorstoß: weiß

Leib-Gren. Rgt. König
Friedrich Wilhelm III., Nr. 8

   Litzen ab 1898

Offz.

III. Armeekorps (Fortsetzung)

Gren. Rgt. Prinz Karl von Preußen, Nr. 12
Inf. Rgt. Graf Tauentzien v. Wittenberg, Nr. 20
Inf. Rgt. Friedrich Franz II., Großherzog von Mecklenburg-Schwerin, Nr. 24
Füsilier-Rgt. Prinz Heinrich von Preußen, Nr. 35
Inf. Rgt. von Stülpnagel, Nr. 48
Inf. Rgt. von Alvensleben, Nr. 52
Inf. Rgt. GFM Prinz Friedrich Karl von Preußen, Nr. 64

IV. Armeekorps   Schulterklappe: rot, ohne Ärmelpattenvorstoß

Inf. Rgt. Fürst Leopold von Anhalt-Dessau, Nr. 26
Inf. Rgt. Prinz Louis Ferdinand von Preußen, Nr. 27
Füsilier-Rgt. GFM Graf Blumenthal, Nr. 36
Inf. Rgt. Nr. 66
Inf. Rgt. Nr. 71 (bis 1899)
Inf. Rgt. Nr. 72

ab 1912

Inf. Rgt. Nr. 93 (Anhalt)

Inf. Rgt. Nr. 153 (ab 1897)

ab 1897

Inf. Rgt. Nr. 165 (ab 1909)

V. Armeekorps   Schulterklappe: gelb, Ärmelpattenvorstoß: weiß

Gren. Rgt. Graf Kleist v. Nollendorf, Nr. 6

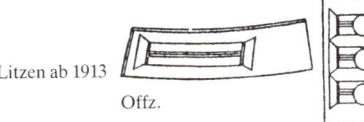

Litzen ab 1913

Offz.

Gren. Rgt. König Wilhelm I., Nr. 7

gelbe Litzen
ab 1897

Gr. R. 7
Litz wie 9

Offz.

9. Das pommersche Füsilierregiment Nr. 34 bei einer Felddienstübung. Der Spielmann, ausgerüstet mit Pfeife und Horn, bläst gerade das Signal „Avancieren".

10. Ein Stabsoffizier vom Infanterieregiment Prinz Leopold von Anhalt-Dessau, Nr. 26, im Paradeanzug vor der Tür seines Heims. Der Bursche steht mit dem gesattelten Pferd bereit.

V. Armeekorps (Fortsetzung)

Inf. Rgt. v. Grolmann, Nr. 18 (bis 1912)
Inf. Rgt. v. Courbière, Nr. 19
Füsilier-Rgt. v. Steinmetz, Nr. 37
Inf. Rgt. Graf Kirchbach, Nr. 46
Inf. Rgt. König Ludwig III. von Bayern, Nr. 47
(von 1871 bis 1887 im XV. AK)

 ab 1913

Inf. Rgt. Nr. 50
Inf. Rgt. Nr. 58
Inf. Rgt. Nr. 59 (bis 1912)
Inf. Rgt. Nr. 154 (ab 1913) – weiße Ärmelpatte
Inf. Rgt. Nr. 155 (ab 1912)

VI. Armeekorps   Schulterklappen: gelb, ohne Ärmelpattenvorstoß

Gren. Rgt. König Friedrich Wilhelm II., Nr. 10

 ab 1889

Gren. Rgt. König Friedrich III., Nr. 11

 ab 1900   Litzen ab 1913 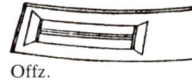 Offz.

Inf. Rgt. Keith, Nr. 22 (von 1871 bis 1888 im XIV. AK)
Inf. Rgt. v. Winterfeldt, Nr. 23
Füsilier-Rgt. GFM Graf Moltke, Nr. 38
Inf. Rgt. Nr. 51
Inf. Rgt. Nr. 62
Inf. Rgt. Nr. 63
Inf. Rgt. Nr. 156 (ab 1897) – weiße Ärmelpatte
Inf. Rgt. Nr. 157 (ab 1897)

VII. Armeekorps   Schulterklappen: hellblau, Ärmelpattenvorstoß: weiß

Inf. Rgt. Herwarth v. Bittenfeld, Nr. 13
Inf. Rgt. Prinz Friedrich der Niederlande, Nr. 15
Inf. Rgt. Frhr. v. Sparr, Nr. 16
Inf. Rgt. Graf Barfuß, Nr. 17 (von 1890 bis 1912)
Füsilier-Rgt. Nr. 39

11. Abkochen im Biwak beim Infanterieregiment Nr. 58. Ein Gefreiter gibt einem Unteroffizier des schlesischen Dragonerregiments v. Bredow, Nr. 4, Feuer, dahinter steht ein Ulan vom Ulanenregiment Prinz August von Württemberg, Nr. 10, aufgesessen ein Husar vom 2. Leibhusarenregiment, Nr. 2.

12. Ankunft im Manöverquartier. Grenadiere des 1. schlesischen Grenadierregiments, König Friedrich Wilhelm II., Nr. 10, weisen den Quartierschein vor. Ein Husar des 1. schlesischen Husarenregiments von Schill, Nr. 4, erfragt den Weg, dahinter in der Tür grüßt ein Feldartillerist mit vollem Bierseidel.

13. Ein Adjutant im schlesischen Füsilierregiment GFM Graf Moltke, Nr. 38, kenntlich an der über die rechte Schulter getragenen Schärpe, überbringt Befehle.

VII. Armeekorps (Fortsetzung)

Inf. Rgt. Nr. 53

Inf. Rgt. Graf Bülow v. Dennewitz, Nr. 55
Inf. Rgt. Vogel v. Falckenstein, Nr. 56
Inf. Rgt. Herzog Ferdinand v. Braunschweig, Nr. 57
Inf. Rgt. Nr. 158 (ab 1913) – weiße Ärmelpatte
Inf. Rgt. Nr. 159 (ab 1913)

VIII. Armeekorps   Schulterklappen: hellblau, ohne Ärmelpattenvorstoß

Inf. Rgt. v. Lützow, Nr. 25 (von 1871 bis 1890 im XV. AK)   ab 1913 Haarbusch
Inf. Rgt. v. Goeben, Nr. 28
Inf. Rgt. v. Horn, Nr. 29
Inf. Rgt. Graf Werder, Nr. 30 (bis 1890)
Inf. Rgt. Nr. 65
Inf. Rgt. Nr. 68
Inf. Rgt. Nr. 69
Inf. Rgt. Nr. 70 (bis 1912)
Inf. Rgt. Nr. 160 (ab 1912) – weiße Ärmelpatte
Inf. Rgt. Nr. 161 (ab 1913)

IX. Armeekorps   Schulterklappen: weiß, Ärmelpattenvorstoß: gelb

Inf. Rgt. Graf Bose, Nr. 31
Inf. Rgt. Bremen, Nr. 75
Inf. Rgt. Hamburg, Nr. 76
Inf. Rgt. v. Manstein, Nr. 84
Inf. Rgt. Herzog v. Holstein, Nr. 85
Füsilier-Rgt. Königin, Nr. 86  ab 1890   ab 1895 Haarbusch

Gren. Rgt. Nr. 89 (GHZL: Mecklenburgisches)

I. und III. Btl.    weiße Doppellitzen am Kragen. Ärmelpatten dunkelblau Vorstoß: rot bei I. und III. Btl.      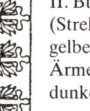   II. Btl. (Strelitz) gelbe Litzen Ärmelpatten dunkelblau

14. Hauptmann und sein Rekrutenleutnant beim westfälischen Infanterieregiment Herwarth von Bittenfeld, Nr. 13. Die Abteilung im Hintergrund steht im Mantel, der Leutnant im Paletot, der Hauptmann hat den Mantel mit großem Überfallkragen angelegt, auf dem darüberliegenden kleineren Kragen sitzt hier ein Pelzbesatz.

15. Bei einer Schanzübung des niederrheinischen Füsilierregiments Nr. 39 wurden Helm, Gewehr und Gepäck abgelegt, die Füsiliere benutzen die neuen kleinen Spaten, die zur Ausrüstung des Mannes gehören.

16. Felddienst beim rheinischen Infanterieregiment von Horn, Nr. 29. Der Soldat hat die Zeltbahn um den Tornister geschnallt und trägt unter dem Seitengewehr den Feldspaten.

17. Marschrast beim hanseatischen Infanterieregiment Nr. 76. In der Mitte ein Spielmann mit Trommel und Schurz, rechts der Regimentstambourmajor mit dem Tambourstab und langen Fransen am Schwalbennest.

IX. Armeekorps (Fortsetzung)

Füsilier-Rgt. Kaiser Wilhelm, Nr. 90 (GHZL: Mecklenburgisches)

Inf. Rgt. Lübeck, Nr. 162 (ab 1897) – weiße Ärmelpatte
Inf. Rgt. Nr. 163 (ab 1912)

X. Armeekorps   Schulterklappen: weiß, Ärmelpattenvorstoß: hellblau

Inf. Rgt. Nr. 67 (bis 1887)
Füsilier-Rgt. GFM Prinz Albrecht v. Preußen, Nr. 73   Gibraltarband (1901)

Inf. Rgt. Nr. 74   ⎱
Inf. Rgt. Nr. 77   ⎰ Waterloo-
Inf. Rgt. Friedrich Wilhelm v. Braunschweig, Nr. 78   band
ab 1899

Inf. Rgt. v. Voigt-Rhetz, Nr. 79   Gibraltarband (1901)
Inf. Rgt. Nr. 91 (Oldenburgisches)

Inf. Rgt. Nr. 92 (Braunschweigisches)
(von 1871 bis 1887 beim XV. AK)
   bis 1887
   schwarze braunschw.
   Uniform mit Tschako

Inf. Rgt. Nr. 164 (ab 1913) – weiße Ärmelpatte   Waterlooband

XI. Armeekorps   Schulterklappen: rot, Ärmelpattenvorstoß: gelb

Inf. Rgt. Nr. 32
Inf. Rgt. Nr. 71 (ab 1899)
Füsilier-Rgt. Nr. 80 (bis 1899)

      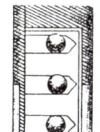   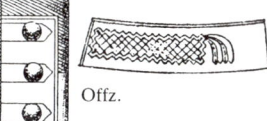   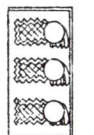
   ab 1901   Offz.
   Litzen

Inf. Rgt. Nr. 81 (bis 1899)
Inf. Rgt. Nr. 82
Inf. Rgt. v. Wittich, Nr. 83
Inf. Rgt. Nr. 87 (bis 1899)

18. Infanteriespitze beim Infanterieregiment Herzog von Holstein, Nr. 85. Die weißen Helmkappen waren 1884 für Manöver eingeführt und wichen ab 1892 den schilfgrünen Überzügen, die den ganzen Helm bedeckten und seit 1897 vorn die rote Regimentsnummer erhielten.

19. Doppelposten vor dem nächtlichen Biwak beim III. Bataillon des großherzoglich mecklenburgischen Grenadierregiments Nr. 89.

XI. Armeekorps (Fortsetzung)

Inf. Rgt. Nr. 88 (bis 1899)
Inf. Rgt. Großherzog v. Sachsen, Nr. 94

Inf. Rgt. Nr. 95

Inf. Rgt. Nr. 96

Inf. Rgt. Nr. 167 (ab 1913)
Bis 1899 gehörten zum Armeekorps die Inf. Rgtr. Nr. 115, 116, 117 und 118

XII. (sächsisches) Armeekorps
Schulterklappen: dunkelblau mit rotem Vorstoß, deutsche Aufschläge

Leib-Gren. Rgt. Nr. 100 weiße Knöpfe und Beschläge

Gren. Rgt. Kaiser Wilhelm I., Nr. 101

Nr. 100 und 101
am Kragen und
schwedischen Aufschlägen
Litzen

Inf. Rgt. König Ludwig III.
von Bayern, Nr. 102
Inf. Rgt. Nr. 103

Schützen (Füs.) Rgt. Nr. 108
Uniform ähnlich den sächs. Jägern
Tschako und grüner Waffenrock

Inf. Rgt. Nr. 177 (ab 1897)
Inf. Rgt. Nr. 178 (ab 1897)
Inf. Rgt. Nr. 182 (ab 1900)
Zum Korps gehörten bis zum Jahre 1899 die Rgtr. 104, 106, 107, 133 (ab 1881), 134 (ab 1881), 139 (ab 1887) und 179 (ab 1897).

20. Vor dem Kasernentor beim sächsischen Grenadierregiment Kaiser Wilhelm .I. Nr. 101.

XIII. (württembergisches) Armeekorps
Schulterklappen: rot, Ärmelpattenvorstoß: hellblau

Gren. Rgt. Königin Olga, Nr. 119

an Kragen und schwedischen Aufschlägen Litzen

ab 1887 weißer Haarbusch

Inf. Rgt. Kaiser Wilhelm, König v. Preußen, Nr. 120

Inf. Rgt. Alt-Württemberg, Nr. 121
Füsilier-Rgt. Kaiser Franz Joseph von Österreich, König von Ungarn, Nr. 122
Gren. Rgt. König Karl, Nr. 123

Inf. Rgt. König Wilhelm I., Nr. 124

Inf. Rgt. Kaiser Friedrich, König von Preußen, Nr. 125

Inf. Rgt. Nr. 127 (ab 1897)
Inf. Rgt. Nr. 180 (ab 1897)

XIV. Armeekorps   Schulterklappen: verschieden, ohne Pattenvorstoß

Füsilier-Rgt. Fürst Karl Anton
von Hohenzollern, Nr. 40 (preuß.)
Leib-Gren. Rgt., Nr. 109 (badisch)

SK: hellblau

SK: weiß,

Litzen an Kragen und schwedischen Aufschlägen Knöpfe und Beschläge weiß.

Gren. Rgt. Kaiser Wilhelm I., Nr. 110 (badisch)

SK: weiß

Inf. Rgt. Markgraf Ludwig Wilhelm, Nr. 111 (badisch)

SK: rot

21. Wachtposten und Freiwachen des badischen Infanterieregiments Kaiser Friedrich III., Nr. 114.

22. Entwickeln zum Schützengefecht beim württembergischen Infanterieregiment Nr. 125. Die Soldaten tragen noch den alten zweireihigen Waffenrock, der kurz darauf vom einreihigen abgelöst wurde.

XIV. Armeekorps (Fortsetzung)

Inf. Rgt. Prinz Wilhelm, Nr. 112 (badisch)	SK: hellgelb
Inf. Rgt. Nr. 113 (badisch)	SK: hellblau
Inf. Rgt. Kaiser Friedrich III., Nr. 114 (badisch)	SK: hellgrün

Inf. Rgt. Nr. 142 (ab 1890) (badisch)	SK: hellgelb
Inf. Rgt. Nr. 169 (ab 1897) (badisch)	SK: rot
Inf. Rgt. Nr. 170 (ab 1897) (badisch)	SK: hellblau

Dem Korps gehörten bis 1890 noch die preußischen Inf. Rgtr. 17, 22 und ab 1887 Rgt. 135 an, von 1887 bis 1912 die Regimenter 137 und 138.

XV. Armeekorps   Schulterklappen: rot, Ärmelpattenvorstoß: hellblau

Im Korps erfolgte ein starker Wechsel der Regimenter. Es gehörten ihm zunächst an: die preußischen Inf. Rgtr. 25, 42, 45, 47 sowie das braunschweigische IR 92 bis 1887, die preußischen Rgtr. 128, 129 und 130 von 1881 bis 1890, die Regimenter 60 bis 1912, 97, 98 und 131 von 1881 bis 1912, das Rgt. 67 von 1887–1890
Inf. Rgt. Nr. 99 (ab 1881)
Inf. Rgt. Nr. 132 (ab 1881)
Inf. Rgt. Nr. 136 (ab 1887)
Inf. Rgt. Nr. 143 (ab 1887)
Inf. Rgt. Nr. 171 (ab 1909) – weiße Ärmelpatte
Inf. Rgt. Nr. 172 (ab 1907)
Nichtpreußische Truppenteile waren:
Inf. Rgt. König Wilhelm II. v. Württemberg, Nr. 105 (sächsisch)

Inf. Rgt. Großherzog Friedrich v. Baden, Nr. 126 (württembergisch)

und bis zum Jahre 1900 die bayerischen Inf. Rgtr. Nr. 4 und Nr. 8.

XVI. Armeekorps   (1890 aufgestellt)
Schulterklappen: gelb, Ärmelpattenvorstoß: gelb

Inf. Rgt. Graf Werder, Nr. 30 (vom VIII. AK)
Inf. Rgt. Nr. 67 (vom XV. AK)
Inf. Rgt. Nr. 98 (vom XV. AK)
Inf. Rgt. Nr. 130 (vom XV. AK)
Inf. Rgt. Nr. 135 (vom XIV. AK)

XVI. Armeekorps (Fortsetzung)

Inf. Rgt. Nr. 144 (ab 1890) Königs-Inf. Rgt. Nr. 145 (ab 1890)	 ab 1895	Gardeadler ohne Stern und Haarbusch am Helm

Inf. Rgt. Nr. 173 (ab 1897) – weiße Ärmelpatte
Inf. Rgt. Nr. 176 (ab 1912)

XVII. Armeekorps   (1890 aufgestellt)
Schulterklappen: gelb, Ärmelpattenvorstoß: hellblau

Gren. Rgt. König Friedrich I., Nr. 5 (vom I. AK)	ab 1889	Litzen ab 1913	 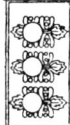 Offz.

Inf. Rgt. v. Borcke, Nr. 21 (vom II. AK)
Inf. Rgt. v. d. Marwitz, Nr. 61 (vom II. AK)
Inf. Rgt. Nr. 128 (vom XV. AK)
Inf. Rgt. Nr. 129 (vom XV. AK)
Inf. Rgt. Nr. 141 (ab 1890)
Inf. Rgt. Nr. 175 (ab 1912) – weiße Ärmelpatte
Inf. Rgt. Nr. 176 (ab 1912)

XVIII. Armeekorps   (1899 aufgestellt aus Rgtr. des XI. AK)
Schulterklappen: hellblau, Ärmelpattenvorstoß: gelb (bei hessischen Truppen verschieden)

Füsilier-Rgt. v. Gersdorff, Nr. 80	siehe beim XI. AK. Litzen und Haarbusch

Inf. Rgt. Landgraf Friedrich I. von Hessen-Kassel, Nr. 81
Inf. Rgt. Nr. 87
Inf. Rgt. Nr. 88   ab 1913

Leib-Garde-Inf. Rgt. Nr. 115 (hessisch)	weiße Knöpfe und Beschläge Litzen an Kragen und Patten Haarbusch SK: rot Ärmelpatte: rot ohne Vorstoß	

XVIII. Armeekorps (Fortsetzung)

Inf. Rgt. Kaiser Wilhelm, Nr. 116
(hessisch)

SK: weiß   seit 1898 Haarbüsche
Ärmelpatte: weiß
ohne Vorstoß

Inf. Rgt. Großherzogin, Nr. 117
(hessisch)

SK: kaliblau   seit 1883 Haarbüsche
Ärmelpatte: kaliblau
ohne Vorstoß

Inf. Rgt. Prinz Karl, Nr. 118 (hessisch)   SK: gelb, Ärmelpatten: gelb, ohne Vorstoß
Inf. Rgt. Nr. 168 (hessisch) (ab 1897)   SK: rot Ärmelpatten: rot ohne Vorstoß
Inf. Rgt. Nr. 173 (preußisch) (ab 1897)

XIX. (sächsisches) Armeekorps   (1899 aufgestellt aus Rgtr. XII. AK)
Schulterklappen: dunkelblau, deutsche Aufschläge

Inf. Rgt. Kronprinz, Nr. 104

Inf. Rgt. König Georg, Nr. 106

Inf. Rgt. Prinz Johann Georg, Nr. 107
Inf. Rgt. Nr. 133
Inf. Rgt. Nr. 134
Inf. Rgt. Nr. 139
Inf. Rgt. Nr. 179
Inf. Rgt. Nr. 181 (ab 1900)

XX. Armeekorps   (1912 aufgestellt)
Schulterklappen: hellblau, Ärmelpattenvorstoß: hellblau

Inf. Rgt. v. Grolmann, Nr. 18 (vom V. AK)
Inf. Rgt. Frhr. Hiller v. Gaertringen, Nr. 59 (vom V. AK)
Inf. Rgt. Nr. 146 (vom I. AK) – weiße Ärmelpatte
Inf. Rgt. Nr. 147 (vom I. AK) – weiße Ärmelpatte
Inf. Rgt. Nr. 148 (neu aufgestellt 1912) – weiße Ärmelpatte
Inf. Rgt. Nr. 150 (vom I. AK) – gelbe Ärmelpatte
Inf. Rgt. Nr. 151 (vom I. AK) – blaue Patte, ohne Vorstoß
Deutsch-Ordens-Inf. Rgt. Nr. 152 (ab 1913)
Inf. Rgt. Nr. 153 (ab 1913)

XXI. Armeekorps   (1912 aufgestellt)
Schulterklappen: hellgrün, Ärmelpattenvorstoß: weiß

Inf. Rgt. Graf Barfuß, Nr. 17 (vom VII. AK)
Inf. Rgt. Markgraf Karl, Nr. 60 (vom XV. AK)
Inf. Rgt. Nr. 70 (vom VIII. AK)
Inf. Rgt. Nr. 97 (vom XV. AK)
Inf. Rgt. Nr. 131 (vom XV. AK)
Inf. Rgt. Nr. 137 (vom XIV. AK)
Inf. Rgt. Nr. 138 (vom XIV. AK)
Inf. Rgt. Nr. 166 (neu aufgestellt) – weiße Ärmelpatte
Inf. Rgt. Nr. 174 (neu aufgestellt)

Bayerisches I. Armeekorps   Schulterklappen: rot, Ärmelpattenvorstoß: weiß

Infanterie-Leib-Regiment

weiße Knöpfe und Helmbeschlag
weiße Litzen an Kragen und schwedischen Aufschlägen

Inf. Rgt. König, Nr. 1

Inf. Rgt. Kronprinz, Nr. 2

Inf. Rgt. Prinz Karl v. Bayern, Nr. 3

Inf. Rgt. Prinz Arnulf, Nr. 12
Inf. Rgt. König Friedrich August v. Sachsen, Nr. 15
Inf. Rgt. Großherzog Ferdinand v. Toscana, Nr. 16 (ab 1878)
Inf. Rgt. Prinz Franz, Nr. 20 (ab 1897)

Zum Korps gehörten bis 1900 die Inf. Rgtr. Nr. 10 und 13

Bayerisches II. Armeekorps Schulterklappen: rot, ohne Pattenvorstoß

Inf. Rgt. König Wilhelm v. Württemberg, Nr. 4 (ab 1900)
Inf. Rgt. Großherzog Ernst Ludwig v. Hessen, Nr. 5
Inf. Rgt. Großherzog Friedrich II. v. Baden, Nr. 8 (ab 1900)
Inf. Rgt. Wrede, Nr. 9
Inf. Rgt. Orff, Nr. 17 (ab 1878)
Inf. Rgt. Prinz Ludwig Ferdinand, Nr. 18 (ab 1881)
Inf. Rgt. Fürst Wilhelm v. Hohenzollern, Nr. 22 (ab 1897)
Inf. Rgt. König Ferdinand der Bulgaren, Nr. 23 (ab 1897)

Die Inf. Rgtr. 4 und 8 waren bis 1900 dem XV. AK zugeteilt.
Zum Korps gehörten bis 1900 die Inf. Rgtr. Nr. 6, Nr. 7, Nr. 11, Nr. 14, ab 1890 Nr. 19 und ab 1897 Nr. 21

Bayerisches III. Armeekorps (1900 aufgestellt)
Schulterklappen: rot, Ärmelpattenvorstoß: gelb

Inf. Rgt. Kaiser Wilhelm, König v. Preußen, Nr. 6

Inf. Rgt. Prinz Leopold, Nr. 7
Inf. Rgt. König, Nr. 10

Inf. Rgt. v. d. Tann, Nr. 11
Inf. Rgt. Franz Joseph I. Kaiser v. Österreich, Nr. 13
Inf. Rgt. Hartmann, Nr. 14
Inf. Rgt. König Victor Emanuel III. v. Italien, Nr. 19 (ab 1890)
Inf. Rgt. Großherzog Friedrich Franz IV. v. Mecklenburg-Schwerin, Nr. 21 (ab 1897)

23. Wachtparade in München. Bestaunt von den Besuchern zieht die Wachablösung des Infanterie-Leibregiments auf. Vorn rechts stehen ein Unteroffizier des Infanterieregiments Kronprinz, Nr. 2 und ein Einjährig-Gefreiter des 3. Chevauleger-Regiments (vac. Herzog Maximilian).

Anzugsarten des deutschen Reichsheeres (1871–1914)

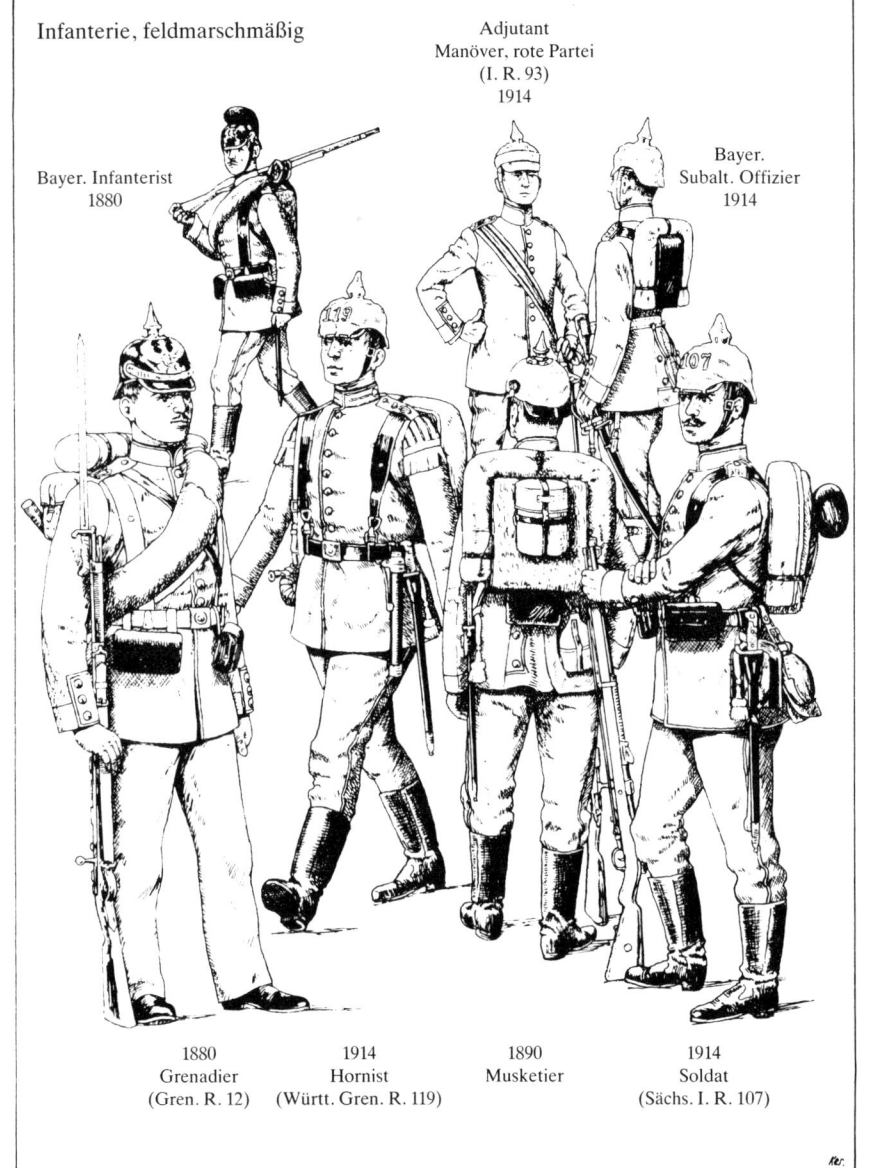

Infanterie, feldmarschmäßig

Bayer. Infanterist
1880

Adjutant
Manöver, rote Partei
(I. R. 93)
1914

Bayer.
Subalt. Offizier
1914

1880	1914	1890	1914
Grenadier	Hornist	Musketier	Soldat
(Gren. R. 12)	(Württ. Gren. R. 119)		(Sächs. I. R. 107)

Infanterie, Paradeanzug

Grenadiere
vom 1. Garde-R.
z. F.
1914 u. 1880

Stabsoffizier
(Hess. I. R. 117)
1914

1914	1880	1880	1914	1914
Subalt. Offizier	Unteroffizier	Subalt. Offizier	Infanterist	Tambour
(Mecklenburg.	(Bad. I. R. 112)	(Preuß. Linien-R.)	(Bayer. 16. I. R.)	(Pr. Gren. R. 2)
II./Gren. R. 89)				

Infanterie, Verschiedenes

Exerzieranzug
M. G.-Komp.
(Garde-R. z. F.)
1914

Ausgehanzug
an hohen Fest-
tagen
Grenadier
(sächs. Gren.
R. 100 u. 101)
1914

Soldat im Drillichanzug

1914
Wachtanzug
(Posten)
(Hess. I. R. 116)

1885
Ausgehanzug
Gefreiter,
Kapitulant
(Gren. R. 4)

1903
Litewka
Vizefeldwebel
od. Feldwebel
(I. R. 25)

1890
Ordonnanzanzug
Unteroffizier
(bayer. 9. I. R.)

1893
Litewka
Sergeant
(I. R. 76)

Infanterie, Offiziere

Umhang
1899

Dienstanzug
mit Überrock
(Preuß. Rgt.)
1896

Litewka
1903

Dienstanzug
mit Paletot
(Bayer. Inf. Leib-Rgt.)
1900

1914
Dienstanzug
(Sächs. Rgt.)

1896
Galaanzug
(Bad. Gren. 110)

1880
Gesellschafts-
anzug, Stabsoffz.
(Preuß. Rgt.)

1914
Kl. Dienst u.
Straßenanzug
mit Überrock

24. Gardeschützen bei einer Felddienstübung. Am Tschako tragen sie den weißmetallenen Gardestern, an Kragen und Ärmelpatten die gelben Litzen.

Jäger, Schützen und Maschinengewehrabteilungen

Sieht man von ihrer bevorzugten Ergänzung ab, glichen die Aufgaben der Jäger
und Schützen nun denen der übrigen Infanterie, damit auch ihre Bewaffnung,
Ausrüstung und der größte Teil ihrer Uniformierung. Hier waren in erster Linie der
statt des Helms getragene Tschako und die dunkelgrüne Farbe des Waffenrocks
kennzeichnend. Bei den preußischen Jägern bestand der Tschako aus Leder und
besaß einen Vorder- und Hinterschirm. Als Emblem diente bei der Garde der
Gardestern, bei den anderen der Linienadler, die Bataillone 1, 2, 5 und 6 hatten den
alten Grenadieradler. Das Tschakomodell von 1895 war niedriger und paßte sich
besser der Kopfform an, so wie bereits vorher das an den Seiten mit schwarzem Tuch
überzogene Offiziersmodell. Auf den Tschako wurde das längliche, innen schwarze,
außen weiße, bei Offizieren schwarz-silberne Feldzeichen aufgesteckt, die Reichskokarde ab 1897 kam auf die rechte Seite. Zur Parade gehörte zum Tschako ein
Haarbusch.

Die Waffenröcke waren dunkelgrün und hatten rote Kragen, schwedische Aufschläge, Vorstöße und Schulterklappen sowie gelbe Knöpfe. Der Kragen der Linie
blieb vorn abgerundet, bei der Garde eckig, daran und an den Aufschlägen gelbe, bei
den Offizieren goldene Kapellenlitzen. Abweichend davon besaßen die Gardeschützen schwarze Kragen und Aufschläge mit grünen geschweiften Patten. Der Kragen
hatte gleich gelbe Litzen, auf die Patten kamen sie erst ab 1874. Auf den Schulterklappen stand in Gelb die Nummer der Linienbataillone, das Bataillon 11 erhielt ab
1897 einen Namenszug. Die Seitengewehrtroddeln der Jäger waren immer grün, die
ihrer Oberjäger grün-silbern. Die sonstige Ausrüstung entsprach völlig der Infanterie, doch war der Tornisterdeckel mit Dachsfell überzogen, auf dem meist ein
Dachskopf saß. An preußischen Einheiten bestanden die bereits auf S. 76 beschriebenen Gardejäger, Gardeschützen und die Jäger-Bataillone 1 bis 8. Das westfälische
Jäger-Bataillon Nr. 7 erhielt 1897 ein Feldzeichen in den Schaumburg-Lippischen
Farben, von innen blau-rot-weiß. Neu errichtet nach 1866 waren:

Lauenburgisches Jäger-Bataillon, Nr. 9

Hannoversches Jägerbataillon, Nr. 10,    ab 1901 Gibraltarband

ab 1899 auf Tschakoadler Auszeichnungsband

Kurhessisches Jäger-Bataillon, Nr. 11  ab 1897
Namenszug

Als Kontingent stand in der preußischen Armee das Großherzoglich Mecklenbur-
gische Jäger-Bataillon Nr. 14. Dessen Uniformierung zeigte einen starken Wandel:
Die Jäger trugen zuerst dunkelblaue Röcke nach preußischem Schnitt mit hellgrünem
Kragen, brandenburgischen Aufschlägen und Schulterklappen. Die Aufschläge erhielten 1883 die schwedische Form. Ab 1890 wurde der Waffenrock wie bei den

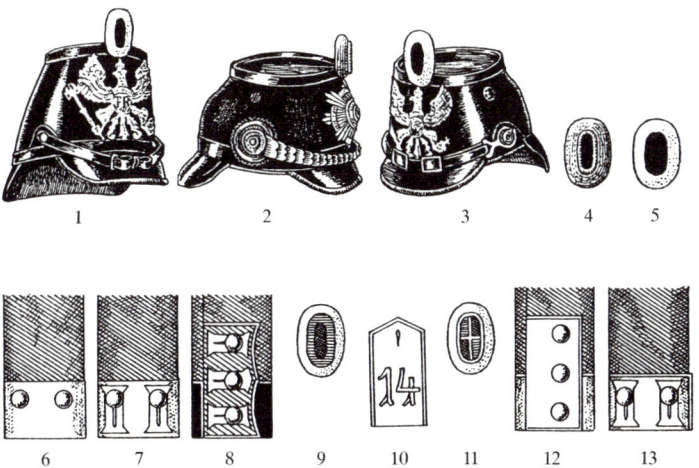

1. Tschako M 1860
2. Offz. Tschako M 1871/97
3. Tschako M 1895
4. Feldzeichen für Offz.

5. Feldzeichen
6. Schwedischer Aufschlag
7. Aufschlag der Gardejäger
8. Aufschlag der Gardeschützen

9. Feldzeichen Jäger Btl. 7 ab 1897
10. Schulterklappe Jäger Btl. 14
11. Feldzeichen Jäger Btl. 14
12. und 13. Aufschläge Jäger Btl. 14 1867 und 1899

preußischen Jägern dunkelgrün mit roten Abzeichen, doch blieben die Knöpfe weiß, die Schulterklappen dunkelgrün. Ab 1899 wurden die Kragen eckig, daran und auf die Aufschläge kamen weiße Litzen mit hellgrünem Spiegel; bei den Offizieren in Silber.

Die sächsischen Jäger und das diesen ähnlich uniformierte Schützen-Regiment Nr. 108 trugen sehr dunkelgrüne Röcke im Schnitt der sächsischen Infanterie mit schwarzem Kragen und Ärmelaufschlägen. Die Schulterklappen waren in sächsischer Form, dunkelgrün mit rotem Vorstoß und hatten die Bataillons- oder Regimentsnummer mit einem Jagdhorn darüber in Rot. Knöpfe und Beschläge waren bei den Jägern weiß, dem Schützenregiment gelb. Die Sachsen führten ein besonderes Tschakomuster, hinten höher und ohne Schirm. Das Mittelstück war mit schwarzem Tuch überzogen, als Zierrat diente ein sächsischer Stern mit Jägerhorn. Statt eines

   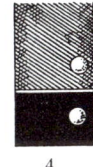

1. sächsischer Mannschaftstschako
2. sächsischer Tschakozierat
3. Schulterklappe Jäger Btl. 12
4. Aufschlag sächs. Jäger

25. Ein Oberjäger und Jäger des rheinischen Jäger-Bataillons Nr. 8 im Waldgefecht. Der Tornisterdeckel hat zwar das Dachsfell, doch ist hier kein Kopf zu sehen. Unter dem Tornister ist die damals getragene hintere Patronentasche zu erkennen.

Feldzeichens wurde ein schwarzer Haarbusch aufgesteckt. Oberjäger und Feldwebel sowie Offiziere besaßen am oberen Tschakorand Tressen. Dieser Tschako wurde, außer bei Paraden und zum Ordonnanzanzug stets im schwarzen Wachstuchüberzug getragen. In Sachsen bestanden die Jäger-Bataillone Nr. 12 und Nr. 13 sowie das schon erwähnte Schützen-Regiment Nr. 108.

Die bayerischen Jäger trugen noch bis 1886 ihren Raupenhelm, dann die neueingeführte Pickelhaube der Infanterie und erhielten erst ab 1895 Tschakos nach preußischem Muster. Ihr Feldzeichen war innen hellblau, außen weiß, bei Offizieren entsprechend silbern. Zu ihrem Tschako gehörten keine Haarbüsche. Ihr Uniformrock entsprach in Schnitt und Farbe dem der bayerischen Infanterie, doch Kragen, schwedische Aufschläge, Vorstöße und Schulterklappen hellgrün, auf diesen die gelbe Bataillonsnummer. Es gab 2 Jägerbataillone, das 1. führte die Bezeichnung Prinz Ludwig.

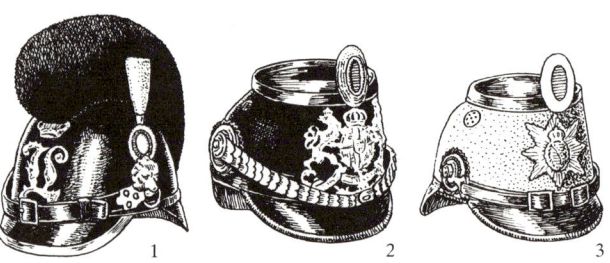

1. Raupenhelm der bayer. Jäger M 1868
2. Offz. Tschako der bayer. Jäger M 1895/97
3. Tschako der sächs. M. G. Abteilung 8

Die zwischen 1901 und 1904 errichteten Maschinengewehrabteilungen, deren sechs Maschinengewehre und drei Munitionswagen sechsspännig vom Sattel gefahren wurden, und die zum Einsatz bei den Kavalleriedivisionen bestimmt waren, hatten bereits eine feldgrüne, den Jägern ähnliche Uniform. Sie unterschieden sich von diesen durch die Grundfarbe des Stoffes und das braune Lederzeug. Auch der Tschako bestand aus braunem Leder und war ringsum mit graugrünem Tuch bezogen, die Zierrate wie bei den Jägern. Die sächsische Abteilung erhielt einen Tschako nach preußischer Probe, doch mit eigenen Feldzeichen, die Bayern den Tschako ihrer Jäger. Es bestanden 2 preußische Garde-MG-Abteilungen und weitere 7 der Linie, die sächsische Abteilung führte die Nr. 8, die bayerische blieb ohne Zählung. Daneben gab es Festungs-MG-Abteilungen.

26. Jäger vom 1. sächsischen Jäger-Bataillon Nr. 12 im Felddienst. Deutlich wird die dunkelgrüne Farbe des Waffenrocks und die andere Form des Tschakos, der hier im Wachstuchüberzug steckt, dabei aber stets den Haarbusch trägt.

Die Kavallerie

In der preußischen Armee und ihren angeschlossenen Kontingenten gehörten zur Reiterei die Kürassiere, Dragoner, Husaren, Ulanen und die später errichteten Jäger zu Pferde. In Sachsen gab es zunächst noch Reiterregimenter, dann Schwere Reiter, Ulanen und Husaren, in Württemberg Dragoner und Ulanen und in Bayern anfänglich noch Kürassiere, die zu Schweren Reitern wurden, Ulanen und als Besonderheit die Chevaulegers. Wenn auch die Uniformen dieser einzelnen Reitergattungen verschieden waren, zeigten doch die meisten Ausrüstungsstücke und Waffen das gleiche Muster, wie auch verschiedene Uniformteile. Alle Kontingents- und Dienstgradabzeichen entsprachen den bereits bei der Infanterie besprochenen, doch hießen die Feldwebeldienstgrade hier Wachtmeister und trugen die entsprechende Offizierseitenwaffe mit Portepee am Mannschaftskoppel. Die Schwalbennester der Trompeter hatten Kragenfarbe, bei Husaren die des Attila, und waren mit sieben schrägen und einer unten abschließenden Tresse besetzt.

Für alle Reiter galt, daß die Mützen der Mannschaften zum Ausgehanzug keinen Schirm besaßen und die Reithosen, im Gegensatz zu den langen Tuchhosen, keinen Vorstoß. Auch die Kavallerie erhielt ab 1894 ihre längeren, mit einem Reitschlitz versehenen Mäntel in hellgrauem Tuch mit farbiger Kragenpatte. Das Koppel mit viereckiger Schnalle sowie das über die linke Schulter zur rechten Hüfte getragene Bandolier waren weiß, der am Bandolier hängende Kartuschkasten schwarz, bei Offizieren war das Bandolier mit Gold- oder Silbertresse besetzt, der Kartuschkastendeckel trug eine Deckelverzierung. Auch die Kavallerie erhielt in den 90er Jahren Litewken.

Abgesehen von den Kürassieren und Schweren Reitern führte die Kavallerie zunächst meist den Kavalleriesäbel M 52. Dieser wurde ab 1890 durch das Einheitsmodell 89 abgelöst, in dessen Stahlkorb das stilisierte Landeswappen zu sehen war. Dragoner und Husaren führten als Schußwaffe zuerst den Zündnadelkarabiner, deren Unteroffiziere und Trompeter sowie die Masse der Kürassiere und Ulanen eine einschüssige Perkussionspistole. Während des Krieges behalf man sich in Frankreich mit Beutewaffen, ab 1873 wurden für alle aptierte französische Chassepotkarabiner ausgegeben, ab 1875 bereits der Karabiner M 71. 1890 erschien der kleinkalibrige Karabiner 88, der schließlich ab 1908 durch den Karabiner 98 abgelöst wurde. Die Unteroffiziere und Trompeter erhielten ab 1881 den Revolver M 79, der zuletzt der automatischen Pistole 08 weichen mußte. Die bis dahin von den Ulanen allein geführte Lanze wurde in den Jahren 1888 bis 1890 in der gesamten deutschen Kavallerie eingeführt. Der Schaft bestand seit 1890 aus Stahlrohr, nur die Sachsen behielten Holzschäfte. Die zugehörigen Lanzenflaggen waren in den Landesfarben gehalten, die der Unteroffiziere einfarbig mit Wappenzeichen ihres Landes.

Alle schweren Regimenter brauchten seit altersher den deutschen Sattel, dazu meist vierecke Tuchschabraken sowie Schabrunken für die Packtaschen. Der Großteil der Kavallerie benutzte aber den leichteren ungarischen Bocksattel, über den eine Schabracke als Überlegedecke kam. Das Tuch der Schabracken war entweder in Abzeichenfarbe mit einem Streifen in Knopffarbe oder in der Grundfarbe des Rockes mit einem Streifen in Abzeichenfarbe. Als mit dem Jahre 1889 der einheitliche

Armeesattel zur Einführung kam, fielen Schabracken und Schabrunken für den normalen Dienst fort und wurden nur noch zu Paraden genutzt.

Auf die speziellen Uniformmerkmale soll nachfolgend bei den einzelnen Reitergattungen eingegangen werden.

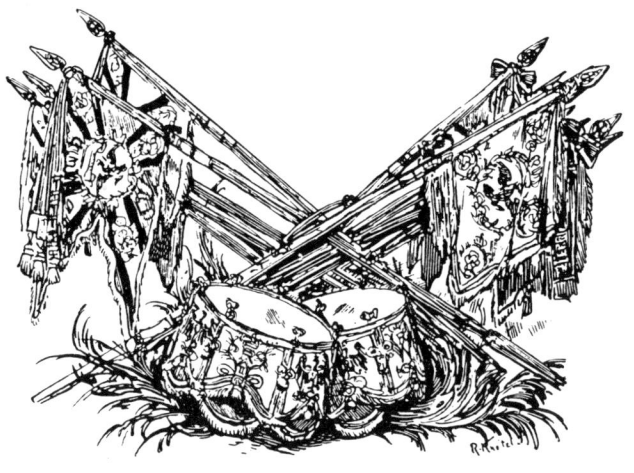

Kürassiere und Schwere Reiter

Zu den preußischen Kürassieren gehörten 2 Garde- und 8 Linienregimenter, ein Bestand, der sich nicht ändern sollte, und deren Uniformeinzelheiten bereits früher auf S. 79 f. beschrieben wurden. Daher sollen hier nur die wichtigsten Veränderungen folgen. Das Helmmodell M 67 wurde noch einmal 1889 niedriger und erhielt 1897 die Reichskokarde an die rechte, die preußische an die linke Seite.

Der Koller aus weißem Kirsey mit Kragen, schwedischen Aufschlägen, und Vorstößen in Abzeichenfarbe war mit farbiger Kollerborte besetzt und erfuhr kaum Änderungen. Auch die weiße Schulterklappe wurde farbig vorgestoßen, so daß die Kürassiere keine Nummern brauchten. Die Offizierkoller trugen statt der Borte Metalltressen mit schmalen Streifen in Abzeichenfarbe. Der dunkelblaue Waffenrock mit gleichfarbigem Kragen hatte Kragenpatten und schwedische Aufschläge in Abzeichenfarbe und glich im Schnitt dem Infanterierock. Nach 1867 waren weiße Kirseyhosen und hohe „altpreußische" Stiefel vorgeschrieben, doch kamen von 1886 bis 1888 neue Stulpenstiefel, die vorn das Knie überragten, hinten bis zur Kniekehle reichten. Der Küraß gehörte nur bis 1888 zur Feldausrüstung und war danach nur reiner Schmuck für Paraden zu Pferd. Wurde der Mantel getragen, kam der Küraß darüber. Die bisherigen Pallasche französischer und russischer Form wurden um 1880 von dem Modell M 54 abgelöst. Die Galawachen der Gardes du Corps legten statt des Kürasses ihre Supprawesten an und erhielten dazu 1883 besondere Bandoliere,

153

27. Pauker des Regiments Gardes du Corps. Die Trompeter trugen bis 1890, also dem Zeitpunkt der Entstehung dieser Zeichnung, nur einen roten Haarbusch, sie erhielten erst dann den Adler. Die Barttracht dieses Paukers war – als einziger Fall in der preußischen Armee – zwingend vorgeschrieben.

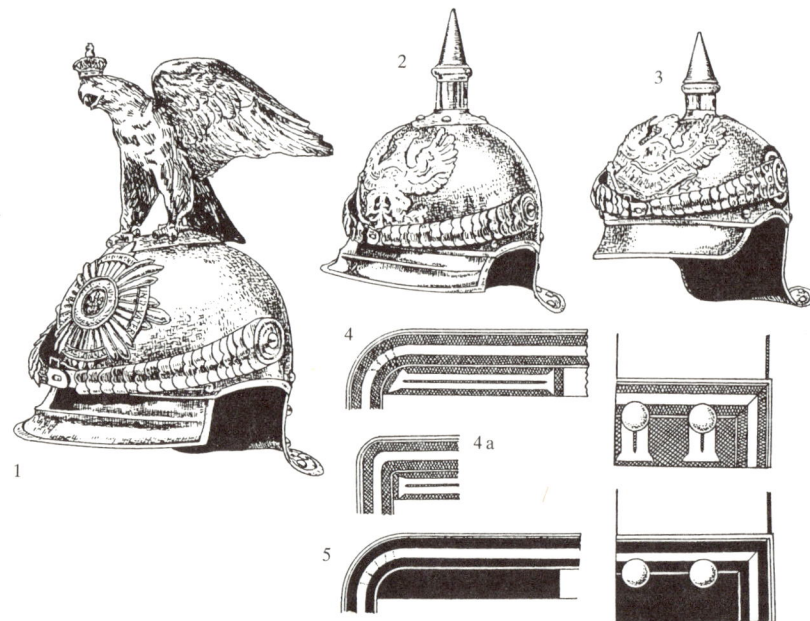

1. Helm M 67, Garde mit Paradeadler
2. Helm M 67, Linie
3. Helm 1889/97, hier K. 2

4. Kollerkragen und Ärmelaufschlag Garde
4.a) Kragen ab 1893/95
5. Kollerkragen und Ärmelaufschlag, Linie

Kartuschen und Säbeltaschen. Schließlich wurden an drei Regimenter als Auszeichnung Brustschilder verliehen, die mit einer Kette um den Hals getragen und teilweise auf den Küraß geschraubt wurden. Dieses waren die Kürassiere Nr. 2 im Jahre 1895, im folgenden Jahr die Leibkürassiere Nr. 1 und zuletzt (1912) die Gardes du Corps.

G. d. C.　　　　　K. 1　　　　　K. 2

Es bestanden	Abzeichenfarbe	Knöpfe	Besonderes
Rgt. der Gardes du Corps	rot	weiß	weiße Litzen Suprawesten für Gala Paradeadler am Helm
Gardekürassier-Rgt.	kornblumblau	weiß	weiße Litzen Paradeadler am Helm
Leib-Kürassier-Rgt. Großer Kurfürst, Nr. 1 ab 1902 neuer Helmzierat Ringkragen seit 1896	schwarz	gelb	
Kürassier-Rgt. Königin, Nr. 2 besonderer Helmzierat Ringkragen seit 1895	karmoisin	weiß	
Kürassier-Rgt. Graf Wrangel, Nr. 3	hellblau	weiß	K 3. Kollerborte ab 1901
Kürassier-Rgt. v. Driesen, Nr. 4	rot	weiß	
Kürassier-Rgt. Herzog Friedr. Eugen v. Württemberg, Nr. 5	rosarot	gelb	
Kürassier-Rgt. Kaiser Nikolaus I. v. Rußland, Nr. 6	russischblau	gelb	am Waffenrock rote Abzeichenfarbe
Kürassier-Rgt. v. Seydlitz, Nr. 7	gelb	weiß	
Kürassier-Rgt. Graf Geßler, Nr. 8	grün	gelb	ab 1911

28. Fertigmachen zur Parade beim Gardekürassier-Regiment. Der Helm trägt den gleichen Paradeadler wie bei den Gardes du Corps. Die Leute haben den nun zur Parade dienenden Küraß angelegt. Auf dem weißen Koller sowie dem dunkelblauen Waffenrock sind deutlich die Kollerborten zu erkennen.

Die beiden auf schweren Pferden berittenen sächsischen Regimenter erhielten im Jahre 1876 die Bezeichnung:

Garde-Reiter-Regiment (1. schweres Regiment)
Karabinier-Regiment (2. schweres Regiment)

Bis zu diesem Zeitpunkt trugen sie einen ledernen Raupenhelm. Nun erhielten sie Kürassierhelme preußischer Probe aus Tombak mit neusilbernem Helmzierat. Auch in Sachsen folgte ab 1889 ein niedrigeres Modell. Zur Parade wurden von beiden Regimentern weiße, von den Trompetern rote Haarbüsche aufgesetzt. Dafür erhielten die Gardereiter ab 1907 einen neusilbernen Löwen mit Schild und vergoldetem Namenszug. Beide Regimenter besaßen kornblumenblaue Röcke im Kollerschnitt mit vorn abgerundetem Kragen und schwedischen Aufschlägen in Abzeichenfarbe. Um den Kragen, die Aufschläge und vorn herunter verlief eine Kollerborte. Die Abzeichenfarbe der Gardereiter war weiß, die der Karabiniers schwarz, bei beiden die Knöpfe gelb. Auf dem Koller saßen Achselschuppen aus Messing, bei den Gardereitern im Feld eine Krone. Hosen und Stiefeln ähnelten denen der preußischen Kürassiere. An den Offizierkollern waren die Tressen silbern mit zwei schmalen Seitenstreifen, bei den Gardereitern hellblau, den Karabiniers schwarz. Die Offizierepauletten altsächsischen Musters trugen fünfzackige silberne Gradsterne, die Halbmonde bei Stabsoffizieren silberne Fransen, der Deckel der Offizierkartuschen war mit dem gekrönten sächsischen Wappen und Emblemen in Silber versehen. Die Trompeter besaßen anstelle von Schwalbennestern an Brust und Vorderschoß einen Besatz aus je 13 an den Enden spitz zulaufenden weißen Borten.

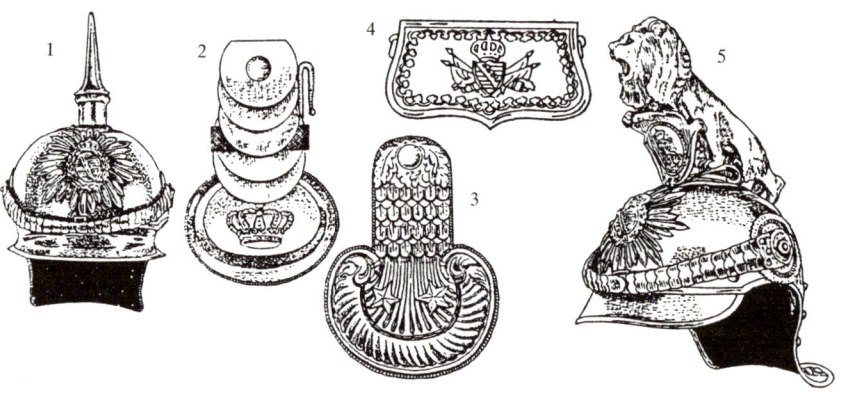

1. Offizierhelm 1876/97
2. Mannschafts-Achselschuppe Gardereiter
3. Offizier-Epaulett Rittmeister
4. Offz. Kartuschkasten
5. Gardereiter-Helm mit Paradelöwen (1907)

29. Lanzenübungen beim Kürassier-Regiment v. Seydlitz, Nr. 7. Mit der Einführung der Lanze fiel der Küraß im Felddienst fort. Der gerade neu bestimmte Armeesattel ist noch nicht ausgegeben, denn es sind noch die bei diesem Regiment gelben, mit weißem Streifen versehenen Schabracken und Schabrunken zu sehen.

In Bayern bestanden bis zum Jahre 1879 zwei Kürassierregimenter, die mit einem Kürassierhelm eigenen Musters aus Stahl mit Raupe sowie Kürassen ausgestattet waren. Der heller blaue Waffenrock besaß rote Abzeichen, beim 1. Regiment weiße, beim 2. gelbe Knöpfe. Er unterschied sich nur durch die schwedischen Aufschläge vom Infanterierock, zeigte auch keine Regimentsnummern.

30. Das sächsische Gardereiter-Regiment bei einer Parade. Die Gardereiter haben die weißen Haarbüsche aufgesteckt, sie erhielten erst 1907 aufschraubbare
Löwen, ihre Seitenwaffe wird noch untergeschnallt getragen.

31. Vor dem Manöverquartier hält hoch zu Roß ein Reiter des bayerischen
1. schweren Reiterregiments Prinz Carl von Bayern. Am Tisch sitzt ein Ulan des
Ulanen-Regiments Kaiser Wilhelm II. in der dunkelgrünen Ulanka, davor steht ein
Jäger des bayerischen 1. Jägerbataillons.

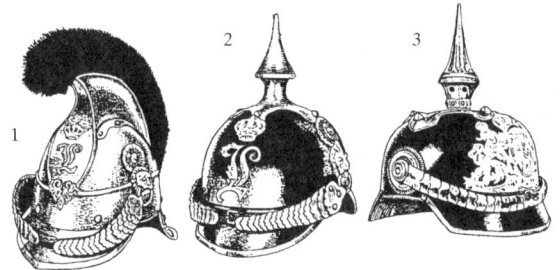

1. Kürassierhelm bis 1879
2. Helm bis 1886
3. Helm 1886/97 für Offizier
4. Offizierkartusche

Mit der Umwandlung hießen die Regimenter nun:
1. schweres Reiter-Rgt. Prinz Carl v. Bayern
2. schweres Reiter-Rgt. Erzherzog Franz Ferdinand von Österreich-Este

Zunächst erhielten sie eine dem bayerischen Gendarmeriehelm ähnliche Pickelhaube aus Leder, ab 1886 dann das einheitliche Helmmodell, dessen Beschlag stets der Knopffarbe entsprach. Dieser Lederhelm hatte einen eckigen Vorderschirm, eine Kreuzblattspitze und als Emblem das bayerische Wappen. Beide Regimenter trugen – einschließlich ihrer Trompeter – nur weiße Paradebüsche. Sie unterschieden sich nur durch ihre Knopf- und Beschlagfarbe. Die Hosen waren zunächst ebenfalls blau mit roten Biesen und steckten zwischen 1873 und 1879 in hohen Kürassierstiefeln, von da ab traten schwarz-bläuliche Reithosen mit Lederbesatz und bis zum Knie reichende Reitstiefel mit Anschnallsporen an deren Stelle. Die Offizierrangabzeichen waren wie bei der Infanterie, ihr Kartuschkasten bestand aus rotem Leder und trug auf dem Deckel eine Silberplatte mit dem bayerischen Wappen.

Die Dragoner

Im Reichsheer gehörten zur Dragonerwaffe 18 preußische, 2 mecklenburgische, ein oldenburgisches, 3 badische, 2 großherzoglich hessische und 2 württembergische Regimenter. Allen gemeinsam war die Ausstattung mit Lederhelm und Waffenrock. Dabei erlebte der Helm die gleiche Entwicklung wie bei der Infanterie und unterschied sich von diesem durch eckige Vorderschirme und einer auf einem Kreuzblatt sitzenden Spitze. Bei den preußischen Linienregimentern diente als Helmzierat ein besonderer „Dragoneradler", die beiden Garderegimenter trugen den Gardeadler in Knopffarbe mit dem daraufliegenden silbernen Stern, in den anderen Kontingenten gab es die entsprechenden Embleme. Seit 1897 saß die Reichskokarde rechts, die Landeskokarde links.

Zur Parade wurden von der Garde weiße, den Liniendragonern schwarze, den Trompetern rote Haarbüsche aufgesteckt. Der Waffenrock war kornblumblau, ein ziemlich dunkles Hellblau, und glich im Schnitt dem Infanterierock. Der vorn abgerundete Kragen, die schwedischen Aufschläge, Vorstöße und Schulterklappen zeigten die Abzeichenfarbe des Regiments. Seit 1889 trugen die Schulterklappen die

Regimentsnummer oder einen Namenszug, doch unterschieden sich die Regimenter außerdem durch ihre Abzeichenfarbe und die des Knopfmetalls. Die beiden Garderegimenter hatten ponceaurote Abzeichen und auf dem eckigen Kragen und den Aufschlägen beim 1. Regiment gelbe Litzen, beim 2. weiße. Die Kapellenlitzen der Offiziere waren entsprechend in Gold oder Silber gestickt. Bei Regimentern mit schwarzem Abzeichentuch war dieses bei Offizieren aus Samt. Der Überrock aller Dragoneroffiziere blieb hellblau. Die Regimenter Nr. 13 bis 16 erhielten an Kragen und Aufschlägen weiße Vorstöße. Zum Waffenrock gehörten schwarz-bläuliche Reithosen mit Lederbesatz, ohne Seitenbiesen sowie Kniestiefel. Die Dienstgradabzeichen entsprachen denen der Infanterie, ebenso die entsprechenden Kontingentsabzeichen.

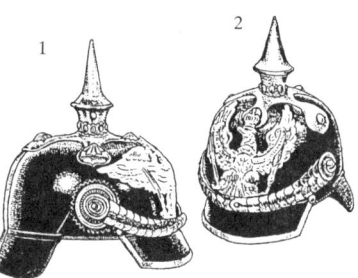

1. Helm M 1860
2. Offz.-Helm 1871/97
3. Dragoneradler
4. Offz.-Helm 1871/97 für badische Dragoner

An preußischen Regimentern bestanden:

	Abzeichen-farbe	Knöpfe	Besonderes
1. Garde-Dragoner-Rgt. Königin Victoria von Großbritannien und Irland	rot	gelb	gelbe Litzen ab 1890
2. Garde-Dragoner-Rgt. Kaiserin Alexandra von Rußland	rot	weiß	weiße Litzen ab 1896
Drag. Rgt. Prinz Albrecht v. Preußen, Nr. 1	rot	gelb	Gardeadler ohne Stern
Drag. Rgt. Nr. 2	schwarz	gelb	Schild mit Kurhut ab 1913

	Abzeichen-farbe	Knöpfe	Besonderes
Gren. Rgt. zu Pferde Frhr. v. Derfflinger, Nr. 3	rosarot	weiß	Gardeadler ohne Stern seit 1897 ab 1911
Drag. Rgt. v. Bredow, Nr. 4	hellgelb	weiß	
Drag. Rgt. Frhr. v. Manteuffel, Nr. 5	rot	weiß	
Drag. Rgt. Nr. 6	schwarz	weiß	
Drag. Rgt. Nr. 7	rosarot	gelb	
Drag. Rgt. König Friedrich III., Nr. 8	gelb	gelb	ab 1888
Drag. Rgt. König Carl I. v. Rumänien, Nr. 9	weiß	gelb	Helmband ab 1914
Drag. Rgt. König Albert v. Sachsen, Nr. 10	weiß	weiß	ab 1894
Drag. Rgt. v. Wedel, Nr. 11	karmoisin	gelb	
Drag. Rgt. v. Arnim, Nr. 12	karmoisin	weiß	
Drag. Rgt. Nr. 13	rot	gelb	weiße Vorstöße
Drag. Rgt. Nr. 14	schwarz	gelb	weiße Vorstöße
Drag. Rgt. Nr. 15	rosarot	weiß	weiße Vorstöße
Drag. Rgt. Nr. 16	gelb	weiß	weiße Vorstöße; Helmband

Die beiden großherzoglich mecklenburgischen Regimenter

Drag. Rgt. Nr. 17	rot	gelb	gelbe Litzen Namenszug seit 1901
Drag. Rgt. Nr. 18	schwarz	weiß	weiße Litzen Beschlag seit 1892 weiß Namenszug seit 1905

32. Offizier des schlesischen Dragonerregiments Nr. 15 vor seiner Schwadron. An Kragen und schwedischen Aufschlägen sind die weißen Vorstöße zu erkennen. Er benutzt noch den ungarischen Sattel, die Schabracke in Rockfarbe mit Streifen in Abzeichenfarbe ist darübergelegt.

159

33. Patrouillenritt beim hannoverschen Dragonerregiment Nr. 16. Der an der Spitze in eine Bachfurt vorrückende Unteroffizier trägt die Lanze mit der weißen und heraldischem Adler versehenen Lanzenflagge der preußischen Unteroffiziere, an seinem Leibkoppel hängt rechts die Revolvertasche.

hatten Uniformen nach preußischem Muster, doch eigene Abzeichen, wie Helmbeschlag, Kartuschdeckel und Lanzenflaggen, Waffenröcke mit eckigem Kragen und Litzen. Zur Parade führten die Drag. 17 schwarze, Drag. 18 weiße Schaffellüberlegedecken.

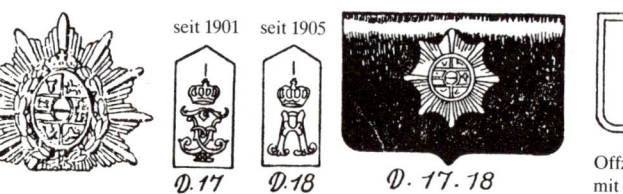

seit 1901   seit 1905

D. 17   D. 18   D. 17. 18

Offz. silbern mit goldenem Stern und Rand

Das oldenburgische Dragoner-Rgt. Nr. 19 hatte schwarze Abzeichen und weiße Knöpfe, auf dem weißen Dragoneradler einen Messingstern mit neusilbernem Landeswappen sowie entsprechende Kokarden und Lanzenflaggen.

D. 19

Die badischen Regimenter

Leib-Dragoner-Rgt. Nr. 20	rot	weiß	seit 1869
Drag. Rgt. Nr. 21	hellgelb	weiß	
Drag. Rgt. Nr. 22	schwarz m. rotem Vorstoß	weiß	

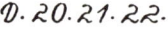

trugen badische Abzeichen, Helm zum Paradeanzug mit weißem, bei Trompetern rotem Haarbusch.

D. 20. 21. 22.

Die beiden großherzoglich hessischen Regimenter entstanden erst 1872 aus den Chevaulegers:

Garde-Dragoner-Rgt. Nr. 23	rot	weiß	weiße Litzen bei Offizieren silbern Namenszug seit 1872
Leib-Dragoner-Rgt. Nr. 24	weiß	weiß	Namenszug seit 1897

seit 1872 · L.G.D.23 — seit 1897 · L.D.24 — Lt.L. G. D. 23 Parade Offz. D 23 u.24

Abweichend war der Waffenrock hier dunkelgrün, das Lederzeug schwarz, der Kartuschkasten mit Namenszug. Bei Offizieren Überrock dunkelgrün, Epauletten geschuppt, Bandolier schwarz mit gewölbten silbernen Knöpfchen besetzt, daran Kartuschkasten mit Namenszug im halboffenen Lorbeer- und Eichenlaubkranz. Eigenes Paradebandolier mit Kartusche.

Die württembergischen Dragoner waren 1871 aus den Reiterregimentern gebildet worden. Es bestand das:

Drag. Rgt. Königin Olga, Nr. 25	weiß	gelb	mit weißen Litzen · seit 1872
Drag. Rgt. König, Nr. 26	gelb	weiß	seit 1891

Nachdem im Jahre 1892 der zweireihige Waffenrock in einen einreihigen umgeändert war, unterschied sich die Uniform nur noch durch die Abzeichen von den preußischen Dragonern. Der Helm mit neusilbernen Beschlägen und Schuppenketten trug bei Drag. 25 zur Parade weißen Haarbusch, bei Drag. 26 schwarzen und ab 1905 einen Stern des Ordens der württembergischen Krone auf dem Helmzierat. Kartuschkasten hatten nur bei Offizieren Deckelzierat.

34. Kavallerieposten beim großherzoglich hessischen Leib-Dragonerregiment Nr. 24. Auffallend ist der hier typische dunkelgrüne Waffenrock mit dem schwarzen Lederzeug und Infanteriekoppelschloß.

35. Ein Major, an seiner rechten Seite bereit zum Signalgeben der Trompeter, des württembergischen Dragonerregiments Königin Olga, Nr. 25, hält vor seiner Schwadron. Alle Dragoner tragen noch die zweireihigen Waffenröcke, sitzen aber schon auf dem neuen Armeesattel.

Die bayerischen Chevaulegers

Zur Dragonerwaffe gehören in gewissem Sinne auch die traditionellen bayerischen Chevaulegers. Dort bestanden zunächst 6, dann 2 weitere Regimenter. Bis zum Jahre 1886 trugen die Chevaulegers lederne Raupenhelme, ähnlich denen der bayerischen Infanterie. Dann erhielten sie wie die Schweren Reiter Helme nach preußischer Art mit bayerischem Zierat und Abzeichen. Zur Parade setzten sie – hier in Bayern auch die Trompeter – weiße Haarbüsche auf. Der Waffenrock bestand traditionell aus grünem Tuch und war zweireihig mit einem schräg geschnittenen, oben geschweiftem Brustteil. Der vorn abgerundete Kragen, die schwedischen Ärmelaufschläge, Vorstöße und Schulterklappen zeigten sich in der Abzeichenfarbe des Regiments, zur weiteren Unterscheidung dienten die weiß- oder gelbmetallenen Knöpfe. Zur Parade wurde auf die Brust eine abzeichenfarbene Rabatte aufgeknöpft. Auch die Hosen waren grün; an der langen Tuchhose saß außen ein Tuchstreifen in Abzeichenfarbe. Sie trugen weißes Lederzeug, am Kartuschkasten keine Verzierung. Offiziere hatten grüne Überröcke sowie Bandoliere und Kartuschen wie bei den Schweren Reitern. Ein Chevauleger ist auf Bild 23 zu sehen.

Es bestanden das	Abzeichenfarbe	Knöpfe
1. Chev. Rgt. Kaiser Nikolaus von Rußland	karmoisinrot	gelb
2. Chev. Rgt. Taxis	karmoisinrot	weiß
3. Chev. Rgt. Herzog Carl Theodor	pfirsichrot	gelb
4. Chev. Rgt. König	hochrot	weiß
5. Chev. Rgt. Erzherzog Friedrich von Österreich	hochrot	gelb
6. Chev. Rgt. Prinz Albrecht von Preußen	pfirsichrot	weiß
7. Chev. Rgt. Prinz Alfons (ab 1905)	weiß	gelb
8. Chev. Rgt. (ab 1909)	weiß	weiß

Die Husaren

Die Husarenwaffe des Reichsheeres zählte 17 preußische, ein braunschweigisches und 3 sächsische Regimenter. Husaren trugen, nach dem Vorbild ihrer ungarischen Vorväter, eine verschnürte Uniform in verschiedensten Regimentsfarben. Die Pelzmützen aus schwarzem Seehundsfell erhielten ab 1865 eine niedrigere Form, oben saß, an der linken Seite herabhängend, ein farbiger Tuchbeutel, der Kolpak. Anstelle der Landeskokarde steckte oben das Feldzeichen nach Jägerart, rechts kam ab 1897 die Reichskokarde. Als Zierat diente bei der Garde der Gardestern, sonst allgemein ein Bandeau mit der Devise: „Mit Gott für König und Vaterland". Hinten war eine weiße Fangschnur aufgesteckt, die zu Pferde oder bei Besichtigungen um den Kragen geschlungen wurde. Zur Parade gehörte ein nach rechts fallender weißer, bei Unteroffizieren oben schwarzer, bei Trompetern roter und oben weißer, erst ab 1893 ganz roter Haarbusch. Ab 1903 erschienen stehende Büsche, die nun bei Unteroffizieren unten schwarz wurden. Die Offizierpelzmützen bestanden bis 1912 aus dunkelbraunem Otterfell, dann aus hellgrauem Opossum, Fangschnüre und Feldzeichen waren mit schwarz, der Busch bestand aus weißen Geierfedern, die Manschette aus schwarzen.

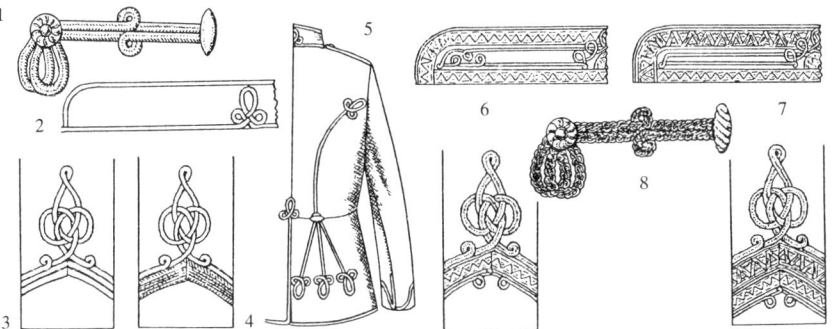

1. Verschnürung mit Knebel und Rosette
2. Attilakragen
3. Aufschlag mit „ungarischem" Knoten
4. Aufschlag mit Uffz. Tresse
5. Attilarückenteil
6. Kragen und Aufschlag beim Offizier
7. beim Stabsoffizier
8. Offz.-Verschnürung

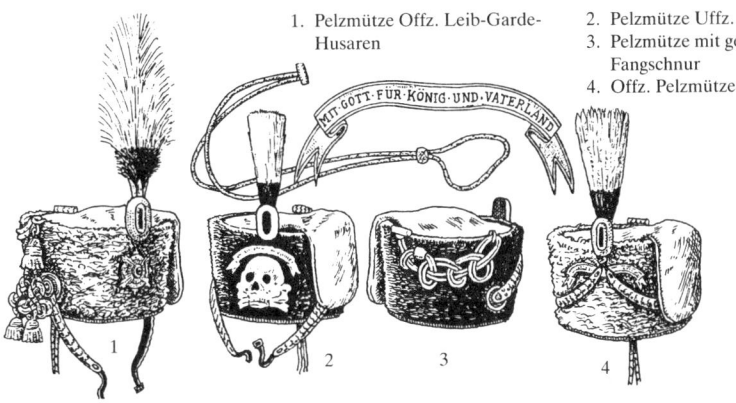

1. Pelzmütze Offz. Leib-Garde-Husaren
2. Pelzmütze Uffz. Leibhusaren
3. Pelzmütze mit gerollter Fangschnur
4. Offz. Pelzmütze

Bei der Attila, einer gegenüber dem Waffenrock etwas kürzeren Jacke, bestanden auch der Kragen und die Aufschläge ganz aus der Regimentsfarbe. Die Attila trug 5 doppelte Schnüre aus weißer oder gelber Kantschnur und wurde durch Knebel geschlossen. Diese Schnüre liefen um Kragen, die Ärmel, vorn herunter, um die Schöße und in den Rückennähten und bildeten Schleifen und „ungarische" Knoten. Knebel und Rosetten waren aus Metall in der Schnurfarbe. Anstelle von Schulterklappen saß eine doppelt gelegte, bei Regimentern mit Namenszügen dreifach gelegte Plattschnur.

Die schwarzblau melierte Reithose trug auf ihren Außennähten und um das Gesäß einen Bortenbesatz in Schnurfarbe, auch die Reitstiefel zeigten um den oberen Rand

einen solchen Besatz. Die Schärpe der preußischen Regimenter bestand seit 1867 aus schwarz-weißem Geflecht. Das Bandolier war weiß, der schwarze Kartuschkasten ohne Verzierung. Die Rangabzeichen der Unteroffiziere bestanden in goldenen oder silbernen Tressen oben um den Kragen und unter der Verschnürung der Ärmel, bei Pelzen nur am Ärmel. Die Offizierattila war mit goldener oder silberner Kettschnur besetzt und führte als Rangabzeichen an Kragen und Ärmel einen verschieden breiten Tressenbesatz, dazu Achselstücke ohne Tuchvorstoß. Husaren legten keine Epauletten an. Die Offizierschärpe war silbern geflochten und schwarz durchzogen. Auch an Hosen, Stiefeln und Bandolier fand sich ein Metalltressenbesatz.

Husaren trugen eine Säbeltasche ganz aus schwarzem Leder, darauf der metallene gekrönte Namenszug *FWR*. Die Faustriemen an der Seitenwaffe waren ganz aus schwarzem Leder. Bei den Offizieren bestanden die Säbeltaschen aus rotem Leder,

1. Offz. Tasche preußisch
2. Mannschaftstasche
3. Mannschaftstasche für Garde und Leibhusaren
4. Mannschaftstasche für Hus. 17
5. Diensttasche Offz. Hus. 17
6. Mannschaft (Sachsen)

36. Schwadronschef beim Leib-Garde-Husaren-Regiment in Paradeuniform. Der Pelz ist umgehängt, die Mütze erhielt den Reiherfederbusch aufgesteckt, das Pferd trägt die Paradezäumung.

hatten einen farbig bezogenen Deckel, darauf mit Metalltresse oder Schnur gekrönter Namenszug und Randbesatz.

Bei den Trompetern waren die Schwalbennester von Attilatuch und besaßen den üblichen schrägen Tressenbesatz in Schnurfarbe.

Die Schabracke blieb vorn abgerundet, lief hinten in einer Spitze aus, zeigte meist die Attilafarbe mit einem nach innen ausgezackten Rand in Kolpakfarbe mit Besatz in Attilaschnur. Pelze besaßen zunächst nur die Gardehusaren. Sie wurden im Winterhalbjahr statt des Attilas getragen, im Sommer aber zu Paraden zusätzlich umgehängt. Die anderen Regimenter konnten eine solche Garnitur von ihren Chefs geschenkt erhalten. Darauf und auf die sonstigen Besonderheiten wird bei der Aufzählung der Regimenter hingewiesen.

Regiment	Attila	Ver- schnürung	Kolpak	Sonstiges
Leib-Garde-Husaren-Rgt.	rot	gelb	rot	Gardestern, blaue Pelze Offz. Reiherbusch bes. Säbeltasche
1. Leib. Hus. Rgt., Nr. 1	schwarz	weiß	rot	Totenkopf, Pelze ab 1895 Offz. Reiherbusch Säbeltasche ab 1899
2. Leib. Hus. Rgt., Nr. 2 Königin Victoria v. Preußen	schwarz	weiß	weiß	Totenkopf, Pelze ab 1896 Offz. Reiherbusch ab 1888
Hus. Rgt. v. Zieten, Nr. 3	rot	weiß	rot	blaue Pelze ab 1873
Hus. Rgt. v. Schill, Nr. 4	braun	gelb	gelb	
Hus. Rgt. Fürst Blücher v. Wahlstatt, Nr. 5	krapprot	weiß	krapp-rot	
Hus. Rgt. Graf Goetzen, Nr. 6	dunkel-grün	gelb	rot	
Hus. Rgt. König Wilhelm I. Nr. 7	russisch-blau	gelb	rot	Offz. Reiherbusch

164

Regiment	Attila	Ver-schnürung	Kolpak	Sonstiges
Hus. Rgt. Kaiser Nikolaus II. v. Ruß-land, Nr. 8	dunkel-blau	weiß	hellblau ab 1896	Pelze ab 1896
Hus. Rgt. Nr. 9	kaliblau	gelb	kaliblau	
Hus. Rgt. Nr. 10	dunkel-grün	gelb	pompa-dourrot	
Hus. Rgt. Nr. 11	dunkel-grün	weiß	rot	
Hus. Rgt. Nr. 12	kaliblau	weiß	weiß ab 1881	Pelze ab 1881
Hus. Rgt. König Humbert v. Italien, Nr. 13	kaliblau	weiß	rot ab 1897	Pelze ab 1913
Hus. Rgt. Landgraf Friedrich II. v. Hessen-Homburg, Nr. 14	dunkel-blau	weiß	rot	
Hus. Rgt. Königin Wilhelmina der Nie-derlande, Nr. 15	kaliblau	weiß	gelb	Pelze ab 1876
Hus. Rgt. Kaiser Franz-Joseph v. Öster-reich, Nr. 16	dunkel-blau	weiß	gelb	Pelze ab 1888
Braunschweigisches Hus. Rgt. Nr. 17 (bis 1886 herzoglich)	schwarz	gelb	rot	

ab 1899

ab 1883

Erst nach dem Abschluß der Konvention mit Preußen 1886 legte das Regiment die Bezeichnung „herzoglich" ab und verlor damit eine Reihe von Besonderheiten wie den Tressenbesatz der Stabsoffiziere und die Feldmützen der Offiziere nach öster-reichischer Art, die Winkel auf den Armen als Dienstgradabzeichen der Unteroffi-ziere und die blau-gelben Feldzeichen sowie die oben weißen, unten hellblauen Paradebüsche. Zwischen 1886 und 1897 entsprach alles preußischer Probe, auch die

37. Ein Rittmeister vor seiner Schwadron beim 1. Leibhusaren-Regiment. Das Regiment war auf Schimmeln beritten, die Offizierpferde tragen ein reiches, mit Kaurimuscheln besetztes Kopf- und Vorderzeug.

165

38. Ein Husar des Husarenregiments v. Zieten, Nr. 3, galoppiert mit einer Meldung zurück. Er trägt den Dienstanzug, die Lanzenflagge ist hier gerollt.

Feldzeichen und Haarbüsche sowie Lanzenflaggen. Der neusilberne besondere Totenkopf war bereits 1883 hinzugekommen. Nach 1897 wurden Feldzeichen sowie Lanzenflaggen ab 1908 blau-gelb geführt. Die Offizier-Pelzmütze bestand bis zuletzt aus schwarzem Bärenfell, daran saß zur Parade ein Reiherfederbusch. Die Säbeltaschen der Mannschaft waren mit rotem Tuch bezogen und mit einem gelben, von blauen Streifen begrenzten Borten am Rand und als Namenszug besetzt. Die rotledernen Offiziersäbeltaschen besaßen eine reiche silbern-goldene Stickerei mit Namenszug, daran für Stabsoffiziere zusätzlicher Trophäenschmuck. 1908 wurde eine schwarze Dienstsäbeltasche für Offiziere eingeführt. Die Kartuschdeckel trugen einen silbernen Stern, die der Offiziere ein silbern-vergoldetes Wappenschild.

1. Kragen und Aufschlag, Stabsoffz. bis 1886
2. Offz. Mütze bis 1886
3. Gradabzeichen Sergeant bis 1886
4. Mannschaftskartusche
5. Offizierkartusche
6. Offiziersäbeltasche

Bei den Sachsen entstanden 1875 aus den beiden auf leichten Pferden berittenen Reiterregimentern die Husaren. Das 3. Regiment wurde erst 1910 aufgestellt und erhielt gleich eine feldgraue Uniform. Es bestanden:

Regiment	Attilafarbe	Verschnürung	Kolpak	Besonderes
Hus. Rgt. König Albert, Nr. 18	kornblumblau	gelb	rot	für Offiziere
Hus. Rgt. Nr. 19 Kronprinz des deutschen Reiches und von Preußen	kornblumblau	weiß	purpurrot	ab 1898 · ab 1902
Hus. Rgt. Nr. 20 (seit 1910)	feldgrau	feldgrau	hellblau	Mütze feldgrau mit weißen Vorstößen

39. Eine Ordonnanz überbringt einem Offizier des magdeburgischen Husarenregiments Nr. 10 ein Schriftstück. Er trägt dabei den vorgeschriebenen Ordonnanzanzug.

40. Kasernenwache beim Husarenregiment Nr. 13. Die Posten der berittenen Waffen führten dabei ihre Seitenwaffe. Im Hintergrund reitet eine Rekrutenabteilung „auf der Decke".

Abgesehen von Abzeichen wie Mützenembleme, Feldzeichen, Kokarden, Schärpen und Lanzenflaggen unterschieden sich die Sachsen kaum vom preußischen Muster. Doch war das Kornblumblau ihrer Attilas sehr hell. Der feldgraue Attila der Husaren Nr. 20 war ebenso verschnürt, hatte aber schwarze Knebel, die Verschnürung der Offiziere bestand aus grauwollener, grün durchzogener Plattschnur, die Knebel und Rosetten in gleicher Art übersponnen. Die Grundfarbe der Reithosen blieb kornblumblau, beim neuen Regiment feldgrau. Die schwarzen Säbeltaschen erhielten kornblumblauen Tuchbezug mit Randbesatz aus gelber oder weißer Borte, bei deren Innenkante noch ein blauer Streifen verlief. Darauf kam Namenszug mit Krone aus Metall. Die rotledernen Offizierssäbeltaschen hatten gleichen Bezug, doch bestand der Besatz und Namenszug aus goldener oder silberner Tresse. 1895 erhielten die Offiziere Dienstsäbeltaschen aus schwarzem Leder mit Metallnamenszug. Husaren Nr. 20 führten keine Säbeltaschen. Die Paradeüberlegedecken entsprachen denen der sächsischen Schweren Reiter.

1. Pelzmütze der Uffz.
2. Schnurbesatz Hus. 20
3. Schnurbesatz Offz. Hus. 20
4. Achselschnur Hus. 20
5. Achselstück, Rittmeister
6. Kartusche der Uffz.
   der sächsischen
   Kavallerie

Die Ulanen

Es bestanden 19 preußische, 3 sächsische, 2 württembergische und 2 bayerische Ulanenregimenter. Bis zum Jahre 1888 führten sie als einzige Reitergattung die Lanze. Ihre typischen Uniformmerkmale waren als Kopfbedeckung die Tschapka, als Rock die „Ulanka". Die Tschapka besaß ein ledernes, der Kopfform angepaßtes Helmteil mit rundem Vorderschirm und fehlendem Hinterschirm und oben einen nach vorn gerichteten viereckigen Deckel mit geschweiftem Hals. Das ursprüngliche Modell 1867 wurde 1889 von einem niedrigeren mit verkleinertem Deckel abgelöst. Das Feldzeichen wie bei den Husaren und der Haarbusch kam an die über dem linken Auge liegende Seite des Deckels, an seiner rechten saß ein Knebel zur Befestigung der Fangschnur aus weißer Kantschnur mit zwei geflochtenen Spiegeln mit Quasten. In Preußen diente als Helmzierat bei der Garde der Gardeadler mit aufgelegtem

41. Ein Offizier des hannoverschen Husarenregiments Nr. 15 sitzt in der Interimsattila, ein Infanterieoffizier erscheint im beliebten Überrock. Im Hintergrund wartet eine Ordonnanz auf Befehle.

Stern, bei den Regimentern 1 bis 3 der Adler mit ovalem Mittelschild, den anderen meist der Linienadler. Zur Parade gehörte ein weißer Haarbusch, bei Unteroffizieren außen, den Offizieren innen schwarz, den Trompetern ganz rot, sowie eine um den Deckelfuß befestigte Tschapkarabatte in Abzeichenfarbe. Die Ulanka von besonderem zweireihigem Schnitt war kürzer als der Waffenrock, besaß einen vorn runden, bei Regimentern mit Litzen viereckigen Kragen und polnische Aufschläge, also spitz mit nur einem Knopf. An der Ulanka liefen die Vorstöße vorn an beiden Seiten, unten herum, an Rücken- und Ärmelnähten sowie an den Taschenleisten. Zur Parade wurde eine abzeichenfarbene Rabatte aufgeknöpft. Auf den Schultern saßen Epauletthalter, die ebenso wie die Schieber, Felder und Futter der dazu stets getragenen Epauletten abzeichenfarbig waren, Schuppen und Monde aber gelbmetallen. Auf den Epauletten waren die Regimentsnummern und Namenszüge stets gelbmetallen. Die bei den Regimentern angegebenen, zu den Mänteln gehörenden Schulterklappen waren dunkelblau mit Vorstoß in Abzeichenfarbe und zeigen gut die Namenszüge. Hosen und Stiefel entsprachen in Preußen und Württemberg denen der Dragoner. Zur Ulanka gehörte ein Paßgürtel aus dunkelblauem Tuch mit Besatz in Kragenfarbe, bei den Regimentern 12 und 16 seit 1889 weiß vorgestoßen. Am weißen Bandolier hing die schwarze Kartusche, bei Mannschaften ohne Verzierung. Die Schabracken waren in der Rockfarbe und besaßen Streifen in Abzeichenfarbe, bei der Garde in den Ecken überdies einen Stern.

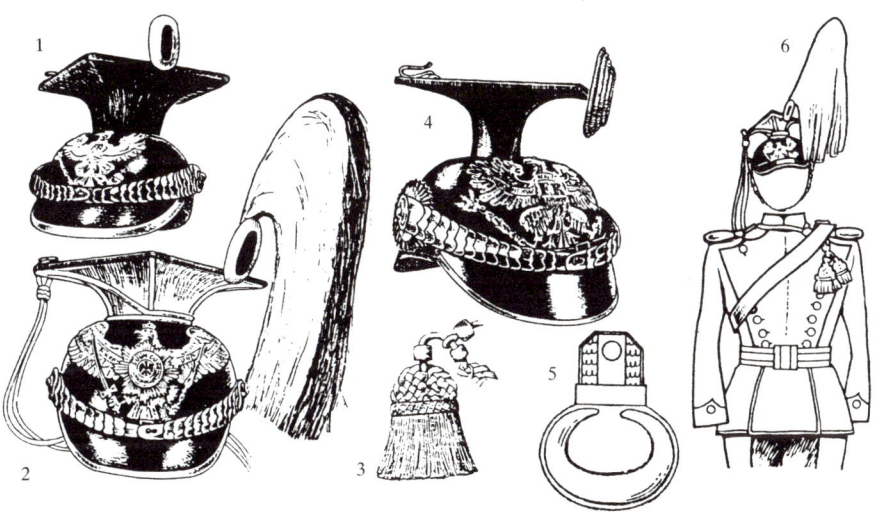

1. Tschapka M 1867
2. Tschapka-Garde M 1867 Uffz. Parade
3. Spiegel mit Quaste
4. Offz. Tschapka M 1889/97 Linie
5. Mannschaftsepaulett

6. Ulan in Parade
   Ulanka mit Rabatte, Paßgürtel,
   Bandolier und Tschapka
   (Preußen, Sachsen, Württemberg)

42. Im Vordergrund ein Gefreiter des westpreußischen Ulanen-Regiments Kaiser Alexander III. von Rußland, Nr. 1, beim Felddienst. Hinter ihm rückt die Schwadron in Zugkolonne nach.

43. In der Reitbahn des hannoverschen Königs-Ulanen-Regiments Nr. 13. Der Ulan lernt ohne Steigbügel auch bei Hindernissen im richtigen Sitz zu bleiben, die Säbelscheide in seinem Rücken soll die Haltung verbessern.

An preußischen Regimentern bestanden:

	Abzeichen-farbe	Epaulett-feld	Knöpfe	Besonderes
1. Garde-Ulanen-Rgt.	weiß	weiß	weiß	Gardeadler, Kragen rot, Rabatte weiß m. rotem Vorstoß, Litzen weiß. Halbmonde und Schuppen
2. Garde-Ulanen-Rgt.	rot	rot	gelb	Gardeadler, Litzen
3. Garde-Ulanen-Rgt.	gelb	gelb	weiß	Gardeadler, Litzen weiß. Halbmonde u. Schuppen
Ulanen-Rgt. Kaiser Alexander III. v. Rußland, Nr. 1	rot	weiß	gelb	Adler mit Schild
Ulanen-Rgt. v. Katzler, Nr. 2	rot	rot	gelb	Adler mit Schild
Ulanen-Rgt. Kaiser Alexander II. v. Rußland, Nr. 3	rot	gelb	gelb	Adler mit Schild, Offz. Tschapka-tresse
Ulanen-Rgt. v. Schmidt, Nr. 4	rot	hellblau	gelb	
Ulanen-Rgt. Nr. 5	rot	weiß	weiß	
Ulanen-Rgt. Nr. 6	rot	rot	weiß	
Ulanen-Rgt. Nr. 7 Großherzog Friedrich v. Baden	rot	gelb	weiß	Gardeadler ohne Stern ab 1913
Ulanen-Rgt. Graf zu Dohna, Nr. 8	rot	hellblau	weiß	
Ulanen-Rgt. Nr. 9	weiß	weiß	gelb	
Ulanen-Rgt. Prinz August v. Württem-berg, Nr. 10	karmoisin	karmoisin	gelb	
Ulanen-Rgt. Graf Haeseler, Nr. 11	gelb	gelb	gelb	
Ulanen-Rgt. Nr. 12	hellblau	hellblau	gelb	

	Abzeichen-farbe	Epaulett-feld	Knöpfe	Besonderes
Ulanen-Rgt. Nr. 13 Königs-Ulanen	weiß	weiß	weiß	ab 1899 seit 1891 Epaulettmond u. Schuppen weiß
Ulanen-Rgt. Nr. 14	karmoisin	karmoisin	weiß	Waterloo-Band ab 1899
Ulanen-Rgt. Nr. 15	gelb	gelb	weiß	Epaulettmond u. Schuppen weiß
Ulanen-Rgt. Hennigs v. Treffenfeld, Nr. 16	hellblau	hellblau	weiß	

Bei den sächsischen Ulanen hatten Tschapka und Ulanka preußische Form, natürlich mit sächsischen Abzeichen wie Helmzierat und Feldzeichen. Die Ulanka war aus kornblumblauem Grundtuch, die eckigen Kragen, Aufschläge und Rabatten bei allen Regimentern aber gleichmäßig purpurrot. Die Regimenter unterschieden sich durch die Farben der Epaulettfelder und Tschapkarabatten, der Litzen und Knöpfe. Die Reithosen wie langen Hosen waren kornblumblau, an letzteren purpurrote Seitenstreifen, in gleicher Zusammenstellung die Paßgürtel. Die Epaulettform glich der der Gardereiter, als Paradeüberdecke diente schwarzes Schaffell. Es bestanden:

Regiment	Epaulett-feld	Litzen	Knöpfe	Besonderes
Ulanen-Rgt. Kaiser Franz Joseph v. Österreich, Nr. 17	weiß	weiß	gelb	sächs. Zierat Mantel

44. Kurze Rast an einer Dorfschänke im Manöver. Der Unteroffizier des schleswig-holsteinischen Ulanen-Regiments Nr. 15 labt sich an einem Glas Bier, genauso wie die Soldaten des Infanterieregiments Nr. 60.

45. Auf dem Bahnsteig der Heimatstadt verabschiedet sich ein Gefreiter des altmärkischen Ulanen-Regiments Henning von Treffenfeld, Nr. 16, von einem Infanteristen des Regiments Nr. 27. Die Reisetasche in der Hand weist auf einen Urlaub hin.

Regiment	Epaulett-feld	Litzen	Knöpfe	Besonderes
Ulanen-Rgt. Nr. 18 Ulanen-Rgt. Kaiser Wilhelm II. König v. Preußen (seit 1905) Nr. 21	purpurrot kornblum-blau	gelb weiß	gelb weiß	im Epaulettfeld / Mantel

Auch die beiden württembergischen Regimenter glichen, bis auf die Abzeichen den preußischen. Abweichend waren Spiegel und Quasten der Fangschnur schwarzrot durchwirkt, der Paradehaarbusch hatte bei Unteroffizieren oben/außen schwarzrote Haare, bei den Offizieren aber unten/innen. Die Epaulettmonde und Schuppen waren neusilbern.

Regiment	Abzeichen-farbe	Knöpfe	Besonderes
Ulanen-Rgt. König Karl Nr. 19	rot	weiß	Litzen
Ulanen-Rgt. König Wilhelm I. Nr. 20	gelb	weiß	Offizierkartusche beide Rgtr.

Bei den Bayern wurde die abweichende ältere Form der Tschapka bis 1886 weitergeführt, erst dann das preußische Muster übernommen. Helmzierat und Beschläge richteten sich nach dem Knopfmetall. Die Haarbüsche waren auch für die Trompeter ganz weiß, nur die Unteroffiziere erhielten an der Innenseite eine blaue Strähne. Die Ulanka hieß in Bayern Waffenrock und bestand aus stahlgrünem Stoff, wie schon bei den Chevaulegers. Sie richtete sich nach preußischem Schnitt, hatte aber keinen Vorstoß an der linken Brustseite. Alle Abzeichen, auch die Tschapkarabatte waren karmesinrot. Die Hosen grün, die langen Hosen mit karmesinroten Seitenstreifen. Es wurde kein Paßgürtel sondern das weiße Kavalleriekoppel getragen. Die beiden Regimenter waren:

	Knöpfe und Beschlag	Besonderes
1. Ulanen-Rgt. Kaiser Wilhelm II. König v. Preußen	gelb	
2. Ulanen-Rgt. König	weiß	

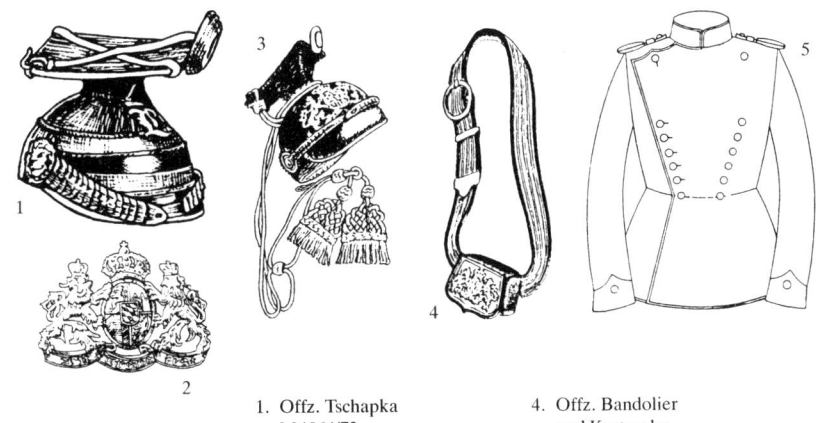

1. Offz. Tschapka
   M 1864/73
2. Zierat 1886
3. Tschapka 1886
   mit Uffz.-Fangschnur

4. Offz. Bandolier
   und Kartusche
5. »Waffenrock«

Meldereiter und Jäger zu Pferde

Die bei einigen Armeekorps bereits seit 1895 aufgestellten Meldereiter-Detachements sollten die Kavallerie von der Abstellung von Meldereitern und Ordonnanzen entlasten. Sie waren aber bestimmten Regimentern zugeteilt und trugen dort verschiedene Uniformen wie grüne oder dunkelblaue Waffenröcke, weiße Attilas mit roter Verschnürung. Als 1897 neue Abteilungen mit der Bezeichnung „Jäger zu Pferde" entstanden, erhielten alle eine gleichmäßige Bekleidung. Die neue Uniform dieser Eskadronen Jäger zu Pferde bestand aus einem geschwärzten Stahlhelm nach Kürassierart, gelbem Beschlag, bei der Garde den Gardestern, weißem, bei den Trompetern rotem Haarbusch zur Parade, bei der Linie dem heraldischen Adler. Als Rock diente ein graugrüner Koller mit Kragen, schwedischen Aufschlägen, Vorstößen und Schulterklappen in hellgrün, bei der Garde gelbe Litzen. Dazu ein Besatz mit gelber Kollerborte mit hellgrünen Streifen wie bei den Kürassieren sowie einem ebenfalls graugrünen Waffenrock mit hellgrünen Abzeichen. Reithosen, Stiefel und Reitzeug kürassiermäßig. Alle Knöpfe, Tressen und Korpsnummern waren gelb.

Bereits 1901 wurden die einzelnen Schwadronen zur Verstärkung der Kavallerie bestimmt und zum Teil zu einem „kombinierten Jägerregiment" vereint. Als 1905 2 neue Regimenter gebildet werden sollten, hieß das schon bestehende nun „Königs-Jäger", die restlichen Schwadronen sowie weitere Zuweisungen ließen zwei, bis 1910 dann noch drei weitere entstehen. Durch die Neuaufstellungen kam es zu Änderungen an der Uniform. Die Borten um Kragen und Aufschläge sowie am Koller vorn herunter wurden hellgrün mit farbigen Mittel- und Randstreifen, der Mittelstreifen immer gelb eingefaßt. Die hellgrünen Schulterklappen erhielten einen farbigen Vorstoß, die Nummer blieb immer rot. Auch bei den Offizieren erhielten die nun

silbernen Tressen schmale Seitenstreifen in den Regimentsfarben, auch in ihr hellgrünes Epaulettfeld und um die Achselstücke kamen schmale Farbstreifen. Alle Knöpfe und Tressen wurden weiß. Der Stahlhelm erhielt als Zierat den Dragoneradler mit neusilbernem Beschlag aber gelben Schuppenketten und verlor den Haarbusch. Die Reithosen waren nun ebenfalls graugrün, doch mit hellgrüner Biese. Das Lederzeug blieb dunkelbraun, die Schabracken hellgrün aber nun mit weißem Besatzstreifen.

Die letzten, erst 1913 aufgestellten Regimenter 7 bis 13 bekamen eine vereinfachte Ausrüstung. Sie erhielten statt der Kürassierstiefel geschwärzte Kavalleriestiefel, statt Bandolier mit Kartusche ein schwarzes Tragegerüst mit Patronentaschen. Die Mannschaften der Regimenter setzten den Dragonerhelm mit gelben Beschlägen auf, nur ihre Offiziere behielten den geschwärzten Stahlhelm.

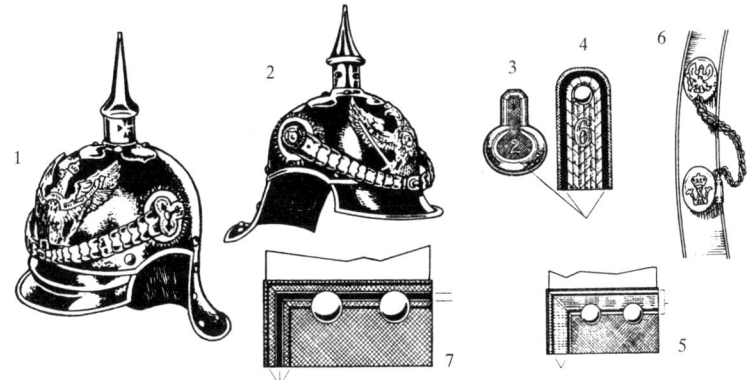

1. Offz. Helm 1905
2. Helm 1905
3. Epaulett Offz.
4. Achselstück

5. Offz.-Tresse
6. Bandolier

7. Regiments-
   borten

Es bestanden	Abzeichen-farbe	Knöpfe	Besonderes
Rgt. Königsjäger zu Pferde, Nr. 1	weiß	weiß	ab 1905 · bis 1905 · ab 1905
Jäger-Rgt. zu Pferde, Nr. 2	rot	weiß	
Jäger-Rgt. zu Pferde, Nr. 3	gelb	weiß	
Jäger-Rgt. zu Pferde, Nr. 4	hellblau	weiß	
Jäger-Rgt. zu Pferde, Nr. 5	schwarz	weiß	
Jäger-Rgt. zu Pferde, Nr. 6	dunkelblau	weiß	
Jäger-Rgt. zu Pferde, Nr. 7	rosa	weiß	
Jäger-Rgt. zu Pferde, Nr. 8	weiß	gelb	

46. Abprotzen bei einer reitenden Batterie des 1. Garde-Feldartillerie-Regiments. Im Vordergrund der Unteroffizier, hinter ihm die Reitpferde der Bedienung. Die haltende Protze mit dem Gespann muß in der Blickrichtung des Unteroffiziers stehen.

Es bestanden	Abzeichen-farbe	Knöpfe	Besonderes
Jäger-Rgt. zu Pferde, Nr. 9	rot	gelb	
Jäger-Rgt. zu Pferde, Nr. 10	gelb	gelb	
Jäger-Rgt. zu Pferde, Nr. 11	hellblau	gelb	
Jäger-Rgt. zu Pferde, Nr. 12	schwarz	gelb	
Jäger-Rgt. zu Pferde, Nr. 13	dunkelblau	gelb	

Auch in Bayern wurden Meldereiter-Detachements aufgestellt, in Jäger zu Pferde umbenannt und auf 2 Schwadronen vermehrt. Sie dienten 1905 zur Neuaufstellung des 7. Chevauleger-Regiments. Eine ähnliche Entwicklung gab es in Sachsen.

Die Artillerie

Nach der Schaffung des Reichsheeres erfolgte 1872 das endgültige Trennen der Feldartillerie von der Festungsartillerie, die nun den Namen Fußartillerie erhielt. Die früheren „Fußbatterien" der Feldartillerie hießen nun „fahrende", daneben gab es „reitende", die in eigenen Abteilungen zusammengefaßt waren. Die reitenden Batterien blieben zur schnellen Unterstützung der Kavallerie bestimmt, ihre Kanoniere ritten auf eigenen Pferden hinter ihrem Geschütz, bei den „fahrenden" saßen sie auf den Achssitzen an der Kanone und den Protzensitzen auf. Jedes Armeekorps erhielt zunächst zwei Feldartillerieregimenter (FAR), so daß es in der preußischen Armee 29, in der sächsischen 2, der württembergischen 2 und in der bayerischen Armee 4 Regimenter gab. Mit der starken Vermehrung im Jahre 1899 sollte jedes Korps nun 4 Regimenter haben, so daß außer Bayern, 4 Garde- und 77 Linienregimenter bestanden, zu denen im Jahre 1912 noch die Regimenter 78 bis 84 traten, einschließlich dem schon bestehenden Regiment der Feldartillerie-Schießschule. Bayern besaß zuletzt 12 Feldartillerie-Regimenter.

Die Fußartillerie-Regimenter waren in Bataillone und Kompanien unterteilt, erst ab 1909 wurden die Kompanien als Batterien bezeichnet. Zuletzt bestanden das Garde-Fußartillerie-Regiment, das Lehrregiment der Fußartillerie-Schießschule und 20 Linienregimenter, in Bayern 3 weitere. Davon wurden die Regimenter 9, 14 und 15 erst 1893, das Regiment 17 im Jahre 1911 und im folgenden Jahr die Regimenter 16, 18 und 20, sowie das 3. bayerische errichtet.

Die Helme der Artillerie entsprachen denen der Infanterie, doch mit einer Kugel statt Spitze. Als Zierat diente bei der Garde der Gardeadler mit Stern, sonst der übliche heraldische Adler, bei den Feldartillerieregimentern 1, 2, 3 und 6 sowie den entsprechenden Fußartillerie-Regimentern mit einem ovalen Mittelschild. Auf dem Adler saß das „Colberg"-Band bei einzelnen Batterien (6./FAR 3, 3. reitende/FAR 10, 2. und 4./FAR. 26, 1. und 2. reitende/FAR 35 und 3./FußAR 2. Das „Waterloo"-Band trugen die 1., 4., 5. und 6./FAR 46 und das gesamte FAR 10. Zur Parade steckten die Garde weiße, alle reitenden Batterien sowie ab 1913 auch das FAR 1 und

FußAR 3 schwarze, die Trompeter rote Haarbüsche auf. Bei den einzelnen Kontingenten entsprachen die Helmzierate den dort üblichen Mustern. Bei der Fußartillerie erhielten die Helme ab 1892 Lederriemen anstelle der Schuppenketten.

Der dunkelblaue Waffenrock im Infanterieschnitt hatte traditionell schwarze Abzeichen mit roten Vorstößen und gelbe Knöpfe. Der Kragen war bei den Regimentern mit Litzen eckig, sonst vorn rund, die Aufschläge bei der Garde, den reitenden Batterien und bei der Feldartillerie ab 1890 auch für die fahrenden in schwedischer Form, davor für letztere wie auch noch später für die Fußartillerie brandenburgisch mit dunkelblauen Patten. Bis zum Jahre 1899 gab es bei der Feldartillerie nur rote Schulterklappen, dann erhielten sie die Farbe ihres Armeekorps wie bei der Infanterie, zur Unterscheidung über die Nummer oder Namenszug eine platzende Bombe. Damit ergab sich bis 1914 nachstehende Übersicht:

Garde-Korps

Regiment	Achselklappen-Farben
1. Garde-Felda.-Rgt.	weiß, mit rotem Vorstoß
2. Garde-Felda.-Rgt.	rot
3. Garde-Felda.-Rgt.	gelb
4. Garde-Felda.-Rgt.	hellblau
Lehrrgt./Schießschule	rot

Armeekorps	Achselklappe	Regimenter	
I.	weiß	1, 16, 37, 52	
II.	weiß	2, 17, 38, 53	oben: Schulterklappe nach
III.	rot	3, 18, 39, 54	1899
IV.	rot	4, 40, 74, 75	unten: Schulterstück Offz.
V.	gelb	5, 20, 41, 56	mit farbigem Vorstoß
VI.	gelb	6, 21, 42, 57	
VII.	hellblau	7, 22, 43, 58	
VIII.	hellblau	23, 44, 59, 83	
IX.	weiß	9, 24, 45, 60 (mecklbg.)	
X.	weiß	10, 26, 46, 62	
XI.	rot	11, 19, 47, 55	
XII.	(Kgl. Sächs.)	12, 28, 48, 64	
XIII.	rot	13, 29, 49, 65 (Kgl. Württ.)	
XIV.	rot	14, 30, 50, 76 (Bad.)	
XV.	rot	51, 66 (Bad.), 80, 84	
XVI.	gelb	33, 34, 69, 70	
XVII.	gelb	36, 71, 72, 81	
XVIII.	hellblau	27, 63, 25 + 61 (Großh. Hess.) **Rote** Achselkl.	
XIX.	(Kgl. Sächs.)	32, 68, 77, 78	
XX.	hellblau	35, 73, 79, 82	
XXI.	hellgrün	8, 15, 31, 67	

Die Schulterklappen der Fußartillerie waren und blieben weiß. Offiziere, Unteroffiziere, Trompeter und Kanoniere der reitenden Batterien sowie die Fahrer hatten

47. Auffahren eines Zuges einer fahrenden Batterie beim westfälischen Feldartillerie-Regiment Nr. 7. Im Vordergrund der Batteriechef, hinter ihm der Trompeter, die hier noch roten Schulterklappen wurden 1899 dann hellblau.

1. Helm bis 1895
2. Colberg-Band
3. Waterloo-Band
4. Helm Fußartillerie
   ab 1892

5. Waffenrock
   links: schwedischer Aufschlag
   (hier Garde)
   rechts: brandenburgischer Aufschlag

6.7. Abzeichen Richtkanonier

grundsätzlich eine kavalleristische Ausstattung, also Reithosen mit Stiefeln, Säbel, Bandolier mit Kartuschkasten, die Fahrer am rechten Bein eine „Schiene". Die Kanoniere der fahrenden Batterien sowie die Fußartilleristen blieben infanteristisch ausgerüstet und trugen daher lange Hosen mit Biesen, im Sommer weiße Leinenhosen. Die Richtkanoniere waren an einer flammenden Granate aus Tuch am linken Unterarm, die Unteroffiziere an goldenen Tressen zu erkennen. Die Trompeter besaßen schwarze Schwalbennester, bei der Feldartillerie mit schrägem, der Fußartillerie geradem Besatz. Sämtliche schwarze Abzeichen bestanden bei Offizieren aus Samt, ihr Bandolier hatte Goldtressenbesatz, ihr Kartuschkasten entsprach dem der Dragoner. Paradeüberlegedecken waren dunkelblau und außen sowie beiderseits ihres schwarzen Besatzstreifens rot vorgestoßen, bei der Garde in der hinteren Ecke den gelben Gardestern. Die Kartuschkästen der Linie trugen eine flammende Granate mit Namenszug, die der Garde den Gardestern. Bei den Garderegimentern 1 und 2 gab es auf den Schulterklappen besondere Granatenformen für die reitenden und fahrenden Batterien. Diese sowie die Namenszüge der preußischen Regimenter haben folgendes Aussehen:

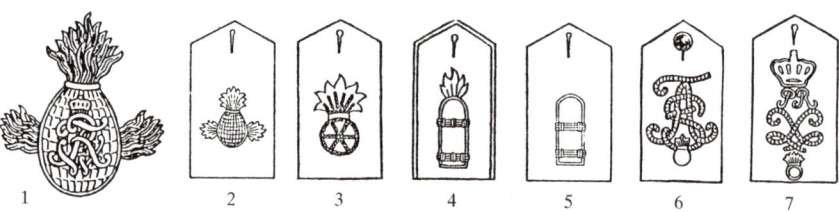

1. Kartuschbeschlag Linie
2. fahrende Battr. 1.G-FAR
3. ab 1874 2.G-FAR
4. reitende Battr. 1.G-FAR

5. ab 1890 2.G-FAR
6. Feldartillerie-Schießschule
7. FAR 4, seit 1899

48. Geschützbedienung an der Feldkanone C73 beim oberschlesischen Feldartillerie-Regiment v. Clausewitz, Nr. 21. Es ist eine fahrende Batterie, kenntlich an der infanteristischen Ausrüstung. Vorn rechts der Richtkanonier.

Die eingegliederten Kontingente stellten entweder nur einzelne Batterien in preußische oder gar eigene Regimenter. Ihre Uniform entsprach der Preußischen, doch mit eigenen Zieraten und Abzeichen ähnlich ihrer Infanterie. Die oldenburgischen Batterien (2. und 4./FAR 26, ab 1899 als 2. und 3./FAR 62) trugen auch einen Namenszug auf der Schulterklappe, die Batterie von Mecklenburg-Strelitz (3./FAR 24) Helmzierat wie das II. Bataillon/IR 89. Die braunschweigische Batterie (2./FAR 46) zeigte sich ähnlich ihrer Infanterie bis 1886 im Tschako, schwarzem Polrock und vielen sonstigen Besonderheiten. Eigene Regimenter stellte Baden (FAR 14, 30, 50, 66 und 76 sowie Fußartillerie-Regiment Nr. 14). Neben Helmzier und Kokarde war FAR 14 mit schwarzem Haarbusch ausgestattet, dazu allgemein schwarzes Lederzeug. Die Hessischen Regimenter (FAR 25 und 61) brauchten Helme hessischer Probe und rote Schulterklappen. Das FAR 25 hatte gelbe Litzen, Namenszug, schwarze Haarbüsche und Lederzeug.

Das mecklenburg-schwerinsche FAR 60 zeigte weitergehende Unterschiede: neben eigenem Helmzierat und Abzeichen weiße Knöpfe, silberne Tressen und schwarzes Bandolier, die Trompeter am Schwalbennest senkrechten Besatz, Offiziere silberne Epaulettfelder.

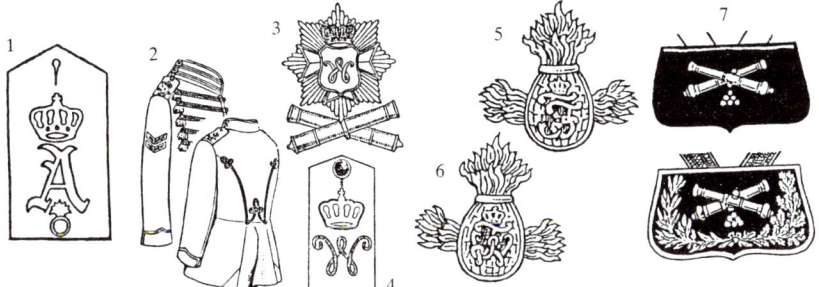

1. oldenburg. 2. u.3./FAR62
2. braunschw. Polrock
3. braunschw. Tschakozierat
4. braunschw. Schulterklappe
5. Kartuschemblem FAR 60
6. Kartuschemblem 3./FAR 24
7. hessische Kartuschen Mann und Offizier

In Württemberg (FAR 13, 29, 49 und 65) gab es die bei der Infanterie üblichen Zierate und Abzeichen sowie zunächst noch den zweireihigen Waffenrock. Die FAR 13 und 29 besaßen Namenszüge und weiße Haarbüsche bei schwarzem Lederzeug. Das Fußartillerie-Regiment 13 wurde 1893 zum preußischen Regiment. Ein völlig anderes Bild zeigte die sächsische Artillerie (FAR 12, 28, 32, 48, 64, 68, 77 und 79 sowie Fußartillerie-Rgt. 12 und 19). Sie trug den Helm ihrer Infanterie, doch mit Kugel und bei Paraden schwarzem Haarbusch. Ihre Besonderheit war der traditionelle grüne Waffenrock mit roten Abzeichen, bei der Feldartillerie mit schwedischen, der Fußartillerie mit deutschen Aufschlägen, Knöpfe gelb. Die Schulterklappen blieben grün mit roter Beschriftung und Vorstoß, die Hosen überall schwarz-blau meliert mit rotem Vorstoß. Auch die grünen Schabracken hatten roten Vorstoß und Streifen. Beim FAR 12 trug die reitende Abteilung Achselschuppen aus Messing, ihre Trompeter statt der Schwalbennester auf der Brust 8 gelbe Bandlitzen. Die

49. Einrichten der Feldkanone beim gleichen Regiment. An der Lafettenwandung ist hinter den Beinen des Kanoniers die Regimentsbezeichnung zu sehen. Der links hinter der Bedienung stehende Offizier trägt den beliebten Überrock.

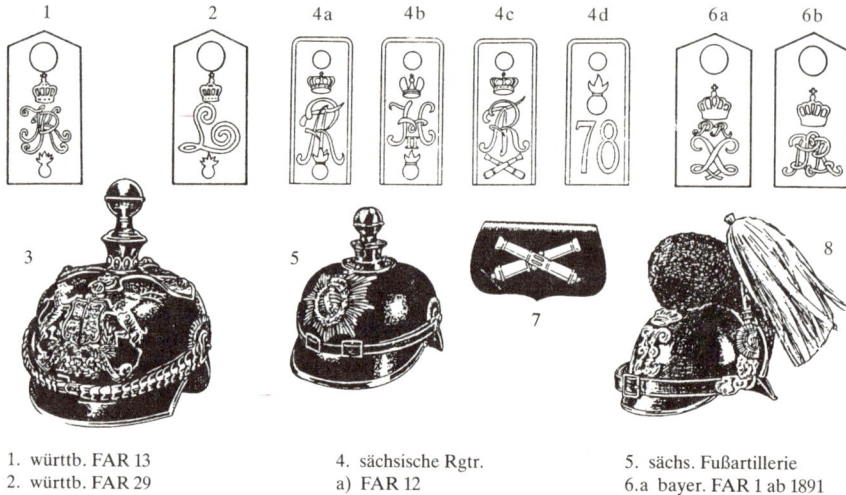

1. württb. FAR 13
2. württb. FAR 29
3. württb. Offz. Helm

4. sächsische Rgtr.
   a) FAR 12
   b) FAR 28
   c) FAR 32
   d) FAR 78

5. sächs. Fußartillerie
6.a bayer. FAR 1 ab 1891
6.b bayer. FAR 7 ab 1900
7. bayer. Kartusche
8. bayer. Raupenhelm
   bis 1886. Uffz.

Fußartillerie besaß keine Büsche und Bandoliere, ihre Trompeter am Schwalbennest senkrechten Besatz.

In Bayern gab es zunächst nur 4 Feldartillerie-Regimenter, 1890 kam das 5., um 1900/01 kamen die restlichen 7, dann 3 Fußartillerie-Regimenter. Zuerst diente bis 1886 noch der Raupenhelm, dann kam ein Helm mit Spitze und gelbem Beschlag, ähnlich dem der Chevaulegers. Bei Paraden setzten alle Feldartilleristen darauf den sonst nur den Trompetern vorbehaltenen roten Haarbusch. Der Waffenrock war dunkelblau, ebenso die Hosen, die Schulterklappen bei der Feldartillerie rot mit der Nummer, doch ohne Granate. Das Lederzeug blieb weiß, am Kartuschdeckel gekreuzte Kanonenrohre. Die Offiziere führten Bandoliere und Kartuschkästen wie bei der Kavallerie. Die Schabracken waren dunkelblau, mit rotem Streifen und Krone, doch ohne Vorstoß. Bei der Fußartillerie hatte der Rock brandenburgische Aufschläge mit schwarzen Patten und roten Vorstößen sowie weiße Schulterklappen. Büsche und Bandoliere fehlten, die Schwalbennester hatten senkrechten Besatz.

50. Im Biwak bei einer reitenden Batterie des sächsischen Feldartillerie-Regiments Nr. 12. Vorn steht der Posten mit seiner Seitenwaffe, hinter ihm bläst der Trompeter mit den hier eigentümlichen Bandlitzen auf der Brust ein Signal, der Batteriechef, mit dem Rücken zum Beschauer spricht mit seinem Wachtmeister.

51. Auffahren im Gelände bei einer fahrenden Batterie des bayerischen Feldartillerie-Regiments Nr. 2. Die bayerische Artillerie trug dunkelblaue Röcke und im Unterschied zu den anderen am Helm eine Spitze.

52. Geschützexerzieren beim rheinischen Fußartillerie-Regiment Nr. 8. Der etatmäßige Wachtmeister übergibt der Ordonnanz einen Befehl.

53. Eine Sprengübung beim schlesischen Pionierbataillon Nr. 6. Links 2 Offiziere, ein Oberleutnant im Waffenrock mit der „Intelligenzlitze", ein weiterer im Überrock. Rechts steht ein Pionier im typischen, weiten zweireihigen Arbeitskittel, hinter ihm ein „Minenhund" zur Erdabfuhr in engen Minengängen.

Die Pioniere und Verkehrstruppen

Die wachsende Bedeutung der Technik in der Kriegsführung zeigte sich am deutlichsten in der unverhältnismäßig starken Vermehrung dieser Truppengattung. Bei Schaffung des Reichsheeres bestanden nur 13 preußische, ein badisches, je ein sächsisches und württembergisches und 2 bayerische Pionierbataillone, die Verkehrstruppen im späteren Sinne gab es noch nicht. Die Pioniere sollten sich 1881 um das Btl. 16, 1890 um Blt. 17, 1893 um die Bataillone 19 und 20 und von 1901 bis 1913 um weitere 10, bei den Bayern 2 vermehren, so daß dann insgesamt 35 bestanden.

Die Uniform der Pioniere glich im großen und ganzen der der Feldartillerie, doch stets mit weißen Knöpfen und Beschlag, entsprechend silbernen Tressen und Litzen. Der Helm entsprach, wenn auch mit weißem Beschlag, dem der Infanterie, das Gardebataillon führte daran den weißmetallenen Gardeadler mit Stern und zur Parade einen schwarzen Haarbusch. An seinem Rock befanden sich weiße Litzen am eckigen Kragen und schwedischen Aufschlägen. Die Schulterklappen waren überall rot mit gelben Nummern. Bei den Offizieren bestanden die schwarzen Abzeichen aus Samt. Alle trugen am eckigen Kragen und auf schwedischen Aufschlägen silberne Stickereien in der Form der Generalstabsoffiziere, die sogenannten »Intelligenzlitzen«. Ihre Epaulettfelder und Achselstückunterlagen waren rot. Die Bataillone Nr. 1 und Nr. 3 hatten am Helm den Adler mit Mittelschild, Nr. 3 dazu ab 1913 einen schwarzen Haarbusch, das Bataillon Nr. 10 auf dem Adler das Waterloo-Band. Die Versuchskompanie erhielt 1912 Gardelitzen und auf die Schulterklappen ein gelbes „V". Als Besonderheit besaßen die Pioniere neben dem normalen Drillichzeug einen drillichen, zweireihigen Arbeitskittel, der über den Waffenrock zu ziehen war.

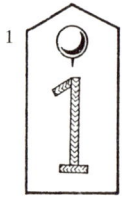

1. Pionier-Btl. 1
2. Litzen der Offiziere
3. Leutnantachselstück bei der Versuchskompanie
4. sächs. Pionier-Btl. 12

Die Bataillone Nr. 14 (badisch) und Nr. 13 (württembergisch) trugen am Helm die Zierate wie ihre Infanterie, aber in weiß, sowie die sonstigen Abzeichen, die Württemberger bis 1892 zweireihige Röcke. Die sächsischen Bataillone (Nr. 12 und ab 1899 auch Nr. 22) hatten grüne Röcke wie die dortige Feldartillerie, grüne Schulterklappen mit rotem Vorstoß, Nummer sowie gekreuzter Hacke und Spaten, aber weiße Knöpfe. Auch ihr Helm in Infanterieart besaß weißen Beschlag, dazu zur Parade schwarze Haarbüsche. Die Offiziere zierte auf Kragen und schwedischen Aufschlägen eine silberne Kolbenstickerei, auch ihre Epaulettfelder waren silbern.

Die beiden bayerischen Feldgenie-Divisionen wurden 1872 zu Pionierbataillonen (Nr. 2 und 3), im Jahre 1912 kamen das 1. und 4. Bataillon hinzu. Auch hier entsprach die Uniform der Artillerie, doch mit weißen Knöpfen. Bis 1886 wurde der Raupenhelm der Artillerie mit gelbem Beschlag getragen, dann der Infanteriehelm mit Spitze und weißem Beschlag. Die Offiziere besaßen seit 1874 silberne Stickerei wie die preußischen.

Zu den Verkehrstruppen rechneten die Eisenbahner, Telegraphentruppen, Luftschiffer, Flieger und Kraftfahrzeugleute. Ihre Uniform entsprach weitgehend der der Pioniere, ihre Schulterklappen waren zwar rot, wurden aber ab 1911 generell hellgrau.

Nach dem Kriege 1870/71 entstand aus den provisorischen Abteilungen ein Bataillon Eisenbahner, das 1875 zu einem Regiment erweitert wurde. 1887 gab es zwei weitere Bataillone, Sachsen und Württemberg stellten zusätzlich je eine Kompanie, die alle 1890 zu den Regimentern 2 und 3 aufgestockt wurden. Im Jahre 1913 entstand ein weiteres Bataillon (Nr. 4). Zunächst trugen die Eisenbahner die Uniform des Garde-Pionierbataillons mit E auf der Schulterklappe, mit Bildung weiterer Regimenter unter dem E die römische Ziffer, die Betriebsabteilung erhielt ein geflügeltes Rad. Als die Schulterklappen 1911 hellgrau wurden, waren die Nummern arabisch, die Betriebsabteilung trug nur ein E. Die sächsischen und württembergischen Kompanien waren preußisch, doch mit eigenen Abzeichen uniformiert. Die Eisenbahner erhielten 1897 blaue Arbeitskittel. In Bayern wurde die Eisenbahnkompanie 1887 zum Bataillon erweitert. Sie besaß die Pionieruniform mit eckigen Kragen und Litzen, auf den roten Schulterklappen ein gelbes E. Der Helm wurde 1913 vom Jägerschako mit weißen Beschlägen abgelöst.

54. Eine Streckenübung bei den Eisenbahnern. Im Vordergrund Soldaten der Eisenbahnregimenter 1 und 2, im Hintergrund Streckenarbeiter und Reparatur der die Bahnlinie begleitenden Telegraphenleitung.

 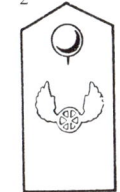     

1. Eisenbahn-Rgt. Nr. 3
2. Eisenbahn-Betriebsabteilung
3. Offz. Epaulett nach 1911 (Eisenbahn-Rgt. 2)
4. Telegraphen-Btl. 2 (bis 1911)
5. Telegraphen-Btl. 2 (ab 1911)
6. für Offz.-Schulterstück (Tel. Btl. 1)

Im Kriege 1870/71 bestanden schon mobile Telegraphenabteilungen, die aber wieder aufgelöst wurden. Ab 1887 entstand eine Versuchskompanie, 1899 die ersten drei Bataillone der Telegraphentruppe. 1914 gab es 7 Bataillone, davon das 7. sächsisch, die 3. Kompanie Nr. 4 württembergisch, daneben noch 8 Festungs-Fernsprech-Kompanien. Bei den Telegraphentruppen waren alle Funkerkompanien beritten, von den anderen nur die Offiziere, Unteroffiziere und Fahrer. Das Bataillon Nr. 1 trug die Uniform der Garde-Pioniere, die anderen die der Linienpioniere, rote Schulterklappen mit gelbem Blitzbündel und Nummer darunter, die Offiziere die silbernen „Intelligenzlitzen". Dazu der Pionierhelm, ab 1907 Jägerschako mit

Pioniere und Verkehrstruppen

1. Luftschiffer-Btl. 3 (Parade)
2. Kfz.-Btl.-Unteroffizier (Fahrkleidung)
3. Oberschirrmeister – Pioniere
4. Gefreiter der sächs. Pioniere
5. Pionier im Arbeitsrock
6. und 7. Uffz. und Pionier der Eisenbahner im blauen Arbeitskittel

weißem Beschlag, die Trompeter an schwarzen Schwalbennestern schrägen Besatz. Noch bis 1904 zeigten sich die Bespannungsleute in Trainuniform. Bayern stellte ab 1901 eine Kompanie, ab 1911 das 1., ab 1913 ein 2. Bataillon auf. Die Uniform entsprach der der Eisenbahner mit eckigem Kragen und weißen Litzen, roter Schulterklappe mit gelbem Blitzband bis 1911, dann gelbem T, mit Errichtung des 2. Bataillons mit Nummer darunter. Hier, wie auch bei den bayerischen Luftschiffern, wurden die Schulterklappen erst 1914 hellgrau.

Aus dem erst 1884 aufgestellten Ballon-Detachement wurde 1887 eine Luftschifferabteilung, 1901 ein Bataillon. 1911 entstanden mit sächsischen und württembergischen Detachements das 2. und 3. Bataillon, 1913 das 4. und 5. Bataillon. Zunächst wie die Gardepioniere uniformiert, saß auf roter Schulterklappe ein rotes L, später mit Bataillonsnummer. Der Tschako war bereits 1895 eingeführt, die Bataillone 1 und 2 trugen daran den weißen Gardestern, zur Parade schwarzen Busch und am Rock Litzen. Die anderen Bataillone hatten Uniformen wie die Telegraphentruppen, alle ab 1911 hellgraue Schulterklappen. In Bayern entstand 1911 ein gemeinsames Luftschiffer- und Kraftfahrzeug-Bataillon. Die Uniform blieb wie bei den anderen bayerischen Verkehrstruppen mit weißen Litzen aber keinem Busch. Die hier erst 1912 aufgestellte Fliegerkompanie hatte auf den roten Schulterklappen ein F, nach Einführung der hellgrauen ab 1914 einen Propeller.

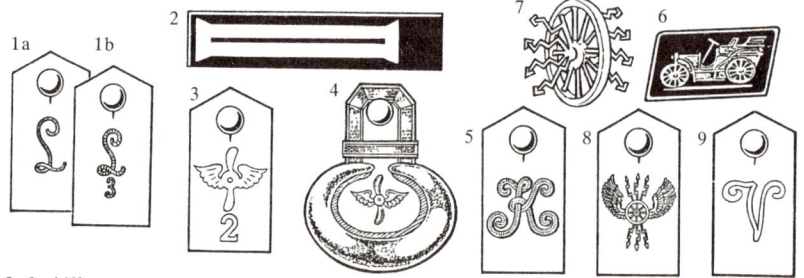

1. Luftschiffer
   a) bis 1911
   b) ab 1911 = 3. Btl.
2. Flieger-Kragenlitze
3. Flieger-Btl. 2
4. Offz.-Epaulett-Flieger
5. Lederschulterklappe Kfz.-Btl. ab 1911
6. Fahrkleidung-Kragenpatte
7. Fahrkleidung, Schulterklappe bis 1911
8. Versuchsabteilung bis 1911
9. Versuchsabteilung ab 1911

Die Fliegertruppe entstand erst 1912, im folgenden Jahr mit sächsischen und württembergischen Detachements die Fliegerbataillone 1 bis 4. Sie trugen die Uniform der Luftschiffer, doch eine Litze am Kragen, auf den hellgrauen Schulterklappen den geflügelten Propeller mit der Nummer darunter. Die Offiziere hatten in ihrem hellgrauen Epaulettfeld einen nach Bataillonen verschiedenen Vorstoß (weiß-rot-gelb-hellblau).

Aus einem Selbstfahrerkommando für Versuche bildete sich 1907 eine Kompanie, die ab 1911 mit Sachsen und Württembergern zu dem Kraftfahrzeug-Bataillon vergrößert wurde. Zuerst trug man die Uniform der Eisenbahntruppe, roter Schulterklappe mit K darauf. Auffällig war die schwarze lederne Fahrkleidung mit zweireihigem Rock und blauem Umlegekragen mit rotgerandeten schwarzen Patten, darauf ein neusilbernes Automobil. Auf diesem Rock saßen bis 1911 rote Lederschulterklappen mit Blitzrad, dann hellgraue mit K. Hierzu gehörte eine schwarze Lederschirmmütze mit Vorstoß.

Der Train

Zunächst gab es in Friedenszeiten nur schwache Bataillone von 2 Kompanien, erst ab 1887 kamen die 3., dann 1913 die 4. hinzu. Vom Jahre 1914 ab hießen die Bataillone Abteilungen, die Kompanien Eskadronen. Die Bataillone führten die Nummer der Armeekorps, denen sie zugeteilt waren und wurden daher auch bei deren Bildung aufgestellt. Daher bestanden 1914 neben dem Garde-Trainbataillon noch 24 andere, von denen Nr. 12 und 19 sächsisch, Nr. 13 württembergisch, Nr. 14 badisch waren und 3 dem bayerischen Heer angehörten.

Der Waffenrock war stets dunkelblau mit hellblauem Kragen, schwedischen Aufschlägen und Vorstößen, ebensolchen Schulterklappen mit roter Nummer, die Knöpfe gelb. Beim Garde-Trainbataillon saßen weiße Litzen an Kragen und Aufschlägen. Als Kopfbedeckung diente bis 1903 den Unteroffizieren und Mannschaften ein lederner Tschako, bei der Garde mit neusilbernem Gardestern, bei der Linie dem gelben heraldischen Adler, bei der Garde weißem, der Linie schwarzem, bei Trompetern rotem Haarbusch. Für die Berittenen waren Hosen und Stiefel wie bei den Dragonern, bei Stangenreitern am rechten Fuß eine Beinschiene, dazu weiße Koppel und Bandoliere, am Kartuschkasten bei der Garde gelber Gardestern. Die Unberittenen trugen Hosen und Schuhwerk wie die Infanterie. Während die Trompeter auf hellblauen Schwalbennestern weißen schrägen Bortenbesatz hatten, war dieser bei solchen im Unteroffizierrang wie auch die Tressen der Unteroffiziere golden. Die Offiziere besaßen hellblaue Epaulettfelder, ebensolche Streifen an den langen Hosen und am Bandolier Goldtresse. Sie trugen immer den Helm der Infanterieoffiziere, bei der Garde mit gelbem Gardeadler und silbernem Stern, die Mannschaften erhielten ab 1903 ebenfalls den Gardeadler. Die dunkelblaue Überlegedecke im Schnitt der Dragoner hatte hellblaue Besatzstreifen und Vorstoß, bei der Garde mit gelbem Stern.

1. Tschako bis 1903 – Garde

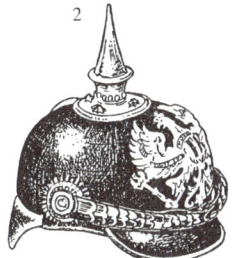

2. Offz. Helm – Linie

3. sächs. Tschako bis 1903

55. Ein Ponton-Train wird vom schleswig-holsteinischen Train-Bataillon Nr. 9 befördert. Im Vordergrund ein Offizier mit Helm, während der links davon haltende Wachtmeister sowie die nachrückenden Trainsoldaten den Tschako tragen.

Beim badischen Bataillon Nr. 14 und dem hessischen Nr. 18 entsprachen Helmzierat und Abzeichen der dortigen Probe, ebenfalls beim württembergischen Bataillon Nr. 13, das bis 1892 den zweireihigen Rock trug. Abweichend davon besaßen die sächsischen Bataillone (Nr. 12 und ab 1899 die Nr. 19) einen Waffenrock im Schnitt wie die dortige Infanterie, doch aus kornblumblauen Tuch mit schwarzen Kragen und Aufschlägen, aber hellblauen Schulterklappen. Die Vorstöße waren rot, die Knöpfe gelb, Tressen daher golden, die Reithosen und Stiefel wie bei der Feldartillerie. Sie trugen einen Tschako ähnlich dem der sächsischen Jäger mit gelbem Stern und silbernem Wappen, daran aber einen seitlich nicht festgelegten, sondern frei fallenden schwarzen Haarbusch. Die Unteroffiziere hatten daran oben eine, die Wachtmeister 2 goldene Tressen. Auch hier besaßen die Offiziere einen Helm wie bei der Infanterie, wie ihn dann auch 1903 die Mannschaften erhielten. Die Paradeüberlegedecke war kornblumblau mit rotem Vorstoß und schwarzem Besatzstreifen.

In Bayern entsprach der Waffenrock dem preußischen. Auch hier gab es bis 1887 den Raupenhelm, danach den Artilleriehelm mit zur Parade auch für die Trompeter schwarze Büsche. Hosen, Stiefel, Koppel, Bandolier und Kartuschkasten war wie bei der Feldartillerie.

Zum Train gehörten die Bäcker. Sie trugen Uniform der Unberittenen, doch gelbe Schulterklappen mit der römischen Armeekorpsnummer. Auch in Sachsen und Bayern waren sie so ausgestattet, wie auch ohne Haarbusch und Bandolier, gelbe Schulterklappen kamen in Bayern erst 1914.

56. Die Truppenverwaltungsgeschäfte erfolgten durch die Zahlmeister. Sie waren schon mittlere Militärbeamte, die Unterzahlmeister noch Soldaten. Das Bild zeigt im Zahlmeisterbüro vor dem sitzenden Zahlmeister eine Ordonnanz, im Hintergrund einen Zahlmeisteraspiranten.

Die kaiserliche Marine

Den Abschluß der vorliegenden Bilderserie bilden 4 Darstellungen der kaiserlichen Marine. Daher soll – auch wenn es eigentlich nicht zum Thema gehört – eine kurze Zusammenfassung ihrer Uniformierungsrichtlinien folgen. Die aus der preußischen, dann der des Norddeutschen Bundes hervorgegangene Kaiserliche Marine erlebte 1873 eine grundsätzliche Bekleidungsneubestimmung, der kleinere Änderungen folgten, bis sich ab 1888 erneute genauere Festlegungen anschlossen. Traditionell herrschte in fast allen Marinen die blaue, in wärmeren Zonen und Zeiten die weiße Farbe vor. In Deutschland wurde zwischen dem seemännischen und technischen Personal unterschieden, was sich bei ersterem durch gelbmetallene oder goldene Knöpfe, Tressen und Stickerei, dem letzteren durch weiße oder silberne ausdrückte.

Seeoffiziere, Ingenieure und Sanitätsoffiziere kannten eine große Uniform mit einem langschößigen Galarock mit farbigem Kragen, aufgeschlagenen Brustrevers, Ärmelpatten und Schoßtaschenleisten, die mit Tresse eingefaßt waren. Dieses Abzeichentuch zeigte sich bei Seeoffizieren weiß, bei Ingenieuren aus schwarzem Samt und bei den Ärzten hellblau. Zum Galarock gehörten Epauletten, ein Achselband und ein Tressenstreifen an der Hose sowie ein mit der Spitze nach vorn getragener Zweispitz. Die kleine Uniform kam am langschößigen Rock und Hose ohne farbigen Besatz und Tressen aus. Zu ihr gehörten Achselstücke nach Art des Heeres, diese jedoch ebenso wie die Feldbinde schwarz-rot durchzogen, und eine Mütze. Als Tagesanzug diente ein kürzeres Jackett, dabei sowohl Rock als Jackett mit rangmäßig verschiedenen Ärmelstreifen versehen, bei Seeoffizieren darüber eine Krone. In den Tropen war weiße Kleidung ohne Ärmelstreifen doch mit Achselstücken üblich, die weiße Mütze wurde im Sommer auch in der Heimat getragen.

Eine besondere Klasse bildeten Spezialisten, die als Deckoffiziere zwischen Offizieren und Unteroffizieren standen. Sie trugen ab 1888 zwar die Kleidung der Offiziere, doch ohne deren Abzeichen und Gala. Auf den Ärmelaufschlägen ihrer Röcke saßen 3 Knöpfe, auf der Schulter Achselklappen mit dem Abzeichen ihrer Branche, bei Oberdeckoffizieren darüber mit Krone. Ihrer Mütze fehlte um die Kokarde der Eichenkranz, doch erhielt die Krone zusätzlich wehende Bänder. Der Kleidungsschnitt für Unteroffiziere und Mannschaften entsprach allgemeinem Marinebrauch. Die Hauptkleidung waren Hemden und Hosen, die blauen aus Wolle, die weißen aus Baumwolle. Auf sie konnten nach hinten hängende hellblaue Exerzierkragen mit 3 umlaufenden weißen Streifen sowie entsprechende Aufschläge auf die Unterärmel befestigt werden. Die kurze Jacke aus blauem Tuch besaß brandenburgische Aufschläge, auf jeder Patte 6 und auf beiden Seiten vorn je 10 Knöpfe, doch wurde sie oben nur von einem Doppelknopf gehalten. Für die kalte Witterung war ein längerer Überzieher, ähnlich dem Offizierjackett bestimmt. Die blauen und weißen Mützen hatten schwarze Bänder mit lang herabfallenden Enden, auf denen vorn der Schiffsname, die Einheit oder nur „Kaiserliche Marine" stand. Alle Rang- und Tätigkeitsabzeichen saßen auf dem linken Oberarm, auf der Jacke aus Metall, auf Überzieher und Hemd aus Wolle. Unteroffiziere (Maate) waren an einem Anker, Obermaate darüber an einer Krone kenntlich. Die Kadetten und Seekadetten (ab 1899 als Seekadetten und Fähnriche zur See bezeichnet) trugen als Offizieranwärter

57. Beim Ablegemanöver im Boot. Der Admiral im damaligen Galarock steht grüßend, der Kapitän zur See in Gala sitzt bereits. Auf der Treppe salutiert ein Assistenzarzt 2. Klasse und ein Seekadett in kleiner Uniform.

58. An Bord von SM-Schiff Baden. Links im weißen Hemd mit Exerzierkragen ein Matrose mit Gewehr, Koppel, Patronentasche und Seitengewehr. Rechts im blauen Hemd ein Obermaat.

Bein- und Unterkleider wie Offiziere, doch eine Jacke im Schnitt der Matrosen, am Ärmel daran schwarz-weiß-rot durchzogene Silberlitze. Ihre Mütze ähnelte der der Offiziere, dazu gehörte ein Dolch, beim höheren Dienstgrad mit Portepee, beim niedrigeren hatte die Mütze nur die Kokarde.

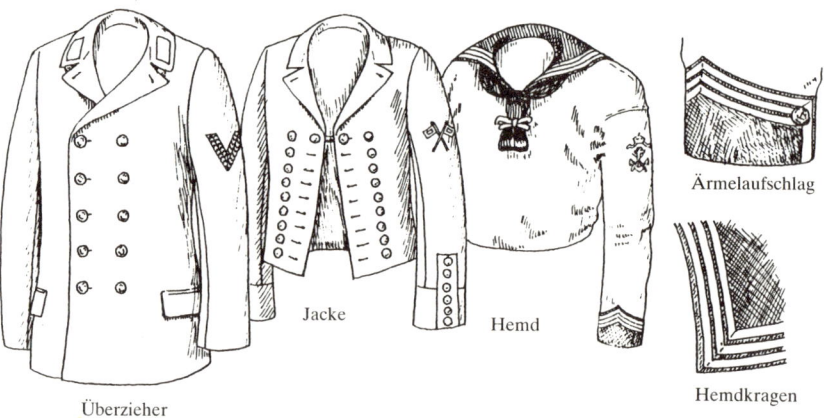

Überzieher Jacke Hemd Ärmelaufschlag Hemdkragen

Für Aufgaben an Bord, später aber nur für überseeischen Einsatz bestand ein Seebataillon, das 1889 zu einem zweiten, nach der Besitznahme von Kiautschou zu einem dritten vermehrt wurde. Dessen dunkelblauer Waffenrock und Hose hatten Armeeschnitt und weißen Kragen, Ärmelaufschläge, Vorstöße und Schulterklappen sowie gelbe Knöpfe. Auf dem Kragen und den dunkelblauen Ärmelpatten saßen gelbe Litzen. Als Kopfbedeckung diente ein schwarzer Ledertschako, der oben das schwarz-weiß-rote Feldzeichen, darunter als Zierat einen gelbmetallenen Reichsadler auf einem Anker trug. Die sonstige Ausrüstung entsprach der der preußischen Infanterie. Die Offiziere hatten goldene Litzen, einen mit Tuch überzogenen Tschako und zusätzlich ein blaues Bordjackett im Marineschnitt. Zum Dienst in warmen Gebieten wurde eine bräunlich-khakifarbene Uniform, zum Teil auch der Tropenhelm angelegt. Diese trug das in Ostasien stehende Bataillon fast ständig.

59. Landungsabteilung in den Tropen. Als Anzug diente das weiße Hemd mit Exerzierkragen sowie der Strohhut mit Nackenschleier. Die Landungsabteilungen legten dabei Stiefeln an. Der Offizier im Hintergrund trägt den weißen Rock und Tropenhelm mit Schleier.

60. Beim Seebataillon. Im Vordergrund ein feldmarschmäßig ausgerüsteter Mann, links ein Offizier im Bordjackett und Mütze. Die Zeichnung weist einen Fehler auf, denn die abgebildeten Schulterklappen mit dem unklaren Anker und der arabischen Nummer waren bereits 1878 abgeschafft worden.

Die Schutztruppen

Die ab Mitte der 80er Jahre entstehenden Schutzgebiete unterstanden zunächst Reichskommissaren, die dann auch die ersten, bei Ausbruch von Unruhen notwendigen Truppen schufen, wie in Ostafrika die Wißmann-Truppe aus wenigen Weißen, geworbenen Sudanesen sowie Zulus zur Bekämpfung des Araberaufstandes. Die Galauniform der Weißen war hier dunkelblau im Schnitt des Waffenrocks, daneben gab es eine braunkhakifarbene Feld- und eine weiße Garnisonuniform. Sudanesen sowie Zulus trugen Khaki und roten Fez, Suahelis teils weiße Uniform mit großem Überkragen.

Mit der Schaffung der kaiserlichen Schutztruppe 1891, die zunächst dem Reichsmarineamt unterstand, erschien nach einigen Übergangslösungen 1896 eine Bekleidungsvorschrift, die praktisch bis zur Auflösung Gültigkeit haben sollte. Prinzipiell wurden die 3 Uniformarten aufrecht erhalten. Alle deutschen Militärpersonen erhielten eine einheitliche Gala- und Heimatuniform aus hellgrauem Tuch. Der Waffenrock im üblichen Schnitt hatte einen Umlegekragen, schwedische Aufschläge und Vorstöße in Abzeichenfarbe. Diese war für Ostafrika weiß, Südwestafrika hellblau und Kamerun rot. Die Unteroffiziere führten eine weiße Litze, die Offiziere silberne am Kragen und Aufschlag, anstelle der Schärpe eine Feldbinde mit silbernem Schloß, zur Gala links ein einfaches silbernes Achselband. Lederzeug und Stiefel blieben immer naturfarben, also braun. Dazu gehörte ein hellgrauer Filzhut mit Hutband und Krempeneinfassung aus Band in Abzeichenfarbe, die rechte Krempe hochgeschlagen, daran die große Reichskokarde.

Die Reiter der Schutztruppe in Südwestafrika besaßen einen Feldanzug aus Waffenrock und Hosen in sandgrauem Kord, den Kragen, die schwedischen Aufschläge und Vorstöße kornblumblau ebenso die Hosenbiesen. An Kragen und Aufschlägen saßen weiße Litzen, auf den Schultern Achselschnüre aus gedrehter schwarz-weiß-roter Schnur. Dazu gehörte der Filzhut, Patronentaschen, Koppel und Tragegerüst sowie Stiefel in braun. Alle Schutztruppen hatten eine Felduniform in Khakidrell, wobei die Vorstöße an Kragen, den Aufschlägen, vorn herunter und an den Hosen kornblumblau waren. In Ostafrika und Kamerun kam noch eine weiße Garnisonuniform im gleichen Schnitt hinzu. Zur Khakiuniform und zum weißen Garnisonanzug konnte ein gleichfarbiger Tropenhelm oder die Mütze getragen werden. Die Abzeichen der Unteroffiziere bestanden bei diesen Uniformen aus silbernen Tressenwinkeln am Oberarm, die bei der Heimatuniform sowie alle Offizierabzeichen entsprachen denen des Heeres, doch alle silbernen Stücke schwarz-weiß-rot durchzogen.

Farbige Soldaten gab es nur in Ostafrika und Kamerun. Sie trugen einen Khakirock im einfachen, der deutschen Drillichjacke ähnlichen Schnitt, niedrigen Umlegekragen und von 5 weißmetallenen Knöpfen geschlossen. Auch Hosen und Gamaschen waren khakifarbig, Lederzeug und Schuhe braun. Als Kopfbedeckung diente ein khakifarbener Tarbusch mit Nackentuch, vorn einen weißmetallenen Reichsadler. Rangabzeichen gab es in Form von roten Winkeln am linken Oberarm. In Kamerun zierte Rockkragen und Ärmelaufschlag eine rote Borte, als Kopfbedeckung diente ein roter Rollfez mit weißmetallenem Reichsadler.

Offizier im Feldanzug   Unteroffizier im Feldanzug   Ombascha (Gefreiter) im Ordonnanzanzug   Signalschüler   Askari feldmarschmäßig

Das Bild zeigt das Aussehen der Schutztruppe um die Jahrhundertwende. Links deutsche Reiter in Südwestafrika in ihrem Kordfeldanzug, in der Mitte in grauer Heimatuniform Offiziere mit den Abzeichenfarben aller drei Schutztruppen und umgelegter Feldbinde, rechts Unteroffiziere im Khakidrellanzug und weißem Anzug, im Hintergrund ein Sudanese, dem hier noch am Tarbusch der Reichsadler fehlt.

Reichsadler
am Tarbusch und Rollfez

Rollfez

Reiter	Offizier	Offizier	Sudanese	Offizier	Unteroffizier im Drell- und weißen Anzug
Südwest-Afrika		Ost-Afrika		Kamerun	

Die feldgrauen Uniformen

Das rauchschwache Pulver und die stark gesteigerten Schußweiten der modernen Gewehre hatten schon um die Jahrhundertwende die Notwendigkeit weniger auffälliger Uniformen ergeben. Bereits im Burenkrieg waren hierbei die Engländer mit ihrer khakifarbenen Uniform vorangegangen, die Deutschen kleideten während der Boxerwirren in China ihr Expeditionskorps im Sommer in Khaki, im Winter in Feldgrau. Auch bei den anderen europäischen Militärmächten begannen Versuche mit weniger auffälligen Felduniformen. England entschied sich für ein mehr olivfarbenes Khaki, Rußland für eine lehmgelb-erdbraune Farbe, Österreich für hechtgrau, Frankreich versuchte eine resedafarbene Uniform, kam aber noch zu keinem Entschluß. In Deutschland begann man bereits im Jahre 1905 beim Lehr-Infanteriebataillon Trageversuche im Gelände vorzunehmen und entschied sich 1907 für die feldgraue Farbe. Abweichend davon erhielten die Jäger und Schützen sowie eigenständigen Maschinengewehrabteilungen einen graugrünen, als feldgrün bezeichneten Farbton. Die endgültige Einführung dieser Uniformen geschah 1910, weshalb sie oft als Uniform M 07/10 bezeichnet wird.

Bei ihr behielt der Waffenrock, auch Feldrock genannt, den hergebrachten Schnitt bis auf hinzutretende schräge Vordertaschen und einen Umlegekragen. Die Ärmelaufschläge blieben brandenburgisch oder schwedisch/deutsch. Der gesamte Rock war feldgrau, die Vorstöße rot. Nur an den ebenfalls feldgrauen Schulterklappen zeigten die Vorstöße die Farbe der Schulterklappen des blauen Rockes, Ziffern und Namenszüge waren rot. Auch die Hose wurde feldgrau mit einer roten Biese, die Knöpfe sollten nicht mehr glänzen, waren also mattiert. Die Feldmütze wurde ebenfalls feldgrau, zeigte aber noch den farbigen Besatzstreifen und Vorstoß. Helme hatten bereits früher schilffarbene Überzüge vorn mit roter Regimentsnummer. Alles neue Lederzeug, also Stiefel, Koppel, Patronentaschen und Tragegerüste blieb naturfarben, also braun, nur das schon vorhandene weiße mußte geschwärzt werden. Bei der Uniform der Offiziere sollte streng darauf geachtet werden, daß sie den gleichen Farbton wie die Mannschaften hatten. Regimenter, die Litzen an ihren Röcken führten, behielten sie auch am feldgrauen Rock, ihre Offiziere jedoch statt der verschiedenen Stickereimuster doppelte silberne Kapellenlitzen auf einer Kragenpatte. Die neuen ab 1910 auf die Kammern kommenden Garnituren wurden nur auf besonderen Befehl in Friedenszeiten ausgegeben. Doch besaßen die meisten Regimenter 1914 schon einen doppelten Bestand, so daß sie die gleichzeitig ausrükkenden Reserve-Regimenter damit voll ausstatten konnten.

Während die feldgrauen Uniformen der Fußtruppen, Artillerie und Train, abgesehen von der abweichenden Farbe der Jäger, ein einigermaßen einheitliches Bild boten, waren bei den Reitern trotz gleicher Grundfarbe noch die Eigentümlichkeiten der einzelnen Reitergattungen zu erkennen. Der Rock hatte auch noch einen stehenden Kragen, so daß die Tressen der Unteroffiziere oben herum gingen. Die Kopfbedeckungen wie Helme, Husarenmützen und Tschapkas hatten bereits vorher schilffarbene Überzüge. Ab 1911 erhielten die Reiter ein Koppel mit Tragegurten und dreiteiligen Patronentaschen, so daß bei den Husaren die Schärpen und Säbeltaschen, bei den Ulanen die Paßgürtel entfielen. Alle Kontingentsabzeichen und Rangkennzeichnungen blieben unverändert.

Uniform aus feldgrauem Tuch. 1905 probeweise angelegt

Rechte Seite: Das von Richard Knötel gemalte Bild zeigt verschiedene Waffengattungen in der Ausmarschuniform 1914. Von links hinten (alle zu Pferde): Dragoner-Wachtmeister, Feldartillerie-Offizier, Dragoner-Offizier, Ulan, Husaren-Trompeter, Kürassier mit Divisions-Kommando-Flagge, Generalstabsoffizier, Artillerieoffizier, General, Offizier der Jäger zu Pferde, Husarenoffizier als Adjutant. In der unteren Reihe von links (zu Fuß): sächsische Jäger mit Offizier, in der Mitte zwei Kürassiere, ein Hufeisen nachschlagend, rechts vorgehende Infanteristen.

Feldmarschmäßiger Anzug.

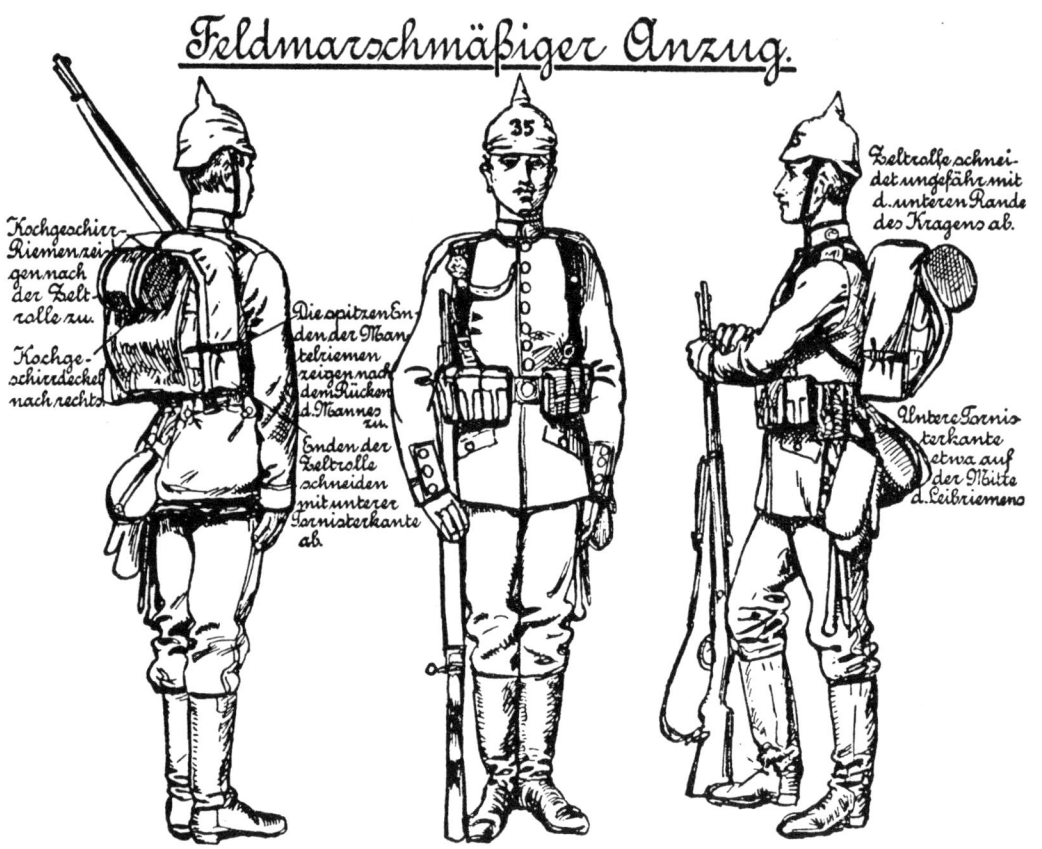

Kochgeschirr-Riemenzeigen nach der Zeltrolle zu.

Kochgeschirrdeckel nach rechts.

Die spitzen Enden der Mantelriemen zeigen nach dem Rücken d. Mannes zu.

Enden der Zeltrolle schneiden mit unterer Tornisterkante ab.

Zeltrolle schneidet ungefähr mit d. unteren Rande des Kragens ab.

Untere Tornisterkante etwa auf der Mitte d. Leibriemens

Nach den Erfahrungen der ersten Kriegswochen und durch den starken Bedarf gab es bald Änderungen, alles Leuchtende mußte verschwinden, wie die roten Nummern am Helmüberzug und silbernen Litzen sowie Feldbinden. Die Nummern wurden grün oder verschwanden, die Litzen grau, statt der Feldbinde kam ein Ledergurt, das Lederzeug wurde nach und nach geschwärzt. Ab September 1915 sollte es nur noch 2 Uniformarten geben, für die Heimat ein feldgrauer Waffenrock mit den alten farbigen Abzeichen, für das Feld in Krieg und Frieden eine für alle Waffengattungen einheitliche Uniform. Diese bestand aus einer feldgrauen Bluse mit verdeckter Knopfleiste, an den Ärmeln einen großen Rollumschlag und feldgrauer Schulterklappe mit Einfassung in der neu festgelegten „Waffenfarbe". Diese war für die Infanterie weiß. Jäger hellgrün, Kürassiere weiß, Dragoner kornblumblau, Ulanen rot, Feldartillerie rot, Fußartillerie goldgelb, Pioniere schwarz, Verkehrstruppen hellgrau und Fahrtruppe kaliblau. Dabei kam es für die sächsischen und bayerischen

Truppen zu einschneidenden Veränderungen. Der vorgesehene Waffenrock ist praktisch nie getragen worden, im Feld trug man nur die Bluse.

Der Soldat der Materialschlachten unterschied sich nicht nur innerlich, sondern auch äußerlich von dem, der vor ihm auf den Schlachtfeldern gestanden hatte. Für ihn war die Kampfhandlung nicht mehr auf Stunden oder Tage beschränkt, sondern zum Dauerzustand geworden. Er trug nun die Feldbluse, alles grau in grau, völlig den Bedürfnissen des Aufenthaltes im Graben oder verschlammten Trichtergelände angepaßt. Nur der Kragen stach mit seinem dunkleren Tuch noch etwas ab, alles andere war zweckmäßig. Selbst die Offiziere hoben sich kaum von den Leuten ab, sie hatten den Degen mit dem kurzen Seitengewehr vertauscht, daran ein kleines Portepee. Die wohl markanteste Veränderung im Erscheinungsbild brachte der Stahlhelm, der ab Mitte 1916 zur Truppe kam. Damit näherte sich auch das Erscheinungsbild der einzelnen Truppengattungen weitgehend an. Die Einheiten waren nur noch an den Schulterklappen zu erkennen, deren Vorstöße, Namenszeichen oder Ziffern Unterschiede anzeigten. Um Verwechslungen durch die gleichen Regimentsnummern zu vermeiden, hatten die Bayern um den Kragen eine weiß-blaue Borte erhalten. Dieses allgemeine Erscheinungsbild sollte dann in der Erinnerung einer ganzen Generation haften bleiben.

Veränderungen im I. Weltkriege

a) Linien-Maschinengewehr-Abtlg. – b) und k) Infanterist – c) Offizier der Garde-Inf. – d) Offizier –
e) Unteroffizier – f) Schneeschuhtruppe – g) Infanterist mit Grabenpanzer – h) mit Sturm-
gepäck und Ärmelabzeichen – i) Unteroffizier

Der Soldat der Materialschlacht

Literaturhinweise

Bei der Beschäftigung mit der preußisch-deutschen Armee gibt es vielerlei Möglichkeiten Einblicke zu gewinnen, weil die Zahl der erschienenen Schriften sehr groß ist. So sollen an dieser Stelle nur Hinweise auf Literatur grundlegender Art folgen. Eine solche Angabe ist um so notwendiger, weil diese wohlfundierten wichtigen Werke auf dem Studium von Quellen beruhen, die heute vielfach nicht mehr zugänglich sind oder verloren gingen.

Die mit einem Sternchen versehenen Werke wurden als wichtige Standardwerke nachgedruckt.

Eine unverzichtbare Grundlage für die Geschichte der preußischen Armee im ganzen hier erwähnten Zeitraum bietet:

Curt Jany: Geschichte der preußischen Armee, 4 Bde. Berlin 1928–1933, 2. Auflage, Osnabrück, 1967*

Das beste truppengeschichtliche Nachschlagewerk findet man in: Bredow-Wedel: Historische Rang- und Stammliste des deutschen Heeres, Berlin, 1905, Nachdrucke Biblio-Verlag, *(Osnabrück 1972)

Die Bewaffnung mit den Handfeuerwaffen im ganzen Zeitraum behandelt: Eckardt-Morawietz: Die Handwaffen des brandenburg-preußisch-deutschen Heeres, 2. Auflage, Hamburg 1973*

Eine umfassende Erklärung militärischer Begriffe und Einrichtungen findet man in:

Transfeldt, Brand, Quenstedt: Wort und Brauch im deutschen Heer, 7. Auflage, Hamburg, 1976*

Viel mehr Einzelheiten bietet allerdings die Literatur, welche nur bestimmte Zeitabschnitte behandelt. Für das altpreußische Heer (bis zum Jahre 1806/07) sind Grundlagen:

Krohn, G.: Bibliographie der altpreußischen Truppen- und Garnisonsgeschichten, Osnabrück, 1974*

Gieraths, G.: Die Kampfhandlungen der Brandenburg-Preußischen Armee 1626–1807, Berlin 1964*

Kling, C.: Geschichte der Bekleidung, Bewaffnung und Ausrüstung des Königlich Preußischen Heeres, erschienen 3 Teile, Teil I, Infanterie, Teil II, Kürassiere und Dragoner, Teil III, Die leichte Infanterie, Weimar, 1902, 1906, 1912, Nachdruck z. T. erschienen in der Reihe: Das altpreußische Heer, Hrg. H. Bleckwenn, Osnabrück, die alles bisher Bekannte zusammenfaßt. Uniformkundlich ist hier die preiswerte 4bändige Taschenbuchkassette: „Die friderizianischen Uniformen" zu erwähnen, die mit ausgezeichneten Farbtafeln detailliert das Gebiet abdeckt (Bd. 444 – Bibliophile Taschenbücher – Harenberg). Über alle anderen Veröffentlichungen dieser Reihe aus verschiedensten Gebieten gibt Interessenten ein Prospekt Auskunft, der beim Biblio-Verlag, Postfach 1949, 4500 Osnabrück, erhältlich ist.

Das neupreußische Heer (ab 1808) wird ausführlich behandelt in:

Großer Generalstab: Das Preußische Heer der Befreiungskriege, 3 Bde., Berlin 1912 f., Nachdruck Wiesbaden 1980

Mila: Geschichte der Bekleidung und Ausrüstung der Königlich-preußischen Armee 1808–1878, Berlin 1878, Nachdruck Krefeld 1970

Paul Pietsch: Formations- und Uniformierungsgeschichte des preußischen Heeres, 2 Bde., Berlin 1911/12, Nachdruck Hamburg 1963 f. Daneben gibt es eine Reihe von Serienwerken, die in Einzelszenen einen Überblick über die Armee geben wollen, doch in erster Linie dekorativen Zwecken dienen.

Das Heer des deutschen Reiches, also Preußen, die angeschlossenen Kontingente, die sächsische, württembergische und bayerische Armee sind in folgenden Werken angesprochen, die sich in erster Linie mit der Uniformierung und Ausrüstung befassen:

Krickel-Lange: Das deutsche Reichsheer in seiner Bekleidung und Ausrüstung, Berlin 1888/92, Nachdruck Marzoll 1977

Henckel: Atlas des deutschen Reichsheeres und der Kaiserlichen Marine einschließlich der Kaiserlichen Schutztruppen in Afrika und des Ostasiatischen Expeditionskorps in ihrer Uniformierung und Einteilung dargestellt, Dresden 1901, Nachdruck Wallertheim 1984 sowie das nicht übertroffene Abschlußwerk: Knötel / Pietsch / Collas: Das deutsche Heer, Friedensuniformen bei Ausbruch des Weltkrieges, 4 Bde., Hamburg 1935–40, 1954–61, eine 2. erweiterte Auflage erschien in 3 Bänden in Stuttgart 1982

Daneben gab die Firma Ruhl in Leipzig jahrzehntelang übersichtliche Farbdarstellungen heraus, die mit Kurzbeschreibungen verbunden sind und sowohl Ganzfiguren, Uniformschemata und Abzeichen zeigen. Die Uniformen der deutschen Armee (in 2 Abteilungen) erlebten allein bis 1914 an 35 Auflagen. In gleicher Art sind auch die Uniformen der Kaiserlichen Marine 1878, 1884, 1887, 1892, 1900 und der Schutztruppen abgehandelt worden (1892, 1902, 1910) die feldgraue Uniform der Armee 1913 und 1914.

Die grauen Felduniformen der deutschen Armee, gezeichnet von A. Schmidt, 1913 bei Ruhl in Leipzig erschienen, sind als Nachdruck Hamburg 1985 erhältlich, ebenso die Ruhl-Bände: Uniformen der deutschen Armee, 2 Abteilungen, von 1910/1914, die deutsche Marine 1892, die deutschen Schutztruppen in Afrika und „Unsere Truppen in Ostasien" (Nachdrucke Starnberg 1989)

Naturgemäß kann diese Liste nicht vollständig sein, sie sucht nur Hinweise zur wichtigsten Literatur und ihrer Verfügbarkeit zu geben. Weitere partielle Angaben wird der interessierte Leser auch in anderen Veröffentlichungen finden können.

Kavallerie in Ausmarschuniformen
von links: Husar, Kürassier in Koller, Kürassier in Waffenrock, Ulan, Dragoner

© 1991 Orbis Verlag für Publizistik GmbH, München
Satz: Filmsatz Schröter GmbH, München
Printed in Hungary
Alle Rechte vorbehalten
ISBN 3-572-08785-6